克尔凯郭尔文集

1

SØREN KIERKEGAARDS SKRIFTER

Om Begrebet Ironi

论反讽概念

以苏格拉底为主线

[丹麦] 索伦·奥碧·克尔凯郭尔 著

汤晨溪 译

中国社会科学出版社

图书在版编目（CIP）数据

论反讽概念／（丹）克尔凯郭尔著；汤晨溪译 . —北京：中国社会科学出版社，2005.12（2021.8重印）

（克尔凯郭尔文集）

ISBN 978-7-5004-5343-7

Ⅰ.①论… Ⅱ.①克…②汤… Ⅲ.①克尔凯郭尔，S.（1813~1855）—哲学思想—研究 Ⅳ.①B534

中国版本图书馆 CIP 数据核字（2005）第 141687 号

出 版 人	赵剑英	
责任编辑	冯春凤	
责任校对	郭　娟	
责任印制	张雪娇	

出　　版	中国社会科学出版社	
社　　址	北京鼓楼西大街甲 158 号	
邮　　编	100720	
网　　址	http://www.csspw.cn	
发 行 部	010-84083685	
门 市 部	010-84029450	
经　　销	新华书店及其他书店	

印　　刷	北京君升印刷有限公司	
装　　订	廊坊市广阳区广增装订厂	
版　　次	2005 年 12 月第 1 版	
印　　次	2021 年 8 月第 4 次印刷	

开　　本	710×960　1/16	
印　　张	20.75	
插　　页	2	
字　　数	279 千字	
定　　价	58.00 元	

凡购买中国社会科学出版社图书，如有质量问题请与本社营销中心联系调换
电话：010-84083683

《克尔凯郭尔文集》中文版序

汝 信

　　《克尔凯郭尔文集》（10 卷本）中文版即将与读者见面了。这部选集是由中国社会科学院哲学研究所和丹麦哥本哈根大学克尔凯郭尔研究中心共同合作编选和组织翻译的，由中国社会科学出版社负责出版。选集收入克尔凯郭尔的主要著作，并直接译自近年来出版的经过精心校勘的丹麦文《克尔凯郭尔全集》，内容准确可靠，尽可能保持原汁原味，这对于中国读者正确理解这位丹麦哲学家的思想将会有所裨益。

　　在西方哲学史上，克尔凯郭尔可以说是一个特殊的人物。他生前默默无闻，其著作也很少有人问津，但过了半个世纪，人们又"重新发现了"他，特别是在第一次世界大战以后，随着存在主义哲学的兴起和发展，他对西方国家思想界的影响越来越大。雅斯贝尔斯曾经这样说："目前哲学状况是以下面这个事实为特征的，即克尔凯郭尔和尼采这两位哲学家在他们生前受到忽视，以后长时期内一直在哲学史上受人轻视，而现在他们的重要性则越来越不断地增长。黑格尔以后的其他一切哲学家正越来越失势而引退，而今天这两个人则不容争辩地作为他们时代的真正伟大思想家而站了出来。"（《理性与存在》）他甚至说，是克尔凯郭尔和尼采"使我们睁开了眼睛"。雅斯贝尔斯的这些话不仅是他个人的看法，而且是反映了当时人们一般的意见。克尔凯郭尔和尼采确实代表了在黑格尔之后兴起的另一种以突出个人为特征的西方社会思潮，而与强调精神的普遍性的黑格尔主义相对立。如果说，在黑格尔那里，"存在"只不过是绝对精神自身发展过程中的一个抽象的环节，那么从个人的角度去深入地探索和反思"存在"（"生存"）的意义则是从克尔凯郭尔开始的。

克尔凯郭尔哲学是极其个性化的，他个人的生活经历、性格、情感、心理、理想和追求都深深地渗透在他的哲学思想里，因此我们在阅读他的著作时需要用一种与通常不同的诠释方式。黑格尔曾在《哲学史讲演录》导言中说，"哲学史上的事实和活动有这样的特点，即：人格和个人的性格并不十分渗入它的内容和实质。"这种看法可以适用于像康德那样的哲学家，我们几乎可以完全不去了解他的个人生活经历而照样能够读懂他的著作，因为机械般的有秩序的书斋生活似乎没有给他的思想增添什么个性色彩，正如海涅所说，"康德的生活是难于叙述的。因为他既没有生活，又没有历史"（《论德国宗教和哲学的历史》）。但是，对于克尔凯郭尔来说，黑格尔的看法则是完全不适用的。克尔凯郭尔的全部思想都和他的个人生活和体验紧密相连，他的许多著作实际上都在不同程度上带有精神自传的性质，从中我们可以聆听到他在各种生活境况下的内心的独白和生命的呼唤。他自己曾坦率地承认，"我所写的一切，其论题都仅仅是而且完全是我自己"。因此，要理解他的哲学，首先需要弄清楚他究竟是个什么样的人，在他的短暂的生命中究竟发生过一些什么样的事，对他的思想和性格的形成和发展又产生了什么样的影响。

关于克尔凯郭尔个人生活的传记材料，应该说是相当丰富的。西方学者们在这方面已经写过不少著作，而且至今仍然是研究的热门题目。克尔凯郭尔本人仿佛早已预见到这一点，他在《日记》中说过，不仅他的著作，而且连同他的生活，都将成为许多研究者的主题。在他生前出版的大量著作中有不少是以个人生活经历和体验为背景的，此外他还留下了篇幅浩瀚的日记和札记，这些资料不仅是他生活的真实记录，而且是他的心灵的展示。他虽然生活在拿破仑后欧洲发生剧变的时代，却一直藏身于自己的小天地里，很少参与社会活动，不过用他自己的话来说，

"在别人看来也许是区区小事，对我来说却是具有重要意义的大事"。他孤独地生活，却不断地和周围的人们和环境发生尖锐的矛盾，在他的生活中激起一阵阵的波涛。对他的思想发展和著述活动影响最大的有四件事：作为儿子与父亲的紧张关系，从猜疑到最后和解；作为恋人与未婚妻关系的破裂；作为作家与报刊的论争以及作为反叛的基督徒与教会的冲突。

1813 年克尔凯郭尔生于哥本哈根的一个富商之家，他从小娇生惯养，过着优裕的生活，却从来没有感到童年的欢乐，他是作为一个不幸的儿童而成长起来的。这一方面是由于他生来就有生理上的缺陷，使他自己不能像别人一样参加各种活动而深感痛苦，用他自己的话来说，痛苦的原因就在于"我的灵魂和我的肉体之间的不平衡"。但另一方面更重要的是由于他从父亲那里所受的家庭教育。他的父亲马可·克尔凯郭尔出身贫寒，没有受过多少教育，依靠个人奋斗和机遇，由一名羊倌而经商致富，成为首都颇有名气的暴发户。这位老人以旧式家长的方式治家甚严。他笃信宗教，对子女们从小进行严格的宗教教育，教他们要敬畏上帝，向他们灌输人生来有罪，而耶稣的慈悲就在于为人们承担罪恶，被钉上十字架来为人赎罪这一套基督教思想。这在未来哲学家的幼小的心灵上打下了不可磨灭的深刻烙痕，既使他终身成为虔信的基督徒，又在他的内心深处播下了叛逆的种子。克尔凯郭尔后来批评他父亲的这种宗教教育方式是"疯狂的"、"残酷的"。他常说，他是没有真正的童年的，当他生下来的时候就已经是一个老人了。他回忆说，"从孩子的时候起，我就处于一种巨大的忧郁的威力之下……没有一个人能够知道我感到自己多么不幸"。"作为一个孩子，我是严格地按基督教精神受教育的：以人来说，这是疯狂地进行教育……一个孩子疯狂地扮演一个忧郁的老头。真可怕啊！"问题还不在于严格的宗教灌输，而在于他这个早熟的儿童以特有的敏感觉察到在他父亲表面的宗教虔诚底下掩盖着什么见不得人的秘密，一种有罪的负疚感在折磨着父亲，使之长期处于某种不可名状的忧郁之中。他说，他父亲是他见过的世上"最忧郁的人",又把这全部巨大的忧郁作为遗产传给了他这个儿子。他曾在《日记》中写道,有一次父亲站在儿子面前,瞧着他,感到他处于很大的苦恼之中,就说:"'可怜的孩子,你是生活在无言的绝望中啊'。"父亲的隐私究竟是什么,克尔凯郭尔始终没有明说,但有一次从他父亲醉酒后吐露的真言中多少知道了事情的真相,他对父亲的道德行为和宗教信仰之间的矛盾深感困惑和痛苦,这种对父亲的猜疑和不信任造成了他的沉重的精神负担,给他的一生蒙上了阴影。他自己这样说过,"我的出生是犯罪的产物,我是违反上帝的意志而出现于世的"。

克尔凯郭尔一家从1832年起接二连三地发生不幸事件,在两年多的时间内家庭主妇和三个儿女陆续去世,只剩下年迈的父亲和两个儿子。这对这位老人来说自然是莫大的精神打击,过去他一直认为自己是幸运儿,上帝保佑他发财致富并有一个舒适的幸福家庭,现在则认为无论财富、名望或自己的高龄,都是上帝借以惩罚他的有意安排,要他眼看着妻子儿女一个个地先他而死去,落得孤零零地一个人留在世上受折磨。他觉得自己是盛怒的上帝手心里的一个罪人,成天生活在恐惧中,并预感到他的还活着的两个儿子也将遭到不幸。家庭的变故和父亲的悲伤心情也同样使克尔凯郭尔受到了严重的精神创伤,他把这称之为"大地震"。在他的《日记》中记述说,那里发生了大地震,"于是我怀疑我父亲的高龄并非上帝的恩赐,倒像是上帝的诅咒","我感到死的寂静正在我周围逼近,我在父亲身上看到一个死在我们所有女子之后的不幸者,看到埋藏他的全部希望的坟墓上的十字架墓碑。整个家庭必定是犯了什么罪,而上帝的惩罚必定降临全家;上帝的强有力的手必然会把全家作为一次不成功的试验而扫除掉"。他相信父亲的预言,就是所有的女子都至多活三十三岁,他自己也不例外。实际上他虽然照样享受着愉快的生活,内心里的痛苦和折磨却使他甚至起过自杀的念头。在《日记》里有这样一段话:"我刚从一个晚会回家,在那里我是晚会的生命和灵魂；我妙语连珠，脱口而出，每个人都哈哈大笑并称赞我，可是我却跑掉了……我真想开枪自杀。"克尔凯郭尔父子之间的紧张关系曾导致父子分居，但父亲作了很大努力去改善关系，向儿子作了坦诚的忏悔，儿子深受感动，与父亲重新和解，并更加坚信上帝确实存在。双方和解后不久，父亲就去世了。克尔凯郭尔在《日记》中写道："我的父亲在星期三（9 日）凌晨 2 时去世。我多么希望他能再多活几年呀，我把他的死看做他为了爱我而作出的最后牺牲；因为他不是离我而死去，而是为我而死的，为的是如果可能的话使我能成为一个重要的人。"

他说，从父亲那里继承得来的所有东西中，对父亲的追忆是最可珍爱的，他一定要把它秘密保存在自己的心里。我们在他的许多著作中都能发现这种特殊的父子关系所留下的深深的印痕，这是解读他的哲学思想时必须密切注意的。

除了父亲以外，对克尔凯郭尔的一生发生重大影响的是一位姑娘雷吉娜·奥尔森，他们之间的短暂而不幸的恋爱，在哲学家的脆弱的心灵上造成了永远不能愈合的创伤。他初次邂逅雷吉娜是在 1837 年，当时他正处于自我负罪感的精神痛苦中，结识这位少女给了他重新获得幸福的希望。据他自己说，他一开始就感到"我和她有无限大的区别"，然而在结识她之后的半年内，"我在自己心里充满着的诗情比世界上所有小说中的诗情加在一起还多"。父亲死后，他下定决心向她求婚并得到同意，他感到自己无比幸福，后来他写道："生活中再没有比恋爱初期更美好的时光了，那时每一次会面、每看一眼都把某种新东西带回家去而感到快乐。"但这种幸福感很快就消逝了，他说，在订婚后的第二天，"我内心里就感到我犯了一个错误"，悔恨不已，"在那个时期内，我的痛苦是笔墨难以形容的"。

克尔凯郭尔究竟为什么刚订婚后就反悔，他自己并没有说得很清楚，看来这主要是由于心理上的原因。经过短暂的幸福，他又陷于不可克服的忧郁之中。雷吉娜对此也有所察觉，常对他说："你从来没有快乐过，不管我是否同你在一起，你总是这个样子"。但她确实爱上了他，甚至几乎是"崇拜"他，这使他深为感动。他认为，如果他不是一个忏悔者，不是这样忧郁，那么同她结合就是梦寐以求的无比幸福的事了。可是这样就必须对她隐瞒许多事情，把婚姻建立在虚伪的基础上，这不可能使他心爱的人幸福。因此他竭力设法解除婚约，雷吉娜却不愿与他分手，再三恳求他不要离开她。他却克制内心的痛苦，不为所动，坚决退回了订婚戒指，并写信请求她"宽恕这样一个男人，他虽然也许能做某些事，却不可能使一个姑娘获得幸福"。后来他自己说，"这真是一个可怕的痛苦时期：不得不表现得如此残酷，同时又像我那样去爱"。据他在《日记》里的记述，在分手后他哭了整整一夜，但第二天却又装得若无其事和往常一样。他时刻想念雷吉娜，每天为她祈祷。后来雷吉娜另嫁别人，而克尔凯郭尔始终保持独身，对她一直不能忘怀。他说："我爱她，我从来没有爱过别人，我也永远不会再爱别人"，"对我来说，只有两个人有如此重要的意义，那就是我已故的父亲和我们亲爱的小雷吉娜，在某种意义上，她对我来说也已经死了"。直到他们解除婚约五年后，他还在《日记》中写道："没有一天我不是从早到晚思念着她。"三年后他又说："是的，你是我的爱，我惟一的爱，当我不得不离开你时，我爱你超过一切。"其间他也曾试图与雷吉娜恢复关系，但未能成功。终于他意识到他已永远失去了她。他说："我失去了什么？我失去了惟一的爱。"于是他才倾全力于著作活动，他在《日记》中明确指出自己写作的目的就是为雷吉娜："我的存在将绝对地为她的生活加上重音符号，我作为一个作家的工作也可以被看作是为了尊敬和赞美她而树立的纪念碑。我把她和我一起带进了历史。"他说，抛弃了雷吉娜，他不仅选择了"死亡"，而且选择了文学生涯，"是她使我成为一个诗人"，他的遗愿就是死后把他的著作献给雷吉娜以及他已故的父亲。他抱着这样的心情拼命写作，有的著作实际上是为了向雷吉娜倾诉衷肠，是给她的"暗码通信"，如果不了解其背景，别人是难以充分理解的。

前面我们着重叙述了克尔凯郭尔和父亲的关系以及他的爱情悲剧，因为这对于理解这位哲学家其人及其著作是至关重要的，也正是因为他有了这样的生活经历和生存体验才使他成为黑格尔所说的"这一个"，而具有与众不同的独特的个性。他说："如果有人问我，我是怎样被教育成一个作家的，且不说我和上帝的关系，我就应该回答说，这要归功于我最感激的一位老人和我欠情最多的一位年轻姑娘……前者以他的高尚智慧来教育我，后者则以她那种缺乏理解的爱来教育我。"他还特别强调，他之所以能成为一个作家，正因为他失去了雷吉娜，如果他和她结了婚，他就永远不会成为他自己了。他注定不能享受家庭幸福，他是一个正如他自己所说的"最不幸的人"。

在克尔凯郭尔失恋以后，他的创作活动达到了高潮，在短短的几年内完成并出版了十几部著作。由于他继承了巨额遗产，可以自费出版自己的著作，使他的思想成果得以留传于世。但是，当时他的著作却没有多少读者，有的重要代表作仅销售数十册，社会影响也微不足道。克尔凯郭尔自己曾提到，《哲学片断》一书出版后，始终无人注意，没有一处发表评论或提到它。他为得不到人们的理解而深感痛苦，他说，"本来我写这些东西似乎应该使顽石哭泣，但它们却只是使我的同时代人发笑"。但他一向自视甚高，认为自己富有天才，曾这样写道，"我作为一个作家，当然使丹麦增光，这是确定无疑的"，"虽然在我的时代无人理解我，我终将属于历史"。

克尔凯郭尔原以为自己只能活到 33 岁，因此他把出版于1846 年的《〈哲学片断〉一书的最后的非学术性附言》当作自己"最后的"著作而倾注了全部心血。他感谢上帝让他说出了自己需要说的话，觉得在哲学方面已经不需要再写什么别的了。他本打算就此搁笔，隐退到乡村里当一个牧师了此一生。结果却出乎他自己的预料多活了 9 年，而且又重新拿起了笔，原因是他同报刊发生冲突，进行了一场论战，即所谓"《海盗报》事件"，这对他的晚年生活起了相当大的影响。

在当时的丹麦，《海盗报》是由青年诗人哥尔德施米特创办的一家周刊。就其政治倾向来说，《海盗报》站在自由主义立场上用嘲笑和讽刺的方法抨击专制保守和落后的社会现象，但刊物的格调不高，经常利用社会上的流言蜚语，揭发个人隐私，进行人身攻击。这份周刊在一般公众中很受欢迎，发行量相当大。哥尔德施米特在该刊上发表了一篇赞扬克尔凯郭尔的文章，却引起后者极度不满。克尔凯郭尔认为《海盗报》是专门迎合低级趣味的刊物，受到它的赞扬实无异于对他的莫大侮辱，于是他公开在报上发表文章尖锐地批评和揭露《海盗报》，由此引发了该报的全面反击。差不多在 1846 年整整一年内，《海盗报》连篇累牍地发表攻击克尔凯郭尔的文字，对他的为人竭尽揶揄讥讽之能事，甚至就他的生理缺陷、服饰、家产、生活习惯等大做文章，并配以漫画。那时漫画还是颇为新鲜的东西，上了漫画也就成为公众的笑料。这深深地伤害了克尔凯郭尔的自尊心，甚至他在街上也成为顽童们奚落嘲弄的对象。他原先以为在笔战中会得到一些人的支持，但无情的现实却使他极度失望。他不仅没有获得人们的同情，反而感到人们因他受嘲弄而幸灾乐祸。他在《日记》中说，"我是受嘲笑的牺牲者"。他觉得自己处于极端孤立的境地，面对着广大的情有敌意的公众，他说，"如果哥本哈根曾有过关于某人的一致意见，那么我必须说对我是意见一致的，即认为我是一个寄生虫、一个懒汉、一个游手好闲之徒、一个零"。又说："对于全体居民来说，我实际上是作为一种半疯癫的人而存在的。"在这种情况下，他不愿与人来往，性情也更孤僻了，当他每天上街作例行的散步时，惟一"忠实的朋友"就是他随身携带的一把雨伞。

《海盗报》事件使克尔凯郭尔得出结论，认为一般人都没有独立的主见，在所谓舆论、报刊的影响下，人人就完全被淹没在"公众"之中了。在他看来，多数人总是错的，真理只是在少数人手里。因此，他因自己的孤独而感到骄傲。正如他自己所描写的那样，"我就像一株孤独的松树，自私地与世隔绝，向上成长，站在那里，甚至没有一个投影，只有孤单的野鸽在我的树枝上筑巢"。不过这一事件也使他改变了想隐退去当乡村牧师的想法。"一个人让自己被群鹅活活地踩死是一种缓慢的死亡方式"，他不愿意这样地去死，他觉得他的任务还没有完成，还得"留在岗位上"继续写作。不过从 1847 年起，他的著作的性质发生了很大变化，由前一时期主要探讨美学的、伦理的和哲学的问题完全转向了宗教的领域。

1847 年 5 月 5 日，克尔凯郭尔过了三十四岁生日，当天他写信给哥哥，对自己居然还活着表示惊讶，甚至怀疑自己的出生日期是否登记错了。过去他从未认真考虑过三十三岁以后应该做什么，现在他活了下来，怎么办？这是他面临的新问题。他感到上帝可能有意赋予他特殊使命，让他为了真理而蒙受痛苦，同时作为真理的见证人而向他的同时代人阐明什么是基督教信仰的真义。怀着这样的使命感，他写了一系列"宗教著作"。他在说明自己作为一个作家的观点时说，他"从来也没有放弃过基督教"。这确实是真的，不过他对基督教和怎样做一个基督徒有他自己独特的理解，不仅和官方教会的正统观点不同，有时甚至公开唱反调。随着他的"宗教著作"的陆续出版，他和教会的分歧和矛盾就越来越尖锐化，终于爆发为公开的冲突。他激烈地批评丹麦教会，要求教会当局公开承认自己违背了基督教的崇高理想并进行忏悔。他指责教会已不再能代表《新约》中的基督教，认为他们的讲道不符合真正的基督教精神。他觉得对这种情况再也不能保持沉默，必须予以无情的揭露，同时要向公众阐明怎样才能做一个真正的、而不是口头上的基督徒。这就导致他和教会的关系彻底破裂。

克尔凯郭尔生命的最后一年是在同教会的激烈对抗中度过的。过去他写的大部头宗教著作，很少有人认真阅读，因此一般公众并不十分了解他在思想上与教会的严重分歧。于是他改变方式，在短短几个月内接连在报刊上发表了 21 篇文章，还出版了一系列小册子，并一反以往喜欢用笔名的习惯做法，都署自己的真名发表。这些文章和小册子短小精悍，通俗易懂，没有多少高深的理论，但批判性和揭露性很强。他公然向教会的权威挑战，指名批判自己过去的老师、新任丹麦大主教马腾森，对教会进行的宗教活动以及教士们的生活、家庭和宗教职务都极尽讽刺挖苦之能事，甚至公开号召人们停止参加官方的公共礼拜，退出教会。但是，克尔凯郭尔并未达到预期的目的，他全力发动攻击，马腾森和教会当局却始终保持沉默，轻蔑地置之不理，他企图唤起人们反对教会也徒劳无功，除了得到少数年轻人同情外，遇到的只是公众的冷漠和敌意。他大失所望，再次陷于孤立的困境，在这个时期内他拒不见客，与外界断绝往来。他的惟一在世的哥哥彼得那时在教会中已身居要职，他们之间的最后一点兄弟情谊也就此终结了。

1855 年 10 月 2 日，克尔凯郭尔在外出散步时发病被送往医院救治，他自己意识到末日将临，说"我是到这里来死的"。在医院里，他拒绝了哥哥彼得的探视，拒绝从神职人员那里领受圣餐。他同意童年时期的朋友波森来探望，波森问他还有什么话想说，他起初说"没有"，后来又说："请替我向每一个人致意，我爱他们所有的人。请告诉他们，我的一生是一个巨大的痛苦，这种痛苦是别人不知道和不能理解的。看起来我的一生像是骄傲自大和虚荣的，实际上却并非如此。我不比别人好。我过去这样说，而且总是这样说的。我在肉中扎了刺，因此我没有结婚，也不能担任公职。"在去世前，他还向人表示，他对自己所完成的工作感到幸福和满足，惟一感到悲哀的是他不能和任何人分享他的幸福。他就这样离开了人世，终年四十二岁。这个反叛的基督徒的葬礼还为教会制造了最后一次麻烦，他的外甥带领一批青年学生抗议教会违背死者的意愿，擅自决定由牧师主持葬礼。葬礼只得草草结束，他被安葬于家庭墓地，但却没有设立墓碑。过去他在《日记》里曾写道，在英国某地，有一块墓碑上只刻着"最不幸的人"这几个字，可以想像并没有人埋藏在那里，"因为这墓穴是注定为我而准备的"。结果却是他死后墓地上连这样的一块墓碑也没有。他的遗嘱指定他把所剩无几的遗产赠给他念念不忘的雷吉娜，也遭到她的拒绝。直到半个世纪以后，年迈的雷吉娜才说出了真心话："他把我作为牺牲献给了上帝。"

综观克尔凯郭尔短促的一生，他的生活经历虽然没有戏剧性的情节，其内在的精神发展却充满矛盾、冲突、痛苦，有着无比丰富复杂的刻骨铭心的人生体验，迫使他深入地思考和探索在这个世界上生存的意义和个人的价值，这些都体现在他的哲学和宗教思想里。他虽然总是从他个人的视角和以他个人的独特方式去对待这些问题，而这些问题是现代社会里的人普遍关心和感兴趣的，因此具有现代的意义。这也就是我们今天仍然需要认真研究克尔凯郭尔的原因。

本选集的出版得到了丹麦克尔凯郭尔研究中心的资助，特此致谢。

天才释放出的尖利的闪电

——克尔凯郭尔简介

尼尔斯·扬·凯普伦

　　"天才犹如暴风雨：他们顶风而行；令人生畏；使空气清洁。"这是索伦·克尔凯郭尔在 1849 年的一则日记中所写下的句子。他自视为天才，而且将自己的天才运用到"作少数派"的事业之上。他总是顶风而行，与社会的统治力量及其教育体制相对抗，因为他认为"真理只在少数人的掌握之中"。为了与抽象的"公众"概念相对，他提出了具体的"单一者"（den En-kelte）的概念。

　　索伦·克尔凯郭尔是丹麦神学家、哲学家和作家，他出生于 1813 年 5 月 5 日，是家中 7 个孩子当中最小的一个。他在位于哥本哈根市新广场的家中度过的特殊的青少年时期受到了其父浓厚的虔敬主义和忧郁心理的影响。1830 年他完成了中等教育，旋即被哥本哈根大学神学系录取。很快地，神学学习就让位给文学、戏剧、政治和哲学，让位给一种放荡的生活，而后者部分地是出于他对家中严苛而阴暗的基督教观念的反抗。但是，1838 年 5 月他经历过一次宗教觉醒之后，加之他的父亲于同年 8 月的辞世，克尔凯郭尔返归到神学学习之中，并于 1840 年 7 月以最佳成绩完成了他的神学课程考试。

　　两个月之后，克尔凯郭尔与一位小他 9 岁的女孩雷吉娜·奥尔森订婚。但是，随后"从宗教的角度出发，他早在孩提时起就已经与上帝订婚"，因此他无法与雷吉娜完婚。经过了激烈的暴风雨式的 13 个月之后，1841 年 10 月，他解除了婚约。这次不幸的爱情在克尔凯郭尔日后的生活道路中留下了深刻的印迹，同时它也促使克尔凯郭尔以 1843 年《非此即彼》和《两则启示性训导文》两本书的出版而成为了一名作家。

其实早在 1838 年，克尔凯郭尔就出版了自己的第一本书《一个仍然活着的人的作品》。这是针对安徒生的小说《仅仅是个提琴手》的文学评论。丹麦作家安徒生（1805—1875）曾创作了少量的几部小说、一些游记作品、歌剧脚本、舞台剧本以及大量的诗歌，但他最终以童话作家的身份享誉世界。克尔凯郭尔认为，《仅仅是个提琴手》在艺术上是失败的，因为它缺乏了某种"生活观"（Livs-Anskuelse）。在其处女作发表几年之后，1841 年，克尔凯郭尔以题为《论反讽的概念》的论文获得了哲学博士学位（magistergrad）[①]，论文对"反讽"进行了概念化的分析，其中"反讽"既得到了描述，又得到了应用。

克尔凯郭尔就哲学、心理学、宗教学以及基督教所发表的作品大致由 40 本书以及数量可观的报刊文章组成，这些作品可以被划分为两大阶段：1843—1846 年和 1847—1851 年。除《非此即彼》以及合计共 18 则启示性训导文之外，第一阶段写作出版的作品还有：《反复》、《恐惧与颤栗》、《哲学片断》、《忧惧的概念》、《人生道路诸阶段》和《对〈哲学片断〉所做的最后的、非学术性的附言》；其中出版于 1846 年的《附言》一书成为区分两阶段的分水岭。所有的启示性训导文都是克尔凯郭尔用真名发表的，其余作品则以假名发表，如 Constantin Constantius，Johannes de silentio，Vigilius Haufniensis，Johannes Climacus。克尔凯郭尔写作的第二阶段即基督教时期发表有如下作品：《爱的作为》、《不同情境下的启示性训导文》、《基督教训导文》、《致

---

① 在现代丹麦的学位制度当中，magister 对应于 Master's Degree（硕士学位），但是在历史上，magistergrad 却是哥本哈根大学哲学系的最高学位，自 1824 年以来它对应于其他系科的 doktorgrad（博士学位），1854 年该学位被废除。（译者注）

死之疾病》、《基督教的训练》。这一阶段的作品除了后两部以 Johannes Climacus 的反对者 Anti-Climacus 发表之外，其余作品均以克尔凯郭尔的真名发表。

此外，克尔凯郭尔还写有大约充满 60 个笔记本和活页夹的日记。这些写于 1833—1855 年之间的日记带有一种与日俱增的意识，即它们终将被公之于众，而这些日记使我们得以窥见到克尔凯郭尔所演练的"在幕后练习台词"的试验。与其发表作品一样，克尔凯郭尔的日记在 1846 年前后也出现了一个变化。写于 1846 年之前的日记表现的是在其发表作品背后的一种文学暗流。这些日记无所拘束、坦白、充满试验性，反射出那个年轻且充满活力的作家的洞察力。那些简短的描述和纲要、观察笔记、释义段落，它们充斥着前后及彼此的不一致，它们相互之间以及与作者的生活之间存在着或合或离的关系。而写于 1846 年之后的日记——它们由 36 个同样的笔记本、共计 5700 个手写页，其内容则成为内向性的自我萦绕和一种自我申辩。其间，克尔凯郭尔一直在诠释着和讨论着他已发表的作品，反思这些作品及其作者在现时代的命运。

在克尔凯郭尔的写作当中，在很大范围内也在其日记当中，他描述了生存的诸种可能性，尤其是三种主要阶段，对此他称之为"生存的诸境界"（Existents-Sphærer），即审美的、伦理的和宗教的境界。他的基本观点在于说，每个人首先必须、或者说应该——因为并非每个人都能做到这一点——使自身从被给定的环境当中、从其父母和家庭当中、从其所出生和成长的社会环境当中分离出来。然后，他必须开始历经生存的各个阶段（Eksistens-stadier），在此进程之中他将获得其永恒的有效性，成为一个独立的个体（individ）。这个个体将成为其自身行动的主体，进而将成长为一个独特的、负有伦理责任的人。直到最终，在罪感的驱使之下，伦理的人将步入宗教境界。克尔凯郭尔年仅 22 岁的时候就已经对此主题发表了自己的看法，首先是涉及到他自己，同时也关涉到所有的人。他试图明白，生活对他而言意味着什么。在1835年的一则日记中他这样写道："一个孩子要花些时间才能学会把自己与周围的对象区分开，在很长一段时间内他都无法把自己与其身处的环境区别开来，因此，他会强调其被动的一面而说出，例如，'马打我'（mig slaaer Hesten）这样的句子来。同样，这种现象将在更高的精神境界当中重现。为此我相信，通过掌握另一个专业，通过把我的力量对准另外一个目标，我很可能会获得更多的心灵安宁。在一段时间内这样做可能会起作用，我可能会成功地将不安驱赶出去，但是毫无疑问，这不安仍将卷土重来，甚至更为强烈，如同在享受了一通冷水之后迎来的是高烧一样。我真正缺乏的是要让我自己明白，我应该做些什么，而非我应该知道些什么，尽管知识显然应该先于行动。重要的是寻找到我的目标，明确神意真正希望我所做的；关键在于找到一种真理，一种为我的真理，找到那种我将为之生、为之死的观念。"（日记AA：12）而当一个人找到了这样的真理的时候，这真理只为那个具体的人而在，这人也就获得了内在的经验。"但是"，克尔凯郭尔提醒说，"对于多少人而言，生活中诸种不同的印迹不是像那些图像，大海在沙滩上把它们画出就是为了旋即将它们冲刷得无影无踪"。

这个真理，这个我作为一个独特的人应该寻找并且使之成为我的真理，它在这个意义上来说是主观的，即是我是作为主体的我在选择它。再进一步说，它还在这个意义上来说是主观的，即我应该以它为根据改造我的主体性和我的人格，应该根据它去行动。根据克尔凯郭尔，真理永远是处于行动中的，因此他还强调我应该做什么。在上述背景之下，很多年之后，克尔凯郭尔在他的主要哲学著作《附言》当中提出了"主观性即真理"的命题。这个命题不应该被理解成在独断的或者相对的意义上说真理是主观的，似乎此真理能够与彼真理同样好。恰恰相反。在克尔凯郭尔看来，生存中存在着一种绝对的真理，一种永恒有效的真理，正是这种真理才是作为主体的我、作为个体的我要去参与的；当我选择的时候，它就应该成为为我而在的真理。不仅如此，当我选择那个永恒有效的真理的时候，我要占有这真理，根据它改造作为主体的我，把它作为我的所有行动的绝对准则。

假如这一切并未发生，假如我的生活纠缠在诸多独断的真理之中并且远离了我的规定性的话，那么只有一种可能性，就是沿着我曾经向前走过的同一条路倒着走回去。克尔凯郭尔曾运用了一个取自古老传说中的意象。传说中有一个人着了一支乐曲的魅惑，为了摆脱音乐的魔力，他必须将整支曲子倒着演奏一遍。"一个人必须沿着他所由来的同一条道路倒行，犹如当把乐曲准确地倒着演奏的时候魔力就被破除了的情形一样（倒退的）。"（日记 AA：51）

假如我并未返回到出发点以便找到那条通往真理的正确道路，而是使我的生活纠缠在那些独断的真理之中的话，那么我将陷入沮丧之中。有这样一种情形：我有一种强烈的愿望，但我并不知道我所希望的到底是什么，也没有准备好调动我的力量去发现之，因为那将意味着我必须使自己从那种我曾经纠缠其中的生活当中挣脱出来，于是我便无法去希望。克尔凯郭尔把这样的一种情形称为"忧郁"（tungsind）。

"什么是忧郁？忧郁就是精神的歇斯底里。在一个人的生活中会出现一个瞬间，当此之时，直接性成熟了，精神要求一种更高的形式，其中精神将把自身视为是精神。作为直接性的精神而存在的人是与整个世俗生活联系在一起的，但是现在，精神将使自身从那种疏离状态中走出来，精神将在自身当中明白自己；他的人格将会在其永恒有效性内对自身有所意识。假如这一切并未发生，运动就会终止，它将被阻止，而忧郁也由此介入。人们可以做很多事情以试图忘掉它，人们可以工作……但是，忧郁仍然在那里。"

"在忧郁当中有着某种无可解说的东西。一个悲伤或者担忧的人是知道他为什么悲伤或者担忧的。但是倘若你询问一个忧郁的人，问他为什么会忧郁，是什么压在他的身上，他将会回答你说，我不知道，我无法解释。忧郁的无限性就在这里。这个问答是完全正确的，因为他一旦知道他因何而忧郁，忧郁就被驱除了；可是那个悲伤者的悲伤绝不会因为他知道自己因何悲伤而被驱除。但是，忧郁是罪（Synd）……它是那种没有深刻地、内在性地去希望的罪，因此它是众罪之母……可是一旦运动开始了，忧郁就会被彻底驱除，同时就同一个体而言，他的生活仍然可能带给他悲伤和担忧。"

在《非此即彼》当中，克尔凯郭尔曾这样写道："很多医生认为忧郁存在于肉体之中，这一点真够奇怪的，因为医生们无法将忧郁驱除。只有精神才能驱除忧郁，因为忧郁存在于精神当中。当精神找寻到自身的时候，所有微不足道的悲伤都消失了，据很多人说产生忧郁的根源也消失了——这根源在于说，他无法在这个世界上立足，他来到这个世界太早或者太晚了，他无法在生活中找到自己的位置。那个永恒地拥有自身的人，他来到这个世界既不太早也不太晚；那个居于其永恒当中的人，他将会在生活当中发现自己的意义。"（SKS 3，pp. 183—184）

有了对忧郁的如是理解，克尔凯郭尔提出了另一个重要的概念：忧惧（angst），在其心理学著作《忧惧的概念》当中他对这个概念做出了阐发。在书中，假名作者 Vigilius Haufniensis 描述了忧惧的诸种现象并且发问道，忧惧或者勿宁说一个人会变得忧惧的事实会揭示出人是什么呢？对此他回答说：人是一个与成为他自己这一任务密不可分的自我。这位假名作者还描述了这项任务失败的原因，因为个体不仅仅在因善而且也在因恶的忧惧当中受到了束缚，最终，他陷入了妖魔式的内敛当中。

而忧惧又引发出了另一个新的概念：绝望（Fortvivlelse），对此克尔凯郭尔让其身为基督徒的假名作者 Anti-Climacus 在《致死之疾病》一书中做出了分析，该书与《忧惧的概念》相呼应。正是 Anti-Climacus 表达了克尔凯郭尔关于人的最终的观念：人是一个综合体，是一个在诸多不同种的尺度（Størrelse；对应于德文 Grösse）之间的关系，例如时间性与永恒性、必然性与可能性，但是它却是一种与自身发生关联的关系。在书的第一部分中，Anti-Climacus 通过对绝望的不同形式的描述展开了这一观念，在此绝望被理解为人不愿成为自我。在书的第二部分中，作者深入阐明了他对绝望的理解，他认为绝望是罪，以此，他与《忧惧的概念》一书中关于罪的理论相呼应。于是，绝望成了经强化的沮丧，或者是以上帝为背景而思想时的沮丧，也就是说，一个人不愿意成为如上帝所创造的那样的自我，不愿去意愿着或者执行上帝的意志。"心的纯洁性在于意愿一（件事）"，而这个"一"最终就是上帝。

那个意愿着上帝并且因此也意愿着成为如上帝所创造的自我一样的人；那个不再与上帝和其自身相疏离的人——处于这种疏离状态的人或者处于在罪过（Skyld）的封闭的禁锢当中，或者处于关于自我的梦想的非现实的理想图景当中；那个人将真正地走向自我，他将与自我和自我同一性共在，因此，他将在场于生活的实在的场中。克尔凯郭尔在其成文于 1849 年的三则审美性的、关于上帝的训导书《田野的百合与空中的飞鸟》中这样写道："什么是快乐，或者说快乐是什么？快乐也就是真正地与自我同在，而真正地与自我同在指的就是那个'今天'；在（være）今天，其实就是指在今天。它与说'你在今天'，与说'你与你自身就在今天同在'，说'不幸的明天不会降临到你的头上'同样正确。快乐指的就是同在的时间，它所着力强调的是同在的时间（den nærværende Tid）。因此上帝是幸福的，作为永恒的存在他这样说：今天；作为永恒的和无限的存在，他自身与今天同在。"（SV14，160）

克尔凯郭尔在第一阶段的写作中完成了对三种人性的"生存境界"的描述之后，在第二阶段中他指出了在与基督教的关系之下这三种境界的不足之处。一个人要成为一个真实的自我，首先要通过作为上帝所创造的产物而与上帝建立关联。一个人要成为真正的自我，他首先要认识基督并且使他的罪过得到宽恕。但是，在认识之前同样需要行动。因此，真理总是在行动中的真理，正如信仰总是在作为（Gjerninger）中的信仰一样。

在第二阶段的写作当中，对人性的和基督性的理解同时得到了强化。克尔凯郭尔进一步强调，那个决定性的范畴即在于单个的人，即"那个单一者"（hiin Enkelte）；但是与此同时，他也越来越强调一种以宗教为根基的对于人与人之间的平等关系的把握。这一点与他对于所处时代的不断成熟的批评是并行的。1846年，克尔凯郭尔发表了题名为《文学评论》的作品，对一位年长于他的同时代丹麦作家托马西娜·伦堡夫人（1773—1856）的小说《两个时代》做出了评论。其间，克尔凯郭尔赋有洞见地总结了那个日益进步的现代社会的特征，表达了他的政治和社会思想，指出当今时代呈现出一种平均化和缺乏激情的倾向。

克尔凯郭尔自视自己是一位以"诠释基督教"为己任的宗教作家。他将"清洁空气"，他将把所有的幻象和所有的虚伪都剥除尽净，并且返回到"新约的基督教"。在此背景之下，他在自己生命的最后几年当中对丹麦的官方所宣称的基督教以及基督教权威机构展开了攻击。1854年年底，克尔凯郭尔以在名为《祖国》的报纸上所发表的一系列文章开始了他针对教会的战斗。继而，这场战斗又继续在更强烈、更激进的新闻性小册子《瞬间》（共计9册）当中进行。

1855年10月，克尔凯郭尔在街头摔倒了，他病入膏肓，精力耗尽。他被送往了弗里德里克医院（地址即今天的哥本哈根市工艺美术博物馆），11月11日，他在那里告别了人世。

克尔凯郭尔在19世纪末、20世纪初之际被重新发现，并且在第一次世界大战之后获得了广泛的国际声誉。他成为辩证神学、存在哲学以及存在神学的巨大的灵感源泉。自20世纪60年代至80年代中期这段时间里，克尔凯郭尔（研究）一度处于低潮。自那以后，克尔凯郭尔获得了巨大的复兴，不仅在学者和研究者中间，而且还在一个更为广泛的公众当中；这种复兴不仅发生在丹麦国内，而且还发生在国际上，包括很多前东欧社会主义国家。

这种重新焕发的对于克尔凯郭尔的兴趣反映了一种崭新的对生存进行全面理解的愿望，人们希望在当今众多相对的、划时代的、以及由文化决定的真理之外寻求到一种可能的永恒真理。这种探求不仅仅在知识—哲学的层面之上，而且还应落实在伦理—生存的层面之上。这种寻求还与寻找对个体的意义、伦理学的基础以及宗教与社会的关系这些根本性问题的新的解答联系在一起。

"有两种类型的天才。第一种类型以雷声见长，但却稀有闪电。而另一种类型的天才则具有一种反思的规定性，借此他们向前推进……雷鸣声回来了，闪电也非常强烈。以闪电的速度和准确性，他们将击中那些可见的每一个点，而且是致命的一击。"毫无疑问，克尔凯郭尔属于后一种类型的天才。

（王　齐译）

目　　录

上卷　苏格拉底的立场,理解为反讽

下卷　论反讽概念

译者说明

本书由新版克尔凯郭尔全集第一卷译出（Søren Kierkegaards Skrifter 1, København, Gads Forlag, 1997, 59—357 页: Om Begrebet Ironi）。译注基于此版本的注释卷（Kommentarbind 1），考虑到汉语读者的特殊情况，我自己也适当附加了一些其他的注解。

所有脚注均为原作者注，尾注为译者注。原作者旁征博引，脚注中非经典性的学术著作的版本说明一律照抄原文，只在括号中译出大意，以供读者参考，出版地点一般不译。

为确保译文通畅，外来词均直接译出，然后在括号内标明原文。非丹麦语的引文均一并译出。一两个字的引文原文皆置于括号之内，成句的引文不再转录，只在译注中说明引文原为何种文字。德语、法语及拉丁语的引文由译者直接译出，惟一的例外是出自黑格尔《哲学史讲演录》的引文，这里我采用了贺麟和王太庆的汉译本，贺、王译文舛错之处，便依德文原文予以更正，我对所有更正和改动都在译注中作了说明。由于译者不通古希腊语，希腊语引文或由克尔凯郭尔新版全集所提供的丹麦语翻译而转译，或采用已有的中文译本。若中文译文和丹麦文的翻译出入太大，译者做了一些适当的改动。译注对这些改动一一做了说明。克尔凯郭尔引用最多的是柏拉图，而柏拉图的汉译却寥寥无几。由于作者所使用的 19 世纪丹麦语及德语版本对现代读者没有使用价值，我在注解中未标出这些版本的页码，而是标明了柏拉图著作的段落标准编号，以便感兴趣的读者查阅。倘若有汉译本，我也附加了汉译本的页码。对色诺芬的《回忆苏格拉底》和阿里斯托芬的《云》我做了同样的处理。

此译文使用了下列汉译本，尾注及脚注中只标明了这些译文的书名，其他版本说明从略。

《圣经》，串珠版，南京：中国基督教协会 1996 年版。

阿里斯托芬：《云》，见于罗念生译，《阿里斯托芬喜剧集》，第 173—260 页，北京：人民文学出版社 1954 年版。

柏拉图：《游叙弗论》，《苏格拉底的申辩》，《克力同》，严群译，北京：商务印书馆 1999 年版。

柏拉图：《会饮》篇，见于朱光潜译，《柏拉图文艺对话录》，第 211—292 页，北京：人民文学出版社 1980 年版。

柏拉图：《斐多》篇，杨绛译，沈阳：辽宁人民出版社 2000 年版。

柏拉图：《理想国》，郭斌和、张竹明译，北京：商务印书馆 1997 年版。

黑格尔：《哲学史讲演录》，共四卷，贺麟、王太庆译，北京：商务印书馆 1996 年版。

色诺芬：《回忆苏格拉底》，吴永泉译，北京：商务印书馆 2001 年版。

哥本哈根大学哲学院断定此论文合格，在它以及附载的论题被正式答辩之后，将授予其作者博士学位。日期：1841年6月16日。弗·克·西波恩，本年哲学院院长。*

注　释

　　*　　原文为拉丁文。

附载于丹麦文论文"论反讽概念"的论题。神学博士候选人索伦·奥碧·克尔凯郭尔拟于本年九月公开答辩，以正式获得哥本哈根大学博士学位。1841 年。[*]

注　释

　　* 　原文为拉丁文。

论　　题

1. 苏格拉底与基督的相似之处恰恰在于其不相似之处。

2. 色诺芬的苏格拉底拘囿于功用，从未超越经验，从未飞升到理念。

3. 把色诺芬与柏拉图作一比较，我们就可以看到前者把苏格拉底压得太低，而后者又把他抬得太高，两者都没有抓住真理。

4. 柏拉图所利用的质问的形式相当于黑格尔所说的否定性。

5. 柏拉图所复述的苏格拉底的申辩要么纯属虚构，要么需要从头到尾都反讽地来理解。

6. 苏格拉底不仅仅利用反讽；他如此沉湎于反讽，以致成了它的牺牲品。

7. 阿里斯托芬在其对苏格拉底的描述中最接近真理。

8. 作为无限、绝对的否定性，反讽是主体性最飘忽不定、最虚弱无力的显示。

9. 苏格拉底把世人从一切实质性中驱逐出去，就像把遇难乘客赤条条地赶出沉船一般；他推翻实在性，在远处窥见理想性，触及它却未能占据它。

10. 首倡、引进反讽的是苏格拉底。

11. 现代的反讽首先归属伦理学。

12. 黑格尔在其对反讽的论述中仅仅着眼于现代，而未以同样的方式论及古代。

13. 反讽本身并非冷眼旁观、不动声色，毫无喜怒爱憎；毋宁说它是一种由于别人也想占有自己所欲求的东西而感到的不快。

14. 佐尔格讲避世绝俗，并非因为他心灵虔诚，而是由于在既无力思考消极的东西又无力借助思考而征服它之时，深自怨艾，以致神迷意惑，大讲脱世。

15. 恰如哲学起始于疑问，一种真正的、名副其实的人的生活起始于反讽。*

―――――――――

* 所有论题原文均为拉丁文。

上　　卷
苏格拉底的立场，理解为反讽

导　言

　　近来哲学追求在其辉煌卓越的进展中若有值得赞颂之处的话，那就必定是它把握、控制现象的非凡的力量了。现象有女子的献身服从强者的天性，因此它素为阴性（foeminini generis）。倘若哲学征服它的欲望无可厚非，我们至少可以合情合理地要求哲学骑士彬彬有礼，情意深挚缱绻。与此不同，我们却不时可以听到鞭鸣马嘶，喝令震耳。观察者应为情人，对一举一动、一时一刻都不可漠不关心；另一方面他也应保持自己的优势，但需要利用此优势来协助现象达到完美的展现。因此，尽管观察者随身携带概念，现象却不应被折辱，概念必须被看做产生于现象。

　　因此，在我讲反讽概念的衍化之前，有必要对苏格拉底历史实际的、现象学的生存获得一个真实可靠的看法。他在世期间，或激动振奋、或挟嫌嫉妒的世人对他褒贬不一。我的着眼点在于他实际生存与世人对他评估之间的关系这一问题。它之所以至关重要，不可回避，是因为反讽概念与苏格拉底同时诞生。其实，概念和个体一样有其生平历史，同样无力抗拒时间的巨流。但尽管如此，它却总保留着一种对故土的眷念。哲学一方面对概念的后期历史不可漠视，另一方面也不可拒于初期历史本身而停步不前，不管此初期历史如何丰腴宏赡，如何妙趣横生。哲学孜孜不倦地追求增进，追求永恒与真理；与永恒和真理相比，即使是最淳厚的生存，就其本身来说，也只是幸福的一瞬间。总而言之，哲学与历史的关系就和听取忏悔的神父与忏悔者之间的关系一样，他应具有灵敏、聪慧的耳朵来倾听忏悔者的隐私；但在听完滔滔不绝的自白之后，他应有能力使此自白在忏悔者眼前以新的面貌而重新呈现。忏悔的个人固然不仅仅能把他的生平事迹像念流水账般——述说列举，而且也能把它讲得饶有趣味，引人入胜，但是他自己总不能洞察其本质。与此相似，历史虽能激昂慷慨地放声宣告人类纷繁错杂的命运，但却不得不听任长者①（哲学）来诠释它。由此它可享受意想不到的欣喜之事：一开始几乎不愿承认由哲学所提供的副本，然而耳濡目染，终于把哲学的观点看做原本真释，而把其他的看做虚表假象。

看来，构成历史与哲学之间根本中介物的这两个环节都应各得其所：一方面现象要被得当处理，②哲学不得居高临下，对它进行威慑恫吓；另一方面哲学也不得让自己被个体的魔力所蛊惑，被个体惊世骇俗的怪僻所分神。至于反讽概念也是如此，哲学不得只着眼于它的现象学存在的一个单独侧面，也就是说不得只看表面现象而对其他皆视而不见，它必须在现象之中，并利用现象来窥视此概念之真谛。

每个人都知道，世世代代反讽一词总和苏格拉底的生存联系在一起；但这绝不意味着每个人都知道反讽是什么。不仅如此，即使某人对苏格拉底的生平事迹了如指掌，由此对他的怪僻习以为常，此人对反讽还是没有一个清楚透彻的概念。我们这样说，并不是要煽动对历史性的生存的猜疑，好像因为一个人的成长总要比理念的展现丰富得多，它就应该等同于脱离理念。如前已说，我们的意思绝非如此；但是另外一个方面，我们也不可假设

----

　　①　大概有人会怪罪我称哲学为长者；但我以为，永恒是长于尘世的。虽然哲学在许多方面晚于历史，但它阔步奔走，转眼之间就横穿尘世，自视永恒的先驱。并且，通过愈来愈深的反思内省，它在时间中追忆自我，愈来愈远而进入永恒；它忆想自己在永恒中并非昏昏沉沉，而是愈来愈机警清醒；它忆想自己并非属于过去，恰恰相反，它把过去忆想为现在。

　　②　在这一方面，哲学与历史之间的关系可以用两种方式来解释：从基督教对永恒与尘世的观点来看，它合乎真理；而从希腊的，或笼统地说从古典的永恒、尘世观来看，它却违背真理。对于后者来说，永恒的生活起始于饮忘河之水而忘却往昔；对于前者来说，过去所说的每一句有用无用的话都沁肌浃髓，伴随着永恒的生活。（参看《圣经·新约》，《马太福音》12，36：我又告诉你们，凡人所说的闲话，当审判的日子，必要句句供出来。——译注）

生存的某一个单独环节本身就能和理念绝对相适应。有人正确地
指出过自然是无力把握概念的，部分是由于每一个单独现象只包
含一个环节，部分是因为自然存在的总和总是一个不能提供满
足，只能刺激渴望的极为不完美的媒介。与此类比，我们完全有
理由对历史提出相似的论点：每一单独事实当然不断演化，但却
只是一个环节，历史存在的总和也还不是理念的绝对适当的媒
介，因为它是理念的时间性和有限（就像自然是理念的空间性
一样）。这种时间性和有限渴求从意识所散发出的拒斥力，它们
回头看去，面面相对。[1]

　　鉴于哲学在理解、把握历史时所遇到的困难以及因此所需采
用的谨慎措施，这里讲得已经不少了。具体情况往往会呈现出新
的棘手的问题，而这正是本论文的处境。苏格拉底所最注重的是
他的一生和世界历史之间的关系，他对此极为注重，以至常常呆
站路边，陷入沉思，缄默无言。他没有著书立说，后世对他评判
也就无所凭依；我想象我即使和他生于同世，他也会永远难以捉
摸。他属于那种我们不能只看外表的人。外表总是指向一个相异
的和相反的东西。有的哲学家谈论自己的观点，而在谈论中理念
本身就会明确呈现出来。苏格拉底不是这样的一个哲学家，他说
的话总有别的含义。总而言之，他的外在与内在不和谐统一，其
实毋宁说他的外在内在总是背道而驰：只有从这个折射角度我们
才能理解他。显而易见，理解苏格拉底迥异于理解大多数别的
人。由此人们需要通过组合算计来理解苏格拉底也就势所必然。
况且苏格拉底至今历时数千年，倘若他同时代的人对他还捉摸不
透，那么很清楚我们现在要重构他的生存就会有双重困难，因为
我们必须通过新的组合算计来理解本来就很复杂的世人对他的原
有理解。如果我们现在断言构成他的生存本质核心的是反讽
（这自然是自相矛盾，但事当如此），如果我们进一步假设反讽
是一个消极的概念，那么我们就很容易地看到对他的形象进行把
握是多么的困难，甚至毫无可能，或至少和描摹戴隐身帽的小妖
精一样麻烦。[2]

注　释

［1］影射《圣经·新约》,《哥林多前书》13,9—12:"我们现在所知道的有限,先知所讲的也有限,等到完全的来到,这有限的必归于无有了……我们如今仿佛对着镜子观看,模糊不清,到那时候就要面对面了。我如今所知道的有限,到那时就全知道,如同主知道我一样。"为和中文圣经一致,我把丹麦文 Stykkeviished(片断性)译为"有限"。

［2］戴隐身帽的小妖精无影无踪,不可捉摸,要描摹它当然也就毫无可能。

第一章　这种理解的可能化

　　和苏格拉底同时代的人对他有种种不同的看法一样，我们现在对这些看法做一概观。就此而言，有三个人需要重视：色诺芬、柏拉图和阿里斯托芬。鲍尔①认为除柏拉图之外色诺芬尤需注重，此说我不敢苟同。色诺芬止步于苏格拉底的外在直接性，因此必定在很多方面都误解了他；② 与此相反，柏拉图和阿里斯托芬冲决坚硬的外壳，从而为理解与他生活的繁杂万象毫不相容的无限性铺平了道路。苏格拉底的一生可说是不停地行走于漫画与理想之间，谢世之后他还在其间徘徊。至于色诺芬和柏拉图的关系，鲍尔在123页正确地指出："两者之间，我们马上就可碰到一种歧异，在许多方面这种歧异可与众所周知存在于对观福音书和约翰福音之间的关系[1]相比拟。对观福音书起先主要描绘基督外在的和犹太弥赛亚观念相关联的一面，而约翰福音首先注目于他高远的天性和他直接神圣之处；与此相似，柏拉图的苏格拉底比起色诺芬的根本上总拘牵于日常实际生活的苏格拉底要有远为高尚、理想的意义。"[2]鲍尔的观察中肯确切、令人信服。我们不可忘记，色诺芬对苏格拉底的看法与对观福音书有如下的区别：

---

　　① F. C. Baur, *Das Christliche des Platonismus oder Sokrates und Christus.* （《柏拉图主义的基督教内涵，或苏格拉底与基督》。）Tübingen，1837。

　　② 我只举一个例子：《回忆苏格拉底》第三卷第十四章第二节讲到一食肉者。这里有两种可能情况：要么这是一例无穷深刻的反讽，它极为严肃隆重地抓住最不关痛痒之事，从而讥嘲万事；要么这是无稽之谈，是苏格拉底虚弱的一刻，时当反讽的命运之神使他坠入世俗琐事的无底深渊（这一点以后详谈）。在色诺芬那里，这两种情况都未出现，结局是这个年轻人虽未忧郁不堪而从此戒荤，（"但他并没有停止吃肉，而只是拿起一块面包拌着吃。"《回忆苏格拉底》第三卷第十四章第四节，第136页。原文为希腊文。——译注），但他道德上大有长进，从此除吃肉之外也吃面包。

后者直接真确地描画基督的直接生存（值得指出的是，基督的生存除自身之外并不意指其他①），在马太以辩护士面目出现时，问题在于辩解基督生平与弥赛亚观念的协调一致；与此相反，色诺芬所谈的是一个表里不一的、其直接生存总意指其他的人，在为他辩护之时，所采用的形式是为酷爱思索论辩的、极受尊重的世人献出自己的一家之言。另一方面，鲍尔关于柏拉图与约翰之间的关系的观察也很确当；我们只需坚持以下一点：约翰具有直接领悟基督身中神圣性的眼睛，他只需张开眼睛就能真观、直观基督身中所有那些他恰恰通过缄口不言而完全客观表达的特性；与此相反，柏拉图舞文弄墨而创造出他的苏格拉底，因为苏格拉底恰恰在其直接生存中是完全消极的。

首先我们需要对各种观点一一剖析。

色诺芬

首先需要指出的是，色诺芬是有意图、有目的的（这一点已是一种缺陷，或者说是画蛇添足②），这个目的就是要表明雅

---

①　基督自己曾说："我就是道路、真理、生命。"（《约翰福音》14，6。原文为希腊语。——译注）就弟子们的理解而言，这是可以捉摸的——不是什么意味深长的艺术作品。"论到从起初原有的生命之道，就是我们所听见、所看见、亲眼看过、亲手摸过的。"（《约翰一书》1，1。原文为希腊语。——译注）所以基督也说，国王诸侯都渴求见他一面，而苏格拉底呢，如前已说，是谁也看不见的。苏格拉底总让人看不见，人们只能通过听觉才能看见他。（loquere ut videam te）（拉丁语，意为"讲话，以便我能看见你"。据讲，苏格拉底曾说过这句话。——译注）总而言之，苏格拉底的生存是好象（apparent）而不是透明（transparent）。鉴于基督的生存，就讲到这里。至于他的言谈，人们总可以相信他的每一句话，他的话是生活，是精神。苏格拉底只求别人误解他，只通过否定性才令人鼓舞振奋。总而言之，我希望——倘若此希望还没有僭越此论文的界限的话——在此探析领域之内有机会谈及苏格拉底与基督的关系。鲍尔在我们所引用的这本书里对此已说了不少，这一点值得指出，但我还是满腹疑团，故不揣浅陋，认为相似性即在于不相似性，只因为有矛盾才有类比。

②　总而言之，色诺芬既对苏格拉底也对真理都不信任，以致他不敢让苏格拉底独自登场，并因此絮絮不休地再三提醒读者雅典人是多么不近情理，不讲公道，他自己怎么觉得情形完全两样。

典人判处苏格拉底死刑是冒天下之大不韪。在很大程度上他也达到了这个目的，人们总觉得色诺芬在竭力证明雅典人判决苏格拉底要么是愚陋之见，要么是天大的过错。色诺芬为苏格拉底辩护，使之不仅显得无辜，而且显得没有危险。听了他的辩护，人们不得不诧异地询问：雅典人怎么会如此鬼迷心窍，看不出苏格拉底只是一个性情温和、絮絮叨叨、诙谐滑稽的老家伙，既不行善，又不作恶，从不碍手碍脚，总是与人为善，除了要别人听他唠叨之外，别无它求。他只不过是一个和善的庸人，雅典人置之死地而后快，而柏拉图欲为之树碑立传，不同种的虚妄之念怎么会有如此的先定和谐（harmonia præstabilita），不同种的精神错乱怎么会在更高层次上如此协调一致？这可的确是天下独一无二的反讽。有时在一论辩中，两方交锋，愈辩愈烈，整个论战开始变得饶有趣味，突然一殷勤的第三者好心好意地决定承担调停论战双方的任务，于是整个论战转而堕入无聊的俗套，柏拉图和雅典人大约会隐隐地感觉到色诺芬和解调停的努力有同样的效果。实际上，色诺芬割除了苏格拉底身上所有的危险之处，从而最终把他缩减得荒谬绝伦，这大概也是对苏格拉底自己经常如此行事的报应。

通过色诺芬的描绘而获得苏格拉底人格气概的清晰形象是非常困难的，除上述原因之外，另一个主要因素是它对处境完全缺乏敏感。各种对话、言谈的背景就像条直线一样浅薄、无形无色，就像小孩和一般画匠为他们的绘画所利用的单色陪衬一样单调。然而此背景却是极为重要的，因为正是在他秘而不宣地置身于丰富的、形形色色、纷繁错杂的雅典生活之中时或是在他神秘地悬浮于其上时，苏格拉底的人格才能被领悟；因为正是通过生存的双重性，苏格拉底人格才能被解释，就像飞鱼只有在它和鸟与鱼的关系之中才能被解释一样。强调具体处境至关重要，恰恰因为它最能表明苏格拉底的中心不是一固定点，而是无所不在却又无处可寻（ubique et nusquam）；因为它能最突出表达苏格拉底式的敏锐——只要稍有动静他就能马上觉察理念的存在、马上

感觉存在于万物中与之相应的电流；因为它最能生动地呈现真正
的苏格拉底的方法——没有一个现象对他来说微不足道，不管现
象是大是小，他都能由此力争上升到思维的境界。随处、随时都
能开始：这种苏格拉底式的可能性实现于具体生活之中，尽管芸
芸众生大多数的时间都觉察不到这一点（因为他们的探究一般
起始于并终止于一团死水①，所以对他们来说，怎么会与某一对
象产生瓜葛总是一不解之谜）。通过这个准确可靠的苏格拉底式
的放大镜，没有一个对象会如此纤微紧凑，以至他不能在转眼之
间就窥见其中的理念②，而且在这样做时，他并不是踌躇不决，
而总是运筹帷幄。不仅如此，他还处处警惕由透视法所带来的远
近错觉，不是通过欺瞒糊弄把对象硬拉到身边，而是对远近全景
各方兼顾，使之一步一步地在旁听者、旁观者面前展现出来。苏
格拉底的简朴与智者们的空洞喊叫和贪婪放纵截然相反。色诺芬
要是能使我们感觉到这种简朴，那就好了。倘若对苏格拉底生平
事迹的描绘能使人们在匠工们的繁忙操劳之中、在驴叫骡鸣之中
窥见他用以编织生存的神圣纬纱的话，那么此描绘该会是多么栩
栩如生啊！倘若人们在集市的烦嚣喧哗之中能够听见响彻生存的

---

①　对苏格拉底来说，世上没有什么东西是静止不动的；他对认识的看法可与福
音书讲毕士大的池水相类比：池水只有在被搅动之后才能痊愈病人。（参看《约翰福
音》5，2—4。——译注）

②　这里我把苏格拉底关于理念与现象之间关系的观点看做是积极的，与我后边
对苏格拉底在这一问题上的观点所作出的理解相比较，细心的读者大概会觉得我是自
我矛盾。就此我不揣冒昧，做以下两点评论。首先这是基于苏格拉底反对智者们的论
战：这些智者们完全不知道该如何对付现实，他们酷爱思辨，好高骛远，夸夸其谈，
最后除了纯粹理念之外，完全不知所措；与他们截然相反，苏格拉底总是停留于俗事
低人，讲饮食男女，讲鞋匠、农民，讲牧人，讲驮驴，通过强迫智者们面对这些低微
的现实，他迫使他们承认自己的乖戾。但另一方面，存在对他来说只是影像而已，不
是理念中的因素，而这表明他的理念是抽象的。这一点不断得到强化，就现象和理念
的关系而言，他从来没有什么质量性的规范尺度，对他来说，二者大同小异，因为一
切均为影像、只是影像。从这一切也可看出，倘若某人认为上帝既在草茎中也在世界
历史中呈现，他只有抽象的理念，因为本质上这意味着上帝其实无处可寻。苏格拉底
所具有的理念归根结底一直是个辩证的、逻辑的理念。这一点以后详谈。

神圣的主旋律的话（对于苏格拉底来说，每一个事物都是理念的形象的、并非不恰当的符号标志），那么尘世生活最为凡俗的表现形式与苏格拉底之间该会有多么趣味横生的冲突啊！而这好像正是苏格拉底本人所说过的。柏拉图对处境的这种重大意义毫不缺乏认识，并对它作出很富有诗意的表达。这种诗意的表达在发挥其效用的同时也表明了色诺芬的缺陷。

　　一方面，色诺芬缺乏看见处境的眼光，另一方面，他也同样缺乏听见答对的耳朵。这并不是说苏格拉底所提的问题，或者他所给的答复不正确，恰恰相反，这些问题、答复太正确、太强硬、太乏味。① 苏格拉底的答对和他所说的话并非完全和谐一致，它不是一种涌流出去，而是一种不停的涌流回来，一种在其人格中无穷无尽地向后回响的回音（而一般来说，答对意味着思想通过声音而向前繁殖）。色诺芬所不具有的正是一双听得见这种回音的耳朵。苏格拉底对生存越是进行瓦解、销蚀，他的每一句话就越来越深地、越来越必然地趋向于反讽的整体，而作为一种精神状态这个反讽的整体是深不可测、无影无踪、不可分割的。对这个秘密色诺芬是一无所知。有一张画儿，画的是拿破仑的墓。两棵大树遮蔽着它。除此之外，画儿上别无可见，首次观看者再也看不到别的东西。两棵树之间空荡荡的，什么也没有；眼睛随着大轮廓慢慢看去，在这个空荡荡之中拿破仑自己突然呈现出来——现在他站在那里，你怎么也不能使之重新消失。[3]眼睛一旦看见了他，就会以一种几乎令人恐惧的必然性永远看见他。苏格拉底的答对也是如此。我们听到他的话，就像我们看到那两棵树一样，他的话听起来词意相符，就像那两棵树是树一样，没有一字一句听起来别有它意，就像没有一枝一叶指向拿破仑一样——然而正是这个空荡荡，这个"什么也没有"隐藏着

_____

　　① 假使色诺芬对苏格拉底的看法正确无误，我相信文雅、好奇的雅典人与他还会是不共戴天，不是因为他们害怕他，而是因为他令人厌倦。我们必须承认，要判处苏格拉底死刑，令人厌倦是个与其他罪状一样有效的理由，就像雅典人因为阿里思提德斯铁面无私而把他驱逐出境一样。

最重要的东西。我们知道大自然里有些地方建构奇特，站得最近的人听不见说话者，而只有站在远处特定一点的人才听得见；苏格拉底的答对可与此相类比，我们只需记住这里听就等于理解，而不听等于误解。我暂时强调色诺芬的两个主要缺陷，因为处境和答对紧密相连，共同构成人格的神经节和大脑系统。

　　我们现在转向由色诺芬所搜集的归于苏格拉底的言论。总的来说，这些言论身躯矮小，手脚残缺，综观全体虽然不难，但看起来让人眼疼。能达到诗意或哲学思想高度的寥寥无几。尽管词藻优美，它们的趣味却和我们《民报》[4]的深沉以及和热爱大自然的师范专科学生震天动地的放喉高歌大同小异。①

---

　　① 在这个变了种的散文之中，偶尔有一句两句话还保留着它非凡的源流中的一些东西，尽管总和其他一些烦人的东西掺杂在一起。为色诺芬着想，我引用《回忆苏格拉底》第一卷第一章第八节作为例证。在此他谈论人力所能及之事，然后加上这么一句：“关于这一类事情的最重要的关键，神明都为自己保留着，它们都是人所看不出来的；因为很显然，既不是所有把田地耕作得很好的人都一定收获其果实，也不是所有把房屋盖得很好的人都住在其中。”（第3页，引文原为希腊语）在凡人的繁忙劳碌、好高骛远与其在极有限的活动范围之内所能达到的成就之间存在着矛盾对立关系——这是典型的苏格拉底思想；首先描绘人类认知难以达到的地带（第六节：“至于那些结果如何尚难确定的事，他让他们去占卜，以决定行止。”第2页，原文为希腊语），然后暗示人们凭借自己的力量所能完成之事，正当人们刚安下心来之时，他突然振振有辞地说人们其实是心余力绌，从而又搞得人心惶惶，换言之，正当人们把自己冻入冰中而洋洋得意、自以为安居于陆地之上时，他使冰块消解溶化，从而把人们重又投入激流之中——也是典型的苏格拉底思想。唯一不可或缺的是反讽，因为巧取豪夺、使人一无所有的正是反讽；而色诺芬却缺乏反讽，这里他的开场白是：“而最重要的是”（原文为希腊语。——译注）——不言而喻，真正的苏格拉底式的开场白应为：只有一点小麻烦，不易解决，等等。另一方面，教条主义的倾向和威胁也不可缺少，这也是苏格拉底所特有的。正是在凡俗小事之中，神灵叫人难以猜摸：为了给这一观点提出根据，苏格拉底表明没有人知道他未来的命运，而这种无知正是能使所有周密的保险沉没的暗礁。我们对苏格拉底会有略为不同的期待，我们宁愿他恰恰在好像强调人生自强不息之时指出人连神灵的助手也不是，世间的操劳忙碌毫无价值或者只是一种被动接收，即使人们以器械代替人力，深耕细作，执意稼穑，要是神灵不愿意，他们还是不能避免饥馑荒年。苏格拉底在这里讲生活的坎坷沉浮不可预知是芸芸众生共同的命运，这不过是陈词滥调而已，大概没有人不晓得；然而人的绝对无能——行动领域内的绝对无能对应于认识领域内的绝对无知——却需要苏格拉底不断来提醒。现在大概有人会提出异议，说这一

　　我们现在来探讨由色诺芬所搜集的苏格拉底的言论。尽管它们常常看起来像一群杂乱地聚集在一起的孩子，我们还是要竭力寻查可能的家族相似。

　　经验性的测定是个多角体，直观是个圆圈，两者之间永远存在着质的差别。我们希望读者们会赞同这个观点。在色诺芬那里，散漫的言论在一多角体中环转，不时自欺欺人，看见眼前还有一大路要走，就相信找到了真正的无限性，就像一只昆虫爬在一多角体上，掉了下来，原来好像是无限性的东西其实只不过是一个角而已。

　　在色诺芬那里，功用是苏格拉底讲学的出发点之一。而功用正是那个对应于善的内在无限性的多角体：这种内在无限性起始于自我并终结于自我，对它自己的各个环节均不漠视，搏动于所有环节之中，搏动于整个之中而同时又搏动于各单个之中。功用具有一种无限的辩证法，一种无限的恶性辩证法。也就是说，功用是善的外在辩证法，是其否定，就其自身而言不过是海市蜃楼，其中无物常住，而万物扑朔迷离、生灭无常、变幻不定，一切相对于观察者神情不定、浮浅表面的眼光，其中每一个单独的生存

──────────

段话里讲的是一种结果，是神灵天机里所隐藏的一种可能性：丝毫不可预测算计的事情与一眼看去完全可以预测算计的事情是相对立、相矛盾的。但是此处毫无反讽可言，却是每个人都不得不承认的；上面暗示过，反讽才是苏格拉底关于人的天性和本质的真知灼见，在反讽中，苏格拉底使人与必然性、而非偶然性相冲突碰撞。一场冰雹毁坏农民的庄稼，这当然是很可能的事；但是倘若上帝诅咒土地，使庄稼不能萌发抽芽，人们不管采取什么措施均无济于事，这才是更为深远的否定。前者是把可能性看做可能性，而后者试图使现实也呈现为一种假设的可能性。我们再举一例，《回忆苏格拉底》第一卷第二章，苏格拉底与克里提阿斯和哈利克里斯的著名对话。这里苏格拉底甚至在色诺芬的描绘中也趋于反讽。但毋宁说他是在智者们的地盘上走动（第三十六节："他说，如果一个青年人问我这样一个问题，例如，'哈利克里斯住在哪儿了'，或者，'克里提阿斯在哪儿'，倘若我知道的话，难道我也不可以回答他吗？"第14页。原文为希腊语）；他是在智术的意义上反讽，而实际上与反讽有质的差别。这一点以后再谈。令人吃惊的是，哈利克里斯其实比苏格拉底更为机智，至少他的著名答复远远超过后者："你得小心你自己也会使牲畜变得少起来。"（第15页。原文为希腊语。）──我详细地分析了这两个例子以证明在色诺芬那里即使是在最接近苏格拉底形象的地方我们还是不能看到他的两面性，而只能得到一种非驴非马的东西。

只是永恒流转中的一个可无限分割的断裂生存（功用中介、吸收一切，甚至非功用，恰如没有什么绝对有用，也没有什么绝对无用，绝对的用处只是岁月沧桑中仓促的一刻）。这种对功用的普通看法在苏格拉底与阿里斯提普的对话中（《回忆苏格拉底》第三卷第八章）得到了充分的展示。在柏拉图那里，世人总是在偶然的具体性中观看事物，而苏格拉底却不停地把事物从偶然的具体性中引导出来，并把它领向抽象性；与此相反，在色诺芬那里，阿里斯提普试图向理念靠近，而苏格拉底把这个本来就很虚弱的尝试摧毁殆尽。对此对话无须赘述，因为苏格拉底起初的态度既使一个论战老手跃然纸上，又显示了整个探讨的规范尺度。阿里斯提普问他是否知道什么东西是好的，对此问题苏格拉底答到（第三节）："你是问我，什么东西对热病是好的吗?"[5]这个答复一下子预示了这个论战的规格。整个谈话始终不渝地沿着这条道路走下去，甚至第六节的悖论也不能使之迷失路径："（阿里斯提普）说，那么，一个粪筐也是美的了？当然咧，（苏格拉底答到），而且，即使是一个金盾牌也可能是丑的，如果对于其各自的用处来说，前者做得好而后者做得不好的话。"[6]我引用这段对话作为例证，故必须注重总体印象，因为总体印象才是例证的生命灵魂；尽管如此，我举此例是为了推及其余，所以想特别强调这段对话开篇中的一个困难。色诺芬开门见山，讲阿里斯提普提这个问题是别有用心，他是想让苏格拉底在把善理解为功用之时谈及存在于善之中的无限辩证法从而使之陷入尴尬的境地。色诺芬暗示苏格拉底一眼看破了这个诡计。完全可以想象，色诺芬是把整段对话作为苏格拉底体操术的例证而保留下来的。表面地看，在苏格拉底的行为中仿佛潜藏着一种反讽，他似乎毫不猜疑地走入由阿里斯提普所设的陷阱以便摧毁这个狡猾的圈套，从而迫使阿里斯提普不得不自己接收、证实他本来算计着苏格拉底所要强调的论点。每一个了解色诺芬的人都一定会觉得这是不太可能的，更令人放心的是色诺芬对苏格拉底为什么采取这种态度作出了另外一个完全不同的解释："以使世人受益。"由此我们可以清楚地看出，依照色诺芬的看法，苏格拉底是十分严肃地执意把探讨之令人振奋的无限性引回到经验的委琐的无限性。

一切公度性是苏格拉底大显身手的场所，他的所作所为大部分都着眼于把人的所有思考与行动圈入一堵不可逾越的高墙，以便阻止与理念世界的交流通达。对科学的探究也不可超越这条防疫封锁线（《回忆苏格拉底》第四卷第七章）。学习几何学①是为了保证正确地测量田地，能达到这个目的就够了，多学了也没有用，天文学也不得多学，并且他再三告诫人们不要仿效阿纳克萨哥拉斯的思辨——简言之，每门科学都被缩减到人人能用的程度。[7]

他在所有的领域内都重复了同样的话。他的自然观察全是工厂产品，货样纷杂，却都是有限的目的论。我们也不好责备他持空想狂热、不切实际的友谊观。他的确说过，没有一匹马②、一头驴具有能和一个朋友相提并论的价值，但由此当然绝不能推断出多匹马、多头驴也没有和一个朋友同样的价值。为了描述这同一个苏格拉底待朋遇友之时的内在无限性，柏拉图曾使用过这么一个既感性又精神性的表达方式："哲学地来爱翩翩少年。"[8]在《会饮》篇中，苏格拉底自己也说，他只"情爱地"[9]理解自己。我们在《回忆苏格拉底》第三卷第十一章听到苏格拉底和一位名声不佳的女士赛阿达泰侃侃而谈，吹嘘自己如何在情场上神通广大，勾引少年不费吹灰之力。他的自吹自擂令人恶心，就像一个人老珠黄、却自以为依然风韵动人的女人令人作呕一样；我们也看不出他怎么可能会有那种能力，而这使他的自吹自擂更令人

---

① 请与《理想国》第七卷中苏格拉底对几何学的重视相比较。在《理想国》中，苏格拉底认为几何学的意义在于思想从变动引向存在："如果它迫使灵魂看实在，它就有用。如果它迫使灵魂看产生世界，它就无用"（《理想国》526e，第290页）。产生世界很显然是指经验的多样性。紧接着他又以同样方式谈到天文学，并认为通过这些科学能使灵魂内感得到净化、醒悟，而灵魂内感比一千只眼睛更有价值。因此他责难天文学家和音乐家们，因为他们止步于经验的运动学和经验的和声学。

② 《回忆苏格拉底》第二卷第四章；第一卷第三章第十四节。

不可忍耐。

　　就人世缤纷多彩的欢欣娱乐而言，他显得同样清醒冷静，拘于有限性；与此相反，在柏拉图那里，苏格拉底精神焕发，神采飞扬，柏拉图并不使之放荡不羁，但又不使之禁欲遁世，而是赠送生活的一杯美酒，任他享用。① 在《会饮》篇中，亚尔西巴德告诉我们，他从来没有看见过苏格拉底醉酒，在此他暗示苏格拉底是从来喝不醉的，在《会饮》篇中我们看到他如何把其他客人喝得七颠八倒。色诺芬当然会对此作出解释说明，讲苏格拉底从来不超越历经验证的准则：适可而止（quantum satis）。色诺芬所描述的苏格拉底性格并不是那种完美和谐的、用中庸之道（σωφροσύνη）一词所表达的自然规定与自由的统一，而是犬儒主义与庸俗市民习气的窳劣结合。

　　他对死亡的看法也是同样的贫乏、同样的心胸狭窄。死将临头之际，苏格拉底反觉高兴，因为他看到自己可以从此摆脱老年的衰弱与负担（《回忆苏格拉底》第四卷第八章第八节）：色诺芬的贫乏与狭窄在此昭然若揭。在《申辩》中倒有一两处笔底生花，例如在第三节中苏格拉底暗示说他一辈子都在准备他的辩护词；然而我们必须指出，当他宣布他将不为自己辩护之时——甚至在这一时刻——色诺芬还不把他看做一个超自然的人（例如像看待基督面对控告者神圣的缄默一样），而是盲目追随他的对身后名声极为顾虑的保护神——苏格拉底大概自己也解释不了他的保护神的顾虑。我们从色诺芬处获知（《回忆苏格拉底》第一卷第二章第二十四节），亚尔西巴德在和苏格拉底交往之时是个大好人，而之后却变得骄奢淫逸。令人惊讶的与其说是他后来变得骄奢淫逸，毋宁说是他和苏格拉底交往了那么长时间——在这么一个精神的闭塞乡镇[10]，被置于平庸、粗俗的桎梏之中，

――――――――――

　　① 《会饮》篇220a："可是有时肴馔很丰盛，也没有一个人像他那样狼吞虎咽。他本来不大爱喝酒，若是强迫他喝，他的酒量比谁也强，最奇怪的是从来没有人见过苏格拉底喝醉。"《会饮》篇，第287页。

他一丝一毫的欢欣愉悦大概都被吞噬殆尽。可见，在色诺芬那里，苏格拉底的形象只是一个讽刺模仿式的剪影，与理念纷杂的外在展现相对应。善以功用的面目出现，美以实用、真以既存、同情以利禄、和谐统一以清醒冷静的面目出现。

最后，至于反讽①，它在色诺芬的苏格拉底身上没有留下丝毫的痕迹。诡辩术取而代之。而诡辩术恰恰是为利己主义服务的认知与现象的永恒决战。这种认知永远不能夺取决定性的胜利，因为现象刚倒下去便又站立起来，只有像拯救天使一样把现象从死亡的魔掌中救出并把它从死亡摆渡到生命的认知才能取得胜利。② 因此，诡辩术最终总是不停地被现象的兵马所骚扰。与这个畸形怪异的多角体相对应的音响振动图形[11]、与这种永恒喧嚣相对应的生活之静谧的内在无限性要么是体系，要么是反讽，二者均为"无限的、绝对的否定性"[12]，但当然有明确的差别：体系是无限的雄辩，而反讽是无限的缄默。这里我们也能够看到，色诺芬始终一致地走到了柏拉图看法的反面。在《回忆苏格拉底》中，各种诡辩术应有尽有③，但它们部分缺乏噱头（例如第三卷第十三卷中的短句子），部分缺乏反讽的无限的弹性，缺乏那种使人一下子错脚掉进去的陷落活门④：不像《小妖精

---

① 因此色诺芬那里的反讽倾向也没有真正反讽的怡然自适的漂浮，而只不过是教育手段而已，因此对苏格拉底有所期望的人有时加以鼓励（《回忆苏格拉底》第三卷第五章第二十四节），而有时只是责罚鞭挞（第三卷第六章）。

② 因此认知需要勇气，只有敢于牺牲自己生命的人才能拯救生命，其他的人终将陷入奥菲斯的命运：奥菲斯下到阴间以接回他的爱妻，但神灵只给他看了一眼她的影子，因为他们觉得他是一个温柔的琴手，没有勇气为爱情牺牲生命。

③ 《回忆苏格拉底》第四卷第二章完全是一团诡辩，特别是第二十二节。

④ 《回忆苏格拉底》第四卷第四章第六节是个可贵的例外："（希皮亚斯说道），苏格拉底，你还是在讲我早以前就听说过的那老一套吗？苏格拉底回答道，是的，希皮亚斯，我讲的不仅是老一套，比这更奇怪的是，我还是讲的同一个题目哩！但也许你是见多识广的人，你是不会对同一题目作同样讲述的"（第162页，引文原为希腊语）。众所周知，在柏拉图的《高尔吉亚》篇中，坡罗斯做过同样的观察，苏格拉底给予了同样的回答。不可否认，由色诺芬所加的那一句"你是见多识广的人"与其说使反讽变得更深刻，毋宁说赋予它逗弄游戏的色彩。

们》中的那个校长掉下一千丈[13]，而是掉入反讽无限的乌有之中。另外一个方面，他的诡辩术也很少趋近于直观。我想举《回忆苏格拉底》第四卷第四章与希比亚斯的对话作为例证。这一章很清楚地表明，苏格拉底只把问题展开到某一点，而不使之在一直观中自圆其说。具体地说，在正义被定义为合法性之后，对合法性的质疑（鉴于法律经常变动，参看第十四节）明显可能通过对自古至今众所公认的合法性（神圣法规）的观察考查而焕然冰释，可他却拘泥于单例孤证，而在这些孤单例证之中，罪自身的后果可谓是彰明较著。第二十四节中所举的关于忘恩负义的例子也是如此。谈到忘恩负义，思想是可以被引导到渗透生存的先天和谐的，然而他的思考观察却拘泥于外在性，大讲忘恩负义的人怎么能失去朋友等等，而不能飞跃到更完美的、超越岁月迁流与世态炎凉的、恩怨不被有限性所牵制的万物秩序；可以想见，只要我们还是仅仅拘泥于外在观察，瘸腿的正义是赶不上忘恩负义之士的。

　　关于我对在色诺芬的西洋镜里站立、走动的苏格拉底的理解，就讲到这里。在此我对读者们只有一个请求：若是有人觉得这一切无聊乏味，请不要把错全怪到我身上。

柏拉图

　　前边读者们必定早已多次瞥见了我们现在所要探究考查的世界。对此我们不予否认。一部分原因在于眼睛：在对某一颜色凝视过久之后，就会不自觉地看到它的反面；一部分原因大概在于我自己对柏拉图的青春的爱慕；一部分原因也在于色诺芬自己，他一定是个拙劣的家伙，否则他不会在其描述中留下那么多的缝隙以供柏拉图填补，以致在色诺芬那里人们"在远处就像透过一个栅栏一样"（eminus et quasi per transennas）窥见柏拉图。实际上，这一渴望是在我的心中，阅读色诺芬无疑只能增强、不能减弱它。我的书评家！请容我多说一句话，多写一个纯洁的括号，以倾诉我的肺腑之言：阅读柏拉图给予我无穷的欣慰，我对此感激万分。夜静更深，万籁俱寂，理念在对话的节奏中无声无响地、肃穆谨慎地、然而又充满活力地慢慢展开，好像世界上其余一切皆不存在，每一步都是深思熟虑，缓慢、庄严地重复再三，所有理念好似知道它们各有自己的得意之时、自己大显身手之地——谁在这种无限的静寂之中寻找不到安宁呢？在我们这个时代，理念疯狂地竞相争先，它们只能通过大海表面的泡沫来暗示其在灵魂深处的生存，它们在嫩芽状态已生力耗竭，永远不得盛开，它们刚把头探入生存就即刻殇于忧虑，就像亚伯拉罕—圣克拉拉[14]所讲的那个孩子，刚刚出生，就对世界变得如此恐惧，于是即刻返回母体之中——谁在这个时代不渴求隐逸安闲呢？

初步思考

在一个体系中，似乎每个环节都有可能成为一个出发点，但这个可能性永远不能成为现实性，因为每个环节本质上都是被内在地（ad intra）规定、被体系自己的良心所把握、所支撑的①——与此相似，每个直观，特别是一个宗教直观，实际上都有一个特定的外在出发点、一种积极的东西，与特殊事物相比，这种积极的东西呈现为更高的动因，而与派生事物相比，这种积极的东西呈现为根源（det Ursprüngliche）。个体总是不停地从他人之见出发，而通过他人之见力求回到只有人格才能够给予的安逸宁静，回到充满信任的奉献，这种奉献是人格与同情秘而不宣的交互性。这种原始人格，人格的这种与族类之附属状态相对立的自主状态[15]只存在一次，也只可能存在一次，这一点我大概不需要过多强调。然而与此相类似，历史在这个无限跳跃之前的多次助跑也有其真理，这一点我们也不得忽视。在苏格拉底身上，柏拉图看到了这种人格、看到了这种神

---

①　因此，在体系之中每一个环节都有与在体系之外不同的意义；换言之，"一个挂在嘴上，一个藏在心里"（aliud in lingua promtum，aliud pectore clausum）。

圣性的直接持有者。这种本原人格对族类的本质性作用及其与族类的关系部分表现于宣告生平和精神（当基督向弟子们呼出一口气，然后说"接收这个圣灵"之时），部分表现于释放个体被禁锢的力量（当基督对瘫痪者说"站起来走吧"之时），或是更正确地说，同时表现于二者。与此相应的类比可能是双重的：要么是积极的，也就是说具有创造生命的作用，要么是消极的，也就是说帮助瘫痪者——即在自身中消散了的个体——恢复原有的弹性，只通过保护与观察使这个强壮起来的个体重新发现自我。① 在这两种类比中，与这样的一种人格的关系对于附属者来说不仅仅是督促性的，而且是划时代的，是一个对于个体难以理喻的永恒生活的源泉。我们可以讲，要么是言语创造了寰宇人世，要么是缄默生育造化了个体。我在此列举这两种类比的原因目前读者大概还不能领悟，但我希望读者以后可以领悟。不可否认的是，柏拉图在苏格拉底身上看到了这两个环节的统一，或者更正确地说，柏拉图通过苏格拉底生动形象地阐明了它们的统一；众所周知，还有一个观点强调此类比的另外一面——这个观点认为苏格拉底的母亲费娜雷特是个产婆这一事实是苏格拉底以助产为己任的形象比喻。

那么，在柏拉图的苏格拉底和现实的苏格拉底之间存在着什么关系呢？这一问题不容回避。苏格拉底在整个柏拉图哲学的肥沃地域中流淌，在柏拉图思想中他是无处不在。这个感恩不尽的弟子到底相信自己欠恩师多少债呢？或者毋宁说，这个沉醉于爱恋之情的翩翩少年到底希望自己欠恩师多少债呢？对于他来说，如果某一事物不是来自苏格拉底，或者至少如果他不是认知的情

---

① 如果我说这种人格关系是一爱情关系，其实是令人想起爱情关系的一特殊种类，即"童爱"，大家必定都会同意。柏拉图总是把童爱与苏格拉底联系在一起，在此他当然是着眼于少年在青春期从童年的沉睡中苏醒而发现自我。看到他弟子们的一些小弱点，苏格拉底总觉得赏心悦目，上述关系不无恰当地从侧面显示出苏格拉底的这种对弟子的偏爱。故《会饮》篇称（181d）："就在这专注于少年男子的爱情上，人们也可以看出它真正是由天上女爱神感发起来的：这种少年男子一定到了理智开始发达、腮上开始长胡须的时候，才成为爱的对象。"《会饮》篇，第226页。

爱秘密中的共同占有者和知情人，那么这种事物就没有任何价值。为志同道合的人说话不会被异方的局限所束缚，而只能在异方的见解中被扩充、拓展以致超凡入圣；只有在被吸收容纳于异方的天性之后，思想才能够理解自己、爱恋自己，对于如此和睦融洽、融为一体的二者来说，谁占有什么的问题不仅无关紧要，而且无法断定，因为单方总是一无所有，而在异方中占有一切。对上述这些问题我在这里不拟深究。苏格拉底证明认知是追忆，由此美妙地把人紧密地与神圣的东西联系了起来，而柏拉图感觉到自己和苏格拉底不可分割地交融于精神的统一之中，以致所有知识对他来说都是与苏格拉底的共识。苏格拉底谢世之后，柏拉图的这种渴求从他的口中听到自己的心声的欲望变得愈来愈强，被他神化了的苏格拉底起死回生而与他难分难解地融为一体，你我之混淆愈来愈大，不管他如何贬低自己，不管他如何觉得无力对苏格拉底形象增彩添色，他还是不可能不混淆诗化的形象与历史的现实——所有这一切大抵是一目了然的。

　　在作了这个综观之后，我相信我应该在此处指出人们古来就对柏拉图的描述中现实的与诗化的苏格拉底之间的关系这一问题非常关注。第欧根尼·拉尔修曾把柏拉图的对话录划分为"戏剧性的"（δραματιχοί）与"叙述性"（διηγηματιχοί）两种。这一划分就包含着对此问题的一种回答。也就是说，叙述性的对话应该是与苏格拉底的历史形象最为接近的。其中包括《会饮》篇和《斐多》篇，甚至它们的外在形式也提醒我们注意它们的历史内涵。鲍尔曾在以上提及的论著中（第 122 页）妥帖地评论道："正因为如此，另外一种对话，即叙述性的对话，在形式上就使人明白地看出它们具有历史特色——在这一类对话中，对话本身只存在于叙事之中，例如在《会饮》篇中柏拉图让阿坡罗多陈述一切，在《斐多》篇中让斐多陈述一切，让埃荷克拉特及其他几个人述说苏格拉底生前最后几天对他的朋友们所说的话以及他的所作所为。"[16]

　　这种呈现于形式的历史性因素只涉及场景道具吗？叙述性对话与戏剧性对话的歧异是在于在后者中戏剧性的东西（即鲍尔所

说的"外在情节")纯属柏拉图虚构呢，还是在于在叙述性对话中本质性的东西是苏格拉底自己的思想、而在戏剧性对话中主要内容是柏拉图借苏格拉底之口所发挥的观点——这个问题我无力裁决；在此我赞同鲍尔的观点，不仅如此，我也不得不再次转抄他的敏锐观察："尽管柏拉图基于历史缘故给予了这些对话这种形式，由此却不能推断出它们整体的历史特性。"[17] 我们现在慢慢地靠近一个重要问题：在柏拉图哲学中什么属于苏格拉底，什么属于柏拉图？这个问题我们不能回避，不管强行分割息息相关的东西是多么令人痛苦。我不得不遗憾地说鲍尔在这里背弃了我。作为肯定性的出发点，柏拉图必定是一方面吸收了大众意识（此处鲍尔窥见了神话因素的重要性），一方面着眼于苏格拉底的人格——鲍尔在证明了这一点之后，在整个探讨的终结处下出结论说，苏格拉底最重要的意义在于方法。① 鉴于在柏拉图那里方法还未在它与理念的绝对必然关系中出现，一个问题就势必产生：苏格拉底与柏拉图的方法之间存在着什么样的关系？

可见，谈论柏拉图的方法不无重要。每个人必定都感觉得到，对话在柏拉图那里成了具有支配地位的形式绝非偶然，它是有其深刻缘由的。至于我们在柏拉图处所看到的二分法和最近在严格意义上思辨哲学发展所要求的三分法之间的关系，我不能旁征博引，进行深究（我在详细讨论柏拉图早期对话中的一个二分法，即辩证的与神话性的因素之间的关系时，会触及这一点）。我也不会有时间通过证明二分法在希腊精神中的必然性并由此确认它的相对有效性而阐明它和绝对方法的关系。由苏格拉底所精心培育的对话固然是一种使思维在其整个客观性中呈现出来的尝试，但不可否认，它缺乏循序渐进的思考与直觉的统一，这种同一只有通过辩证的三部曲才会变得可能。方法把生活错综复杂的组合归结为越来越抽象的简略形式，因而它不过是一种对生活的简化；

_____

① 为避免漫无边际地引用鲍尔，我想向读者指出从第 90 页开始的那一节，请阅读第 90—91 页，然后阅读第 98 页。

由于苏格拉底大多数的探究并不起始于中心，而是起始于边缘、起始于在自身之内就无限地交织纷扰的实际生活所具有的缤纷繁复的众多侧面，所以剖析自我以及更进一步从不仅仅实际生活的、而且智者们的纠葛中提炼出抽象的东西就必定需要一种很高的技艺。我们这里所描述的技艺当然是众人熟知的苏格拉底质问技艺①，或者说——以对柏拉图哲学中对话形式的必要性进行再度强调——对话技艺。正因为如此，苏格拉底经常以深刻的反讽诘难智者们，说他们虽懂得谈话，却不懂得对话。对苏格拉底来说，谈话是对话的对立面，他所鞭挞的是深藏于雄辩之中的自私性：这种自私性追求可被称作是抽象的美，"空洞的辞章，响亮的无稽之谈"（versus rerum inopes nugaeque canoræ），[18] 它在和理念毫无关系的词句本身之中看到顶礼膜拜的对象。与此相反，对话迫使谈话者把握对象②，除非对话被看做是等同于一种各唱各的、毫不顾及他者的古怪的对唱：只因为两人不同时讲话，所以还维持着对话的假象。苏格拉底从问答形式中来看对话，由此更切地表达了这种对话的同心性（Concentricitet）。我们现在必须进一步剖析"质问"到底是什么。

---

① 与此相对立，智者们臆想自己具有能够回答一切的艺术；因此他们总是贪求别人问他们问题，以便他们的所有智慧能够汹涌而出，以便"能够扬帆远航，借强风滑翔到真理的深处，直到陆地消失于视野之外"（《普罗塔哥拉》篇338a）。《高尔吉亚》篇的开头就是一个很好的例子：高尔吉亚以及坡罗斯，特别是后者，就像没有被及时挤奶的牛一样急不可待。（参见《高尔吉亚》篇338a起。——译注）

② 参看《会饮》篇（201c，第257页）："阿伽通道：我看不出有什么办法可以反驳你，苏格拉底，就承认它是像你所说的吧。苏格拉底道：亲爱的阿伽通，你所不能反驳的是真理，不是苏格拉底，反驳苏格拉底倒是很容易的事。"《普罗塔哥拉》篇（331c）："普罗塔哥拉道：……可这有什么要紧呢？你如果愿意，你可以随便说公正是虔诚的，虔诚是公正的。苏格拉底道：不然，我没有这么说。我并不要求检验。'如果你愿意，或者，你如果这么想'，我所要求的是检验你、我的真正想法。换言之，一旦我们把这个'如果'置之脑后，我们才可以真正地进行检验。"《普罗塔哥拉》篇（334c）："普罗塔哥拉言毕，所有在场的人都喧嚷称道，他真可谓是口齿伶俐。但我说道：我是个忘性大的人，别人话说得太多，我就根本记不清他说了什么。我要是耳背，你一定会觉得说话声音得高一点。你现在碰上了一个忘性

　　质问一方面指个体与对象的关系，一方面指个体与另一个体的关系。鉴于个体与对象的关系，质问试图把现象从它与主体的所有有限关系中解放出来。在质问中我是一无所知的，在我的对象面前我把自己置于纯粹接收的地位。在这个意义上，苏格拉底的质问和黑格尔的消极有一种遥远然而明确的类比关系，只是依照黑格尔，消极是思维本身的一个必要环节，一个内在规定，而在柏拉图那里消极被形象化了，它在质问的个体中被置于对象之外。在黑格尔那里，思维不需要外在质问，它在自身之中自我质

大的人，你就得简短扼要，这是同一个道理。否则我是听不懂你的话的。"参看《高尔吉亚》篇（454b 起）：苏格拉底道："……我马上又得问你一些问题，尽管看起来似乎是一切明了了。对此你不必大惊小怪。我早就说了，我不是为了你的缘故而质问你，而是为了按部就班地把我们的探究进行到底。我们不得养成凭臆想猜测而推度他人想法的习惯。你应该能够以你认为最妥当的方式来阐发你自己的观点。"——由此可见他在谈论时注重实质，心神专一，不受外界搅扰的求实精神。参看《高尔吉亚》篇（473d）。苏格拉底道，"正直的坡罗斯啊！你一直是竭力反驳我的，还曾叫来证人与我对质，可现在你却来吓唬我……"几行之后，苏格拉底道（473e—474a）："这是怎么回事啊，坡罗斯？你在笑？笑话人家的见解，而不去反驳它，这是一个新的论证方式吧？"苏格拉底毫不顾及是否许多人持同样的观点，重要的是谁的观点是正确的。坡罗斯声称所有在场的人都和他意见一致，要求苏格拉底质问他们。苏格拉底道（473c—474a）："坡罗斯啊！我可不是政治家。去年因为轮到我的部族主管市政，我就坐进了市政厅。我负责收选票，结果惹得哄堂大笑，因为我对此职务一窍不通。所以你千万不要请我收在场人的投票……我只知道怎么叫一个证人来和我对质，那就是我的对话人，别的人我是置之不理的。"——（苏格拉底在谈论时是全神贯注的，对他的对话者就像监狱看守对犯人一样高度警惕。与此严肃态度相反，我们偶尔可以看到他寻求对话之轻柔的分和离聚以及居于其中的情爱魅力。在《会饮》篇中，斐德若曾责备他说（194d，第 245 页）："亲爱的阿伽通，如果你尽在回答苏格拉底的问题，他就会完全不管我们今天所计划做的事有什么结果。只要找到一个对话人，他就会和他辩论到底，尤其是在对话人是一个美少年的时候。"一般地来说，情人的对话与主题明确的谈话是截然相反的，不管它使情人自己怎么喜悦振奋，对第三者来说它却是极端无聊乏味的。）在《斐德若》篇里（237c），苏格拉底诙谐地劝导说："年轻人啊，不管谈什么问题，井然有序的思考只有一个不可或缺的基础，那就是，你必须知道你要思考的是什么；否则，你当然不会达到任何结果。"（原文为希腊文。——译注）讽刺家厄伦史皮格尔（德文：Eulenspiegel，丹麦文 Ugelspil）曾一本正经地劝告裁缝们说，线上要打个结，否则一针缝过去，会毫无效果。苏格拉底的规劝与此相似。（作者这里暗示一关于德国 14 世纪农民讽刺家 Eulenspiegel 的逸闻。——译注）

问并自我回答；在柏拉图那里，只有被质问的人才回答，而是否被质问却是偶然的，怎么被质问更是偶然的。尽管质问形式应该把思维从所有仅仅是主观的规定中解放出来，但另一个方面，只要质问者和他所探讨审察的东西之间被认为仅仅具有一种偶然的关系，质问形式就还是完全被主观的东西所左右。与此相反，如果我们把质问看做与它的对象有一种必然的关系，那么质问就会等同于回答。莱辛曾机智地把回答一个问题和解答一个问题区分开来，我们所说的差别是建立在一个相似的区分的基础之上的，即质问与盘问的区分；也就是说，真正的关系存在于盘问与解答之间。① 当然一些主观的东西总还残留下来，但如果我们记住个体这样问、那样问的原因不是在于任意性②，而是在于对象、在于维系它们的必然性关系，那么就是这一点主观的东西也会烟消云散。

鉴于个体与另一个体的关系，质问者和回答者之间的中介物是对象，思维发展在双方之间交替进行（alterno pede）[19]，心持两意。[20]这当然也是一种辩证运动，但并不是真正的辩证进化，因为每一个回答都蕴含着一个新问题的可能性，从而缺乏统一这个环节。质问和回答的这种作用和对话的作用一模一样，它像一个希腊文化对神、人关系的理解的比喻——在希腊，神与人虽然互相影响，但他们的关系却没有统一这个环节（既无直接统一，亦无高层统一），其实它也缺乏二重性这个环节，因为这个关系在交互性中就把自己耗损殆尽：作为一个交互词[21]它没有主格，只有各种副格（casus obliqui），并且只有双数和复数。

如果以上所做的分析是正确的话，我们就可以看出提问题的意图很可能是双重的。人们可以提出问题以图获得一个梦寐以求的完满答案，这样问得越多，回答就会越深刻、越意味深长；人

① 德语极为美妙地表达了这二者的同一性：盘问称 aushorchen（aushorchen 一词在德文里意为盘问，但 horchen 意指"倾听"、"聆听"，前缀 aus 意指"出来"，所以 aushorchen 有"听出来"的意思）。

② 就像测泉叉非常神秘地与深藏地下的水相对应一样，它只在有水的地方才灵验。

们也可能不是为获得答案而提出问题，而是为了通过问题而吸空表面上的内容，从而留下一片空白。第一个方法当然以完满性之存在为前提，而第二个方法的前提是一切皆空；前者是思辨的，后者是反讽的。特别是苏格拉底实践后一种方法。当智者们把自己裹入层层雄辩的浓雾中时[1]，苏格拉底极为礼貌、谦虚地吹来一股风[2]，即刻把这些诗意的云雾吹得干干净净——只要与智者们相遇，他总是乐此不疲。特别是对于仅仅注重环节的观察来说这两种方法有很大的相似性；鉴于苏格拉底的质问总是瞄准认知主体，有的放矢，以证明他们说到底其实是一无所知，这种相似性就更大了。每一个哲学起始于某一前提，就会自然而然地终结于同一前提；苏格拉底哲学起始于他一无所知这个前提，而终结于人总的来说一无所知；柏拉图哲学起始于思维和存在的直接统一，并始终不移地坚持这一立场。理想主义所走的是层层反思的途径，苏格拉底的质问踏的是同一途径。对于苏格拉底来说，质问，即主观的和客观的东西之间的抽象关系最终是首要的事。我想通过周密地剖析柏拉图的《申辩》篇中苏格拉底的一句话来力图阐明我的意思。总的来说，整个《申辩》篇对于清晰地把握苏格拉底

---

[1]　参看《高尔吉亚》篇（461d起）：苏格拉底道，"坡罗斯啊！你一直是滔滔不绝，我恳求你饶了我们这一回，不要再长篇大论了。坡罗斯道，为什么？我就不许说话，想说多少说多少吗！苏格拉底道，雅典是全希腊言论最自由的地方，你现在来到了这里，要是就你一个人没有言论自由，那可就太残酷了，我亲爱的朋友！"

[2]　参看《普罗塔哥拉》篇（328e，329b）："普罗塔哥拉呀！你要是愿意回答我的这个问题，那我就此生无多求了。可这个'这个'却正是至关重要的东西。"再举一例，《苏格拉底的申辩》（17a，第51页）："雅典人啊！你们如何受我的原告们影响，我不得而知，也几乎自忘其为我，他们的话说得娓娓动听……"（原文为希腊文。——译注）另外，《会饮》篇中（198b，第251—252页），苏格拉底就阿伽通的发言说道："我的好人啊，怎么不是难乎为继？不但是我，就是任何人在听过这样既富丽又优美的颂辞之后，要再说话，不都会有同样的感觉吗？全文各部分都顶精彩，精彩的程度固然不同，但快到收尾时，辞藻尤其美妙，使听者不得不惊魂荡魄。……由于我的愚蠢，我原来以为每逢颂扬时，我们对颂扬的东西应该说真实话。……可是现在看来，一篇好颂辞好像并不如此，而是要把一切最优美的品质一齐堆在所颂扬的对象身上去，不管是真是假，纵然假也毫无关系。"参看《普罗塔哥拉》篇339e。

的这种反讽活动是极为合适的。① 迈雷托讼词的第一点是苏格拉底
亵渎神灵。谈及这一点时，苏格拉底自己提到著名的德尔斐谶语：
他是最智慧的人。他讲到这个谶语怎么使他一时不知所措，他怎
么为了证明神谶是否说了真理拜访了一位德高望重的智人。这位
智人是个政治家，但苏格拉底很快发现他很无知。然后他去拜访
了一位诗人，要求他详细解释他自己的诗篇，可发现他对自己的
诗篇并不了解（在此他暗示诗应被看做神赐灵感，如预言家和神
巫之流常作机锋语而不自知其所云）。最后，他去拜见匠人。他们
固然有所知，但拘囿于此，却自以为无所不知，由此可见他们与
其他人只是大同小异而已。长话短说，苏格拉底展示了他如何环
航了整个知识的王国，然后发现这个王国被一个虚想妄念的大海
所包围着。我们可以看出他是如何严肃审慎地来对待他的任务，
如何检验试探每一个知识界的势力。在他的三个原告身上他发现
自己的检验试探得到了证实：他们代表三种大势力，而他戳穿了
展现于人格之中的这三种势力的虚妄。迈雷托士代表诗人们出庭
诉讼，安匿托士代表匠人和政治家，吕康代表说客。他把四处巡
游、寻访本邦人与外邦人看做神的号召、自己的义务，因为每当
听说某人以智慧著称，他就前往试探，当经过试探他觉得并非如
此时，他就认为自己辅佐了神灵，证明了此人实非智慧。② 由于这

---

① 整个申辩就总体而言无疑有反讽倾向。一大堆控告化为乌有不是在一般意义
上的乌有，而是苏格拉底恰恰称作自己生活内容的乌有，而他的生活内容却又是反讽。
他关于在公共食堂就餐以及罚款的建议也同样是反讽。其实他的申辩根本不是什么辩
护，一方面他尽情愚弄了原告们，另一方面随便和法官们唠叨了一场——这就更是反
讽了。有一个故事，讲他接收并通读了吕希亚司的申辩词，然而声称尽管这个申辩词
的确出色，他却并不觉得有必要用它——这个故事也和我们这里所说的反讽倾向相一
致。

② 他的这种驳难他人的行为触及所有人，特别是本邦人："我遇人就要这么做，
无论对老幼、同胞或异邦人，尤其是对同胞，因为他们和我关系较为切近。你们要明
白，这是神命我做的事。"（原文为希腊语。《苏格拉底的申辩》30a，第 66 页——译
注）他讲许多人主动追随他，因为观看自以为有所知的人确信自己一无所知是不乏趣
味的："我相信，此事是神之所命，神托梦启示我，用谶语差遣我，用种种神人相感的
方式委派我。"（原文为希腊语。《苏格拉底的申辩》33c，第 71 页。——译注）

个原因他无暇①顾及其他，在公私领域均无重大造诣，由于为神服务[22]而把自己弄得一贫如洗。我还是转回《申辩》篇中已提到的那一段为好。苏格拉底证明死后与以前生活过的大人物交往、与他们同舟共济是件令人欣喜之事，然后补充说（41b）："最有趣的是，在那里，如在此处世，消磨光阴省察他人，看谁智、谁不智而自以为智。"[23]这里我们站在一个决定性的转折点上。不可否认，苏格拉底如此热衷于侦察他人，让人死后也不得安息，这种热情使他显得荒谬可笑。肃穆的鬼影在阴间徘徊，苏格拉底四处走动，乐此不疲地盘问他们、证明他们一无所知——想到这里，谁的脸上会不浮现出一丝微笑呢？看起来，苏格拉底似乎自己认为他们中间大概有人是智慧的，因为他说他想核查谁智、谁不智而自以为智；可是一方面我们必须考虑到这种智慧和前面已描述的无知是完全一样的，不比它多，也不比它少②；另一方面，他说他在那里要以与在这里同样的方式审查他们，这显然意味着，那里的大人物在这种严审厉查之下比起人世间的

————————

①　我想请读者回忆色诺芬的描述：与柏拉图相反，在色诺芬那里苏格拉底为把弟子们培养成好公民而操劳。在柏拉图的《申辩》篇中，苏格拉底也强调私人生活的意义，这和苏格拉底与生活其余的消极关系是和谐一致的；在希腊以私人身份生活与目前作为特殊者生活有完全不同的意义，因为和我们的时代相比，在希腊文化里每个单独个体在更深刻的意义上被城邦生活所拥抱、所支撑。正因为如此，卡里克勒斯（在《高尔吉亚》篇中484c）责难苏格拉底，因为他自始至终一心一意地搞哲学，而卡里克勒斯却认为，哲学就像结巴一样，若小孩有这个毛病还可以原谅，坚持不懈搞哲学的大人却该罚（《高尔吉亚》篇485d起）："我早就说了，搞哲学的人，不管他有多么优秀的品质，说来说去他会变得毫无男子汉气概，因为他不关心国家大事，躲避公众集会。诗人们说过，只有在公众集会上，男子汉才可能挺身而立，显示自己的英才。一个哲学家呢，一辈子都坐在一个角落里，和两三个年轻人窃窃私语，从来不会自由地、高贵地、有力地畅所欲言。"不用我提醒，留心的读者就会注意到卡里克勒斯的一番话和色诺芬让苏格拉底所推荐的科学中庸态度有多么的相似。

②　如果除了对无知的认知之外还有别的知识的话，如果这里还有一个肯定知识的微弱的踪迹、转瞬即逝的征兆的话——在《会饮》篇苏格拉底自己说过（175e，第217页）："我的智慧是很浅薄的，像梦一样，真伪尚待商谈。"在《申辩》篇里他是这样来诠释德尔斐的谶语的（23a，第57页）："人的智慧渺小，不算什么。"

大人物估计不会有更好的下场。我们这里看到反讽充溢着神圣的无限性，它致使一切分崩离析。像参孙一样，苏格拉底抱住支撑认知的柱子，房舍倾塌，一切坠入无知的虚无之中。[24]每个人都不得不承认，这是典型苏格拉底式的，而永远不会成为柏拉图式的。这里我抓住了柏拉图中的一个双重性，这个双重性是条重要线索，我必须紧紧追随这条线索，以找到纯苏格拉底式的东西。

前面提到过两种质问：其一，质问以获得完满答案。其二，质问以使人惭恧。这两种质问之间的差别也以一种更为确定的形态而出现，即柏拉图对话中抽象的东西与神话性的东西之间的关系。

为了更深入地阐明这一点，我将详细通论几个对话，以表明抽象的东西是如何归结于反讽，而神话性的东西是如何预示了内涵丰富的思辨。

柏拉图早期对话中抽象的东西归结于反讽

《会饮》篇

就对苏格拉底的理解而言，《会饮》篇和《斐多》篇是两个转折点，前人已再三指出，前者描绘在世期间的苏格拉底，后者描绘死后的他。在《会饮》篇中，以上所刻画的两类阐述方式并肩而立：辩证的和神话性的。神话性的东西起始于苏格拉底自己退场而让曼提尼亚国女先知者第俄提玛登场讲话。在结尾处，苏格拉底说他自己服膺第俄提玛的讲话，现在他要试图也使别人信服，换句话说，他使我们怀疑这话说不定也归他自己所有，即便是二手的；但由此我们并不能对神话性的东西与苏格拉底之间的历史关系作出进一步的结论。这个对话也以另外一种方式力求实现完满的认知，即在昏醉的亚尔西巴德的讲话中，被抽象理解的爱神最后在苏格拉底身上得以形象化；然而关于苏格拉底辩证法这一问题，这个讲话并不能提供更多的信息。在这个对话里就辩证发展而言情形到底如何，需要进一步探究。每一个留心阅读了这一对话的人必定会赞同我们先前的论点："方法把生活错综复杂的组合归结为越来越抽象的简略形式，因而它不过是一种对生活的简化。"对爱神本质的最终描绘绝不是呼吸着前边的发展所释放出的空气，其实，思考展翅高飞，穿越云霄，直至抽象的纯净太空几乎使之窒息。因此，与其把前边的讲话看做最终看法的环节，毋宁把它看做地球的重力，从中思维必须被一步步地解放出来。尽管那些不同的观点与这个最终看法没有必然联系，它们自身却是紧密相连的：它们全是关于爱的谈论，起源于生活中既存的种种参差不一的立场。从这些立场出发，各个讲话者像支联合大军四面围攻构成爱的真正本质的地域，而依苏格拉底的看法，此地域却仿佛数学里的点似的无形无影，因为它是抽象的，这个点也不会放射出各种相对怪诞的看法。因此，所有这些讲话就像一个延伸望远镜，拉出来一层紧接着一层、一层比一层巧妙，此间各个直抒胸臆、热情奔放，仿佛巧夺天工的水晶杯中的葡萄酒浆，不仅荡漾美酒令人陶醉，而且一眼看去，无穷折射形成灿烂的光的海洋，更使人心醉神迷。在《会饮》篇里，辩证的东西与神话性的东西之间的关系不像例如《斐多》篇那样突出招眼，在这种意义上，这个对话也并非特别有利于我的意图，但尽管如此，它也有自己的优点，即它明确指出苏格拉底自己说了什么、他从第俄提玛那里听到了什么。

斐德若首先发言。他描述了爱神的永恒的特性。爱神征服时间，他无父无母这一事实便是明证；借助那种振奋人心的羞耻他能征服狭窄的胸襟；他也能征服死亡，他下到阴间以接回他心爱的人，因此神灵们深受感动，对他予以重赏。泡赛尼阿斯注目于爱神的双重天性，但并不在消极的统一中把握此双重性，不像第俄提玛把爱神看做丰裕（Poros）与匮乏（Penia）之子。他说，一个女爱神没有母亲，只有天是她的父亲，这是天国的爱神；另一个要年轻得多，以两性区别为前提，这是尘世的爱神。由此他发挥了童爱的意义，说童爱属于天国，爱恋人精神性的东西而不被性爱玷污与羞辱。这时候，阿里斯托芬突然打起嗝来，讲医生厄里什马克有义务治好他的打嗝，要么他必须替他发言。于是厄里什马克开始发言。他承接泡赛尼阿斯所发表的意见，说他自己也这么想，但他实际上从一个和泡赛尼阿斯迥然不同的角度来理解存在于爱之中的双重性。泡赛尼阿斯区分了两种不同的爱并力求描述两者之间的差异，但止步于此。与此不同，厄里什马克认为在每一个爱的环节中都有两种因素，他由此着眼来看待爱的双重性问题，并从他的医学立场出发证明这个观点特别是在自然界里的有效性。爱是争斗中的统一，埃斯库勒普懂得如何把爱灌注到最为相互敌对的东西（热与冷，苦与甜，干与湿）之中，因此，他成了医术的创始人。同样的爱在自然界处处可见，四季变更、阴晴冷暖等等均依赖于爱的展现。祭祀以及一切与谶纬相关的事情也是如此，因为它们维系神人感应。他的整个讲话是一种自然哲学的幻想。① 在阿里斯托芬停止打嗝之后（在此他暗示了另一种对立关系，与医生厄里什马克稍前所描述的对立关系颇有不同，因为他通过打喷嚏而从打嗝中解脱了出来），便开始发言。他形象描述了两性对立以及神灵们如何把人分成两半，因此与前边的几个发言者相比，他把存在于爱之中的对立关系建立在更深的基础之上。他甚至暗示说，人要是对既成事实不满意，即不想作半个人——"我们像双目鱼一样被一刀剖开，一个人一下子成了两个"，神们可能会打算把人进行进一步切割。由此他海阔天空，随意发挥，既描述最初的两性无别以及在此条件下的人的境况，又以深沉的反讽把握爱之中消极的东西，即对结合的

---

① 此外，厄里什马克的讲话里有不少模糊不清的地方。一方面，他忽视直接的统一环节的必要性，也就是说，他忽视环抱双重性的统一纽带的必要性，尽管他同时引用赫拉克利特的话：一物与自我相争，与自我谐和，就像弹琴与张弓一般。而另一方面，和泡赛尼阿斯相同，他把双重的爱神始终看做外在的东西，一种外在的划分，而不是处于爱之中并由此必然地显露出来的双重性的反射。因此，爱时而是对立关系本身，时而是一种与不同对立物的个人关系，时而是处于这种对立关系之外的空洞的在先者，时而是一个与种种对立物相对的东西。简言之，他的讲话是传统的东西和自然诗意的东西的混合物。

渴求。神们看到这些半个人在一片混乱之中困惑迷茫，企求变成整个人，估计会忍俊不禁，阿里斯托芬的讲话使人们不由自主地想到神们乐不可支的状态。阿里斯托芬讲完之后，悲剧家阿伽通发言。他的讲话井井有条。他指出别的人与其说颂扬爱神，毋宁说祝贺人获得爱神馈赠，至于馈送赠品的爱神自己如何，却无人触及过。阿伽通因此想要说明爱神自己如何以及他分发给人的赠品是什么。他的整个讲话是一首对爱神的颂歌：爱神是神灵中最年轻的一个（因为他青春永驻，总与青年为伍）；他是最高贵的（因为他居住在最柔润的地方，在神与人的心和灵魂之中，避免所有粗鲁的人），他的颜色是最美的（因为他总是生活在鲜花丛中）等等。爱神馈送给人们种种高超技艺，只有被爱神振奋激发者才会闻名于世。

　　详细探讨这些不同发言者之间的关系会使此论文变得漫无边际，所以我现在转向最后一个发言者，即苏格拉底。至此，他单纯地相信人们对所要颂扬的对象应该说真实话。这一点是最重要的，之后人们应该选择出最美的一个并以最妥帖的方式对之进行描绘："可是现在看来，一篇好颂辞好像并不如此，而是要把一切最优美的品质一齐堆在所颂扬的对象身上去，不管是真是假，纵然假也毫无关系。我们的办法好像每人只要做出颂扬爱神的样子，并不要真正去颂扬他。"[25]苏格拉底以通常提问的方法进行操作。他以一个典型苏格拉底式的榨取性的问题开场：就其天性而言，爱是有对象，还是没有对象呢？倘若爱追求某一对象，他必定是不占有它，而是渴求它。这种渴求也可被理解为对将来持续占有的企望，因为如果某人企望在将来也保留着他现在所占有的东西，那么这和追求他所不占有的东西是一样的。所以，爱是对人所不占有的东西的渴求、追求。倘若爱是对美的东西的爱，那么爱神是渴求美，但并不占有美。如果善也是美的东西，那么爱神也渴求善。同样的程序可被运用到所有理念之上。我们看到，苏格拉底并非削皮剥壳以达到硬核，而是挖空硬核。苏格拉底思想的阐述就此结束，后边的描述只不过是报告而已。倘若读者还没有看到我想要他看到的东西，我希望只要他留心我的话，他和我均能达到各自的目的。

苏格拉底的发言以反讽开头，但这可以说只不过是一个反讽修辞格而已。他具有反讽地谈话的技能，正如其他人讲隐语黑话一样。若他与众不同之处仅仅在于这种技能，那么他实际上是不配称作反讽家的。前边的发言者关于爱讲了许许多多，其中固然有不少文不对题的东西，但一个贯穿始终的前提却是不容否认的：关于爱的确有许多话可以说。现在苏格拉底就此侃侃而谈。瞧，爱是追求，是渴求，等等。然而追求、渴求等等是无物。这里我们可窥见方法。在前边的讲话里，爱在偶然的具体性中呈现。苏格拉底把爱一步一步地从这种偶然的具体性中解放出来。他穷原竟委，把爱归结为它最抽象的规定，这里爱不再是甲的爱、乙的爱，或者对此的爱、对彼的爱，而是对其所不占有的某物的爱：爱呈现为追求，向往。在某种意义上，这是完全正确的，可此外爱也是无限的爱。如果我们说上帝是爱，我们是说他无限地宣告自己；如果我们讲居留于爱，我们是讲参与一种完满。这是爱之中实质性的东西。追求、向往是爱之中消极的东西，也就是说内在的消极。用黑格尔的话来讲，追求，渴求，向往等等是爱的无限的主观化，他在这里的确是说到了点子上了。此外，这个规定是最为抽象的规定，或者更正确地说，它是抽象性本身——不是在本体论的意义上，而是在缺乏内容这个意义上。当然，我们要么可以把抽象性看做构建一切的东西，注视其自身沉默的运动，使之面向具体的东西而自我规定，使之在具体的东西之中展现出来。要么我们可以从具体的东西出发然而不忘却抽象的东西，试图在具体的东西中发现它、挖掘它。苏格拉底与这两种情形均大相径庭。他并不把爱的关系召回到范畴之中。他的抽象的东西总是一个毫无内容的标示。他从具体的东西出发而达到最为抽象的东西，正当探讨应该开始的时候，他突然半途而废。他所达到的结论实际上是纯粹存在的不可规定的规定：爱是附加说明，如向往和追求，并不是规定，而只是与某一不存在的东西的一种关系。以同样的方式，人们可把认知规定为吸收、获取，并由此把它归结为一个完全消极的概念，因为这显然是认知与被认知物之间惟一的关系，然而另一方面它也是占有。本体论意义上的抽象性在思辨中获得其有效性，与此相应，抽象性作为消极的东西在反讽中展现其真谛。

这里我们再次碰到柏拉图思想之中的双重性：辩证发展步步展开，直至它在纯粹抽象的东西中销声匿迹；之后一种新的发展倾向开始起步，它提供理念，但由于这个理念和辩证发展之间没必然的关系，我们可以看出，这整个思想进化不大可能归属于同一个人。但话说回来，我们也不能随意把其一归于一个人，其二归于另一个人，以便每个人均有所得。苏格拉底和柏拉图各有其观点，不管多么彼此不同，它们却必定会有本质上的共同点，即反讽（辩证思考本身不构成与人格有本质性关系的观点）和思辨。苏格拉底在第俄提玛之后所阐发的观点在多大程度上把事情推进一步，我们应该赋予爱与美这一二分法什么含义（通过这一二分法，消极的环节被放到外边，而肯定性的环节是浑噩、懒惰的清静无为主义；与此相反，我们下面将清楚地看到，三分法马上会把它们看做是相互渗透、相互关联，从而避免像第俄提玛那样任凭美再次变成自在的美，变成纯粹抽象的东西）——这一切我将在谈论对话中神话性的因素时予以详细阐述。

前边我随笔泛泛谈到，在《会饮》篇中，为了弥补辩证理解的缺陷，爱在苏格拉底身上得以形象化，对爱的赞颂终结于对苏格拉底的赞颂。虽然理念在人格中的形象展现只是理念自身的一个环节，可恰恰作为一个环节它在思想发展中具有重大意义。在柏拉图那里，辩证运动并不是理念自己的辩证法，正因为如此，不管它玩弄什么花样，对理念本身它却总是陌路。因此，在其他发言者像捉迷藏似的为寻找理念而四处摸索之时，醉醺醺的亚尔西巴德直截了当、把握十足地一手抓住了它。这里必须指出，亚尔西巴德喝醉了酒、神志不清这一事实显然暗示他只有在高倍直接性之中才对爱情关系有把握，而在清醒状态爱情关系会使他感觉到那种由缺乏把握而引起的焦灼却又甜蜜的不安。亚尔西巴德曾提到苏格拉底如何讥嘲他的爱，然后补充说："并不是我一个人受过他的这样待遇，格罗孔的儿子卡密德，第俄克利斯的儿子攸惕顿，以及许多旁人都受过他的骗，他假装爱者，而所演的却是被爱者的角色。"[26] 如果我们仔细看一下苏格拉底与亚尔西巴德之间所产生的爱情关系到底是怎么一回事，我们就不得不承认亚尔西巴德说的是实话。他无力挣脱苏格拉底，他以满腔炽情追随着苏格拉底："我每逢听他说话，心就狂跳起来，比科里班特们在狂欢时跳得还厉害；他的话一进到我的耳朵里，眼泪就会夺眶而出。"[27] 别的发言者对他根本不可能有同样的效果。他对自己奴隶般的境地深恶痛绝，处于这种境地，他食不甘味，度日如年。他极力逃避他，就像逃避莎林仙女一样，堵住自己的耳朵[28]，以避免牢坐在他的身边，任岁月流逝。他甚至常常希望苏格拉底不在人世，然而他知道如果的确是这样，他会感到更加痛苦。他仿佛是被蛇咬了一般，事实上，一种更厉害的东西啮噬着他更加疼痛的部位，即心和灵魂。不言而喻，产生于苏格拉底与亚尔西巴德之间的爱情关系是理智性的。倘若我们现在询问苏格拉底到底具备什么东西致使这种关系不仅可能而且必然（亚尔西巴德说得很明白，不仅仅是他和苏格拉底有这种关系，几乎所有和苏格拉底交往的人皆如此），那么我只能说：他具备反讽。除此之外，我没有别的答案。如果他们的爱情关系根植于观念的相互交流，从一方源源不断地涌出，另一方感激不尽地接收，那么他们就有一个第三者作为爱的根基，即观念，而那样的一种关系永远不会滋养这种狂热的焦躁。而正因为反讽的本质是永远不取下自己的面具，因为另一方面变幻无常地更换面具也同样至关重要，所以它就必然地给情意缱绻的少年带来这么多的苦痛。① 这固然有令人惊慌失措之处，但它也的确同样有些异常引

---

　　① 反讽家把个体从直接的生存中拔擢出来，这诚然是种解放，然而之后却让他像传说里穆汉默德的棺材似的在两个磁石之间悬浮———一边吸引，一边排斥。

诱性及蛊惑人心的地方。它不露面目、高深莫测的特性，它所开启的电报交流（因为人们总是需要从远处来理解反讽家），充当其先决条件的无限同情，理解的短暂易逝、不可言喻、转眼间就能被误解的焦虑所拒斥的瞬间——所有这一切似切割不断的绳索使人动弹不得。经反讽家的触摸，个体一开始有被解放、被扩展的感觉，他张开双臂，迎上前去，转眼间却变成了反讽家的俘虏——当亚尔西巴德讲苏格拉底本当为爱者却反而成了被爱者而使他大失所望时，他所想说的估计就是这个情况。反讽家从来不直来直去把理念全盘捧出，而只是旁敲侧击，一只手刚送出去，另一只手马上又拿回来，把理念作为私有财产占据着——因为这也是他的本性，所以这里所说的关系当然就变得更为紧张了。这样，病魔在个体身上暗中滋长，它和所有其他消耗性疾病一样具有反讽性，使个体在病入膏肓之时反而情绪亢奋。反讽家是个吸血鬼，吸干了情人的血，此间却给他扇着凉风，使他昏昏入眠，然后用噩梦来折磨他。

　　大概有人会问：这个阐述的目的何在？我回答说：目的是双重的。首先是为了表明甚至在亚尔西巴德对苏格拉底的看法中反讽也是他身上本质性的东西，其次是为了指出产生于苏格拉底和亚尔西巴德之间的爱情关系以及我们由此能够获得的对爱的本质的解释是消极的。就第一点而言，我们需要知道，人们曾相信能够证明苏格拉底必定蕴含着积极的丰足，亚尔西巴德谈及与他的关系时所显露的热情便是凭据。[①] 但目前看来，更进一步探究这种热情的性质还是很重要的。在情感领域，这种热情显然与拉罗什福科在知性领域内所说的"理性的高烧"（la fièvre de la raison）相对应。倘若有其他的东西激发了亚尔西巴德的这种热情（前边我已经极力表明了反讽是有这种能力的），那么亚尔西巴

---

　　① 苏格拉底是许多哲学学派的鼻祖，为了解释这一事实，我将讨论在什么程度上有必要假定苏格拉底充溢着肯定性的东西。我想提前提醒读者，在那个时候，同样的问题将会以另一种形式重新出现。

德的颂词应当点出。我们现在就来看一看。亚尔西巴德强调苏格拉底身上类似西勒诺斯[29]的东西："苏格拉底说他对万事一窍不通，什么也不知道。这一点不活像西勒诺斯吗？这是他戴的外壳，像雕刻的西勒诺斯的那种外壳一样。但是你如果把他剖开，看看他的里面，亲爱的酒友们，你们想不到他里面隐藏着那一大肚子的智慧！（世间的）一切都不在他的眼里，我们这一班人也都不在他的眼里，他一生都在讥嘲世间人。可是到了他认真的时候，把肚子剖开的时候，那里面所藏的神像就露出来了，旁人看见过没有，我不知道，我自己却亲眼见过，发现它们是那样的神圣，珍贵，优美，奇妙，使我不由自主地五体投地，一切服从他的意志。"[30]这里需要指出以下几点。一方面，弄清楚亚尔西巴德到底是什么意思是极不容易的，因而我们也就可以并非不合情理地推测亚尔西巴德在此其实自己不知所云。另一方面，亚尔西巴德自己提到，苏格拉底很偶然地袒露过自己一次。如果我们以亚尔西巴德自己为向导，更进一步，我们便可看到，他使用"我自己亲眼见过"这个表达方式。他看见过这些神像。如果这对我们有所提醒，那么我们必定会想到人格支撑着反讽的神圣气质，而这比起我们对作为反讽家的苏格拉底所下的断言还没有丝毫增进。可是这样的变容刹那却极度证明了一种神圣丰足的暗中（*κατὰ κρύψιν*）存在，因而使人不能够说激发热情的是积极的丰足。如果我们此外还没有忘记苏格拉底是在谈话、对话中才如鱼得水，那么亚尔西巴德显得确实是为了加重语气才使用"见过"一词，正如他讲"因为我在开头时忘记说，他在言论方面尤其活像剖开的西勒诺斯"[31]听起来也异乎寻常。这显然也意味着亚尔西巴德所眷恋的主要是苏格拉底的人格，那种和谐的自然规定，然而此人格却是通过对理念采取消极态度以及自我陶醉而展现的。亚尔西巴德说这些谈话一旦展开，首先明智，继而神圣，囊括大多数的美德喻义，具有宽广的规模。可是，如果这是苏格拉底谈话的与众不同之处，或者至少引人注目之处，那么他的爱之中那种狂热的焦躁、那种妖魔缠身似的举止来自何处呢？

与苏格拉底的交往似乎更应该有益于一个安宁精神不可泯灭的本质的形成和发展。因此我们也就看到，最后苏格拉底再次玩跷跷板似的把亚尔西巴德弹入汹涌的大海之中。尽管他身处醉乡，尽管他激情满怀，尽管他大吹大擂，亚尔西巴德还是一如既往地紧靠着苏格拉底。亚尔西巴德曾情欲难扼，溜进苏格拉底的大衣下面，双手拥抱着这人，这真正神奇的人，就这样躺了一宵。尽管他相貌超人，可除了鄙视、嘲笑和侮辱之外却一无所得，在和苏格拉底睡了一夜起来之后，正像和一个父亲或哥哥睡了一夜一样。[32]当时亚尔西巴德不得不忍气吞声，而现在苏格拉底对他又是不屑一顾，指责说他是出于对阿伽通的妒忌才讲这一大篇话的："这一大篇话的惟一目的在挑拨离间阿伽通和我，借口我只应爱你不能爱旁人，阿伽通也只应接收你的爱，不能接收旁人的爱。"[33]

其次，鉴于以这种方式存在于苏格拉底身中的爱的本质，我们从这个阐述中获得了一特定的解释。就这个解释而言，我们坚信，理论和实践是和谐一致的。这里所描述的爱是反讽的爱，而反讽是爱之中消极的东西，是对爱的刺激，它在理智领域里的作用与挑逗以及情场风波在较低的爱的王国里的作用是一样的。不可质疑，反讽家有根底，有固定价值，这一点我们不得忘记，但他拿出的钱币并非货真价实，而是像纸钱一般本身毫无价值，可尽管如此他和世界的所有交易却全以这种钱为媒介。他身中的充足是一自然规定，因此它既非作为自在的直接性存在于他身中，亦非通过反思所获取。生病在很大程度上以健康为先决条件，然而人在积极的充足里觉察不到身体的健康。积极的充足借助于生命活力而滋养疾病，只有在这种生命活力里人才能觉察到身体的健康。反讽家以及他身中的积极充足也是如此。它并不展现为美的充足，其实反讽家像潜水者一样，企图掩盖他与养育他的大气之间息息相关的联系。

在我离开《会饮》之前最后再做一个补充说明。鲍尔眼光锐利，指出《会饮》篇的结局是阿伽通与阿里斯托芬（言谈概念性的环节）酩然大醉，而只有苏格拉底一人作为喜剧性与悲剧性的统一头脑清醒。此外他还提及由施特劳斯所做的《会饮》篇结局和基督在山上改变形象之间的类比。[34]在我看来，这个类比并不妥帖。如果人们非要说苏格拉底代表喜剧性和悲剧性的统一的话，那么显然反讽本身便是这个统一。试想所有其他人都烂醉如泥，而苏格拉底依照老习惯陷入沉思，像往常一样眼睛发直，独自出神，这副呆相正是这里所说的喜剧性和悲剧性的抽象统一的一个生动画面。独自出神既可意味沉思冥想（这就会是柏拉图式的出神），独自出神也可意味我们所说的想着虚无，而这个"虚无"几乎让人能看得见。苏格拉底可以说是这一个更高的统一，但这个统一是虚无之中抽象的和消极的统一。

《普罗塔哥拉》篇

　　《普罗塔哥拉》篇中最为突出的是辩证运动。我现在要对它以相似的方式进行处理，以求表明这整个辩证运动终结于完全消极的东西。言归正传之前，有必要先插入对于柏拉图对话的一个概括性的评述。我认为这里是一个恰当的地方，因为在谈《普罗塔哥拉》篇之前做此评述并无缘由。简言之，如果我们想划分柏拉图的对话，我认为我们最好承袭施莱尔马赫所作的对话性对话与创建性对话的区分。在前一类对话中，对话是一个本质性的环节，永不倦怠的反讽时而分解、时而维系辩论以及辩论者，而创建性对话以客观学术性的阐述为特色。[35]这后一类对话包括《理想国》，《蒂迈欧》篇和《克里提阿斯》篇。传统上，人们认为这些对话代表柏拉图思想发展的最后阶段，这些对话自己的内在特点也表明它们源于柏拉图思想发展的最后阶段。在这些对话里，提问形式实际上已是一个被超越了的环节，回答者只是以证人、以乡镇公证的面目出现，点头称是，相互对话已经不存在。反讽也就在很大程度上荡然无存了。相互对话对于苏格拉底来说必不可少，要么是他问旁人答，要么是旁人问他答，他需要能够不停地在二者之间做出选择。① 只要记住到这一点，我们就可以看到柏拉图和苏格拉底之间的本质差别，不管柏拉图是对它作出了有意识的把握，还是直接、忠实的记录。我对这些创建性对话没有很大的兴趣，因为它们对理解苏格拉底的人格不能做出任何贡献，既不描绘现实中的苏格拉底的面貌，也不提供柏拉图对苏格拉底人格的思考。任何对这些对话略知一二的人都必定会感觉到谈话人和谈话对象处于一种完全外在的关系之中，苏格拉底这个名字几乎成了种类名词[36]，只起指称谈话者、讲演者的作用。除此之外，由于连接谈话与谈话者的脐带被切断了，还使用对话形式就显得是完全偶然的。鉴于柏拉图在《理想国》中反对雕词琢句，主张直来直去的陈述，令人惊讶的倒是他尚未以一种更严谨的学术形式来取代对话形式。

　　大部分早期对话最终总是得不出任何结论，就像施莱尔马赫所指出的，在《理想国》之前，所有谈论某一美德的对话都无力找到一个确切的解释。参见施莱尔马赫所编撰的《柏拉图著作》第三部分第一卷第 8 页：“《普罗塔哥拉》篇谈论美德的统一以及是否可传授这一问题，但并未阐明这个概念本身，故只讲到拉赫斯的勇敢、卡密德的谨慎。由于在正义这个问题上朋友与

────────────────

　　① 这里必须指出，苏格拉底提问题的需求是如此的根深蒂固，即使是他准许别人提问题，两三个回合之后，他转眼间在他的回答中使用提问题的形式，摇身一变，成了提问者。他确保人人遵循这个提问形式，预防把它和演讲式的提问相混淆。试看《高尔吉亚》篇（466a）：坡罗斯道：“你相信卓越的演讲家在城邦中被看做谄媚者，当作坏人而受鄙视吗？”苏格拉底道：“你是在提一个问题呢，还是开始做一个讲演？”坡罗斯道：“什么？他们不会像僭主一般随意杀人，剥夺每个人的财产，随兴所至把人驱逐出境吗？”苏格拉底道：“以狗的名义！坡罗斯，听了你这一番话，我还是不知道你是在发表你自己的意见呢，还是在问我？”在《高尔吉亚》篇结尾，苏格拉底把智者们说得张口结舌之后，他自己继续探讨，可他采用的还是对话形式：他自己和自己对话。在《克力同》篇中，法律和城邦自己登场说话。它们说（50c，第 108 页）：“对这话不必惊讶，苏格拉底，请答复，因为你惯于问答。”在《申辩》篇里，他也以问答形式为自己进行辩护，并特自强调这个形式。（27a，第 63 页）：“迈雷托士，你答我们的问。诸位，莫忘我起初的恳求：我按平日习惯的态度说话，请你们不要喧哗。”（原文为希腊文。——译注）

敌人的对立是个具有重大意义的环节，我们这里也不得忘记吕希斯。"[37]我们完全可以对早期对话毫无结论这一事实作出进一步的规定，说它们最终所达到的是一个消极的结论。下面，我将把《普罗塔哥拉》篇用作例证。《理想国》第一卷也是一个好例子。依施莱尔马赫的看法，《理想国》第一卷结尾时也没有达到任何结论。这对于本文具有很大的重要性，因为要想找到苏格拉底所特有的东西，最好是在早期对话中寻找。

　　《普罗塔哥拉》篇的意图到底是什么呢？是为明确回答此对话所涉及的问题（美德的统一性以及传授美德的可能性）作准备吗？施莱尔马赫认为，此篇的意图不在于阐发某一特定论点，因而根本不适宜于解决对话中所触及的问题，与此相反，整篇谈论飘浮空中，蜻蜓点水似的触及某一论点便随即抛之脑后，从而对苏格拉底方法作出净化了的、青春焕发的形象表达。施莱尔马赫的看法有道理吗？这里，我不拟对这个问题予以决断。我只想说，我对施莱尔马赫的意见颇有好感，但读者不得忘记，依我看来，苏格拉底方法并不在于提问形式中的辩证因素本身，而在于由反讽为出发点并归回反讽的、由反讽所支撑着的辩证法。法国人有句话，叫"与无面面相对"（vis-à-vis au rien）。这句话其实是只适用于一个人，但在《普罗塔哥拉》篇接近尾声时，苏格拉底和智者们就处于这种境地。他们面面相对，就像两个秃子在争吵很长时间之后终于发现了一把梳子一样。对我来说，这个对话中至关重要的东西当然是整个反讽的布局。所提出的问题没有得到明确的回答，这就是施莱尔马赫所说的"此对话没有达到任何结论"。然而这并不是什么反讽，因为这个探究半途而废会有种种原因。这可能根源于一种完全偶然的东西，而从这种偶然的东西出发，人们说不定可以构建整个无穷性。这也可能和一种深沉的渴望联系在一起，即渴望通过分娩而从以前徒劳的阵痛中解放出来，换句话说，此对话很可能会意识到自己是一个探究整体中的一个环节。以这种方式，对话可能会毫无结论，但这个"毫无结论"却绝不等同于一个消极的结论。要谈消极结论，必须有一个结论存在，而只有反讽能够充当最纯粹、最纯净的消极结论。甚至怀疑论也总是假定某种东西。与此相反，反讽就像那个老巫婆一样，永远可望而不可即地试图吞噬一切，然后吞噬自己，或者就像关于这个巫婆的传说所载，试图吞噬她自己的肚子。[38]

　　因此，这个对话对缺乏结论这一点是有极为清醒的认知的，它甚至好像是惬意地享受失败的神妙魔力，而不仅仅是对歼灭智者感到欣慰。苏格拉底自己说："我们对话的结局就像一个人似的斥责我们、笑话我们，它要是会说话的话，它准会说：你们可真是些怪家伙，苏格拉底和普罗塔哥拉！"由于普罗塔哥拉放弃了解说性的演讲，这两个辩论者来来回回尝试了各种对答方式，先是苏格拉底问，普罗塔哥拉答，然后是后者问，前者答，最后又是苏格拉底问，普罗塔哥拉答。用一个尽可能形象的表达方式来形容，他们背靠背这个扛那个，那个扛这个，重复多次。之后出现了一个饶有趣味的现象：苏格拉底辩护他原想攻击的东西，而普罗塔哥拉攻击他原想辩护的东西。有个天主教徒曾和一个新教徒激烈争论，结果他们各自说服了对方，天主教徒变成了新教徒，而新教徒变成了天主教徒。① 苏格拉底和普罗塔哥拉的整个对话令人想起这个著名的争论，只是这里可笑的东西被纳入了反讽意识。

　　这里大概会有人提出一个反对意见。其实，只有细心的读者才会提出这种反对意见，所以，我将很愿意对此予以考虑。表面上，似乎是柏拉图在一个热热闹闹、让人玩得痛快的跷跷板上装

---

　　① 我这里所暗示的轶事代表一个反讽的消极结论的另一种形式。这里反讽因素在于这两个人虽然达到了一个真正的结论，可这个真正的结论却是私人的，而作为一个私人的结论，它对理念漠不关心，因此可以想见这个天主教的新兵会再次对这个刚出炉的新教徒具有同样的说服力量，就像在前一个回合中，后者对他具有巨大的说服力量一样。如此继续下去，我们可以看到这可能是一个无穷无尽的争论。对于论战者来说，这个争论每时每刻都令人信服，可他们没有一时一刻有过一个信念。他们之间只有一个对应关系：甲是天主教徒的那一刻，乙就会变成新教徒，而乙变成天主教徒的那一刻，甲就会变成新教徒。这种关系的原因当然在于他们没有一个人改变性质（Habitus），而二者随时改变服装（Habit）。

了个反讽的杠杆，不仅仅把普罗塔哥拉，而且也把苏格拉底一下子弹到了空中。在这个热闹场面里，不管后者多么令人忍俊不禁，我还是要为他说话，不容许别人做这种诠释。上述评说是苏格拉底自己做出的。他以反讽的严肃态度从事论争，而又模棱两可地竭力从此论争中脱身，每一个略微有些体会能力的读者都必定会情不自禁地想象他的脸上大概总是带着反讽的微笑。他脸上带着这种微笑，对整个把戏得到了这样一个结局反讽地表示惊讶：他看到普罗塔哥拉发现了他早知道他一定会发现的东西，因为是他自己把这个东西藏在那里的，然而他却对此作出大吃一惊的样子。

关于这个对话的整体布局，或者说对话的形式，就先谈到这里。现在我们来看一下对话的内容，也就是说，在此对话中交织编入的问题。这些问题就像罗马赛跑场中心的柱子一样，充当论争者所环绕的固定点：他们尽力奔跑，以求越来越接近这些固定点，越来越快地从对手身边冲过。综观这些问题，我相信我们将发现一种相似的消极反讽。

特别是就第一个问题，即美德是否统一而言，情形如此。苏格拉底首先问道，正义、谨慎、虔诚等等是美德的不同部分呢，还是同一个事物的不同名称。然后，他接着问到它们是像面孔的不同部分呢，即嘴巴、鼻子、眼睛和耳朵，还是像金子的不同部分，即除大小不同之外彼此之间以及部分和整体之间毫无区别。双方挖空心思，竞相强词夺理，这里我不拟对他们的论点一一予以详述。我只想强调指出，苏格拉底的论证本质上是力求摧毁各种美德之间的相对不平等，以求挽救统一性，而普罗塔哥拉与此相反，总是只着眼于质的不平等，因而缺乏那种能够包容、维系纷杂多样性的纽带。因此，他不理解中介这个观念。为了维护统一性，他紧紧地抱着基于平等和不平等的同一性的、主观化了的中介观念，这时候，他其实是在中介观念的朦胧暮色中四处摸索。他说不管在什么地方，所有事物之间总是有相似之处的。甚至白也在某种意义上与黑相似，硬与软相似，所有表面上截然相反的东西也都是如此。与此相反，依苏格拉底的看法，美德的统一性①就像一个僭主，他没有勇气统治现实的世界，而是首先杀戮他的所有臣民，以便能够安心得意、趾高气扬地统治苍白阴影的肃穆死寂的王国。苏格拉底论证说，倘若虔诚不是正义，那么虔诚地生存就和不正义地，即丧尽天良地、亵渎神灵地生存大同小异了。苏格拉底论证中的诡辩因素可谓是彰明较著。特别需要强调的是这种美德的统一性非常抽象，以自我为中心，向内封闭，自成一体。如果各个单独美德是满载货物的帆船，那么这个美德的统一性便是致使这些帆船触礁搁浅、并把它们撞成碎片的礁石。美德像轻声私语、像一个寒战穿过它自己的各个规定，然而它没有在任何一个规定中让人能听得见，更不用说得到清晰的表达了。试想一排士兵，每一个士兵轻声告诉紧靠着他的另一个士兵军队的口令，可他话刚说出口，自己就马上忘记了这个口令，如果这是一长排士兵，长得没有穷尽，那么这个口令其实根本不会存在——我们所说的美德的统一性情形大致与此相似。苏格拉底讲美德是统一的。他所坚持的这种对美德的规定具有两个特性。首先，它显然根本不是什么规定，因为它是对美德的存在的生气薄弱的——弱得不能再弱的——评议。在此我想提到一个相似的命题，即上帝是统一的。施莱尔马赫在他的教义学中曾对这种对上帝属性的规定做过敏锐精到的评判。[39] 其次，这是一个消极的规定，因为这里所建立的统一性是极为非社会性的。苏格

---

①　众所周知，opposita juxta se posita magis illucescunt（拉丁语：相反的东西放置在一起，就会变得更为明朗），所有我将引述对美德统一性的积极理解。我们完全可以把它看做柏拉图的看法。毫无疑问，它不是我们这里所勾画的那一类辩证发展的果实，而是扎根于一个完全不同的事物的秩序之中。参见《理想国》（445c，第175页）："的确，我们的论证既已达到这个高度，我仿佛从这个高处看见了，美德是一种，邪恶却无数。"（原文为希腊文。——译注）这里，美德的积极统一显然是幸福生活的丰赡圆满，其反面便是邪恶之悲惨的溃乱离散、喧嚣的自相矛盾。看看《理想国》（444d，第174页）："因此看来，美德似乎是一种心灵的健康，美和坚强有力，而邪恶则似乎是心灵的一种疾病，丑和软弱无力。"（原文为希腊文。——译注）这里积极的东西是健康之茂盛充足。显而易见，这两种规定都是直接性的，因为它们都缺乏诱惑的辩证法。

拉底从普罗塔哥拉处把所有具体的美德——骗取了过来,当他要把某一美德归结为统一性之时,它却顿时烟消云散,这就是苏格拉底的反讽;而他的伎俩所凭借的是诡辩。这样我们同时看到由诡辩的辩证法所支撑的反讽以及安居于反讽之中的诡辩辩证法。

第二个问题是美德是否可以传授。普罗塔哥拉认为,美德可以传授,而苏格拉底认为美德不能传授。当然,前者紧紧抓着离散的环节,为使一个美德生长,不惜牺牲另外一个美德,而同时却又使美德在某一个体中作为统一性存在,这就是说,人还在跑道上,就为他戴上了桂冠。与此相反,苏格拉底抓住统一性不放,结果是尽管他拥有极大的资本,却依然一贫如洗,因为他不会利用它,使之开花结果。在把美德要么归结于一种自然规定,要么归结为某种宿命的东西之后,苏格拉底的美德不能传授的命题似乎是包含着一种很高程度的肯定性。但是不管是把美德看做直接的和谐还是在其宿命的散居(διασπορά)中来把握它,这在另外一个意义上却还是一种完全消极的规定。要理解美德可以传授这一命题,也有两种可能性:它要么意味着人原初的空虚逐渐通过教导而得以填补,可这是个自我矛盾,因为对人绝对外在的东西永远不可能被人吸收纳取;要么它表达一种通过持续的教导而逐步展开的内在美德规定,这样的话,它就以美德的原初存在为先决条件。智者自以为能够给人灌注外在的东西,这是他的误解;而不分青红皂白,一概否认美德可以传授却是苏格拉底的误解。苏格拉底的看法是消极的,这一点显而易见;它否定生活、发展,简言之,在最普遍、最宽广的意义上它否定历史。智者否定原初,苏格拉底否定后代的历史。

如果我们现在进一步询问苏格拉底的这个观点到底根源于什么更普遍的观念,询问它到底居于什么样的总体之中,那么显而易见的是,这个普遍观念、这个总体无非追忆所被赋予的重大意义。可追忆恰恰是向后发展,也就是说,它是严格意义上所说的发展的正反面。这样,我们在美德不可传授这个命题里不仅仅发现了一个消极规定,而且也发现了一个背道而驰的反讽的消极规定。美德根本不能传授，其实正相反，美德远远地落在个体的身后，人们反倒是不得不担心它会被忘掉。在柏拉图那里，人通过追忆而意识到他丰赡的资质、得知自己不是两手空空被赶到世界上来的。这个令人振奋的思想滋补生存，使之强壮。而在苏格拉底那里，整个现实全被摒弃，人被推进回忆之中，这个回忆不停地、愈来愈远地向往昔倒退，而这个往昔本身也一直在时间中向后倒退，仿佛那个贵族世系无人能够忆想的渊源。[40]苏格拉底固然不坚持这个命题，但就反讽而言，我们将看到取而代之的命题毫无逊色。至此，我是在获取生活经验这个意义上来看待美德是可以传授还是不可传授这个问题的，我把它理解为一个关于传授美德的经验大学校的问题。我们注意到，智者仅仅抓着经验中散漫无序的东西，或者更确切地说，他总是把这些散漫无序的东西置之脑后，这样，每个人就像那个傻头傻脑的哥特里普一样，永远不会从经验中学习，变得聪明起来[41]，因此每个人也就需要上一辈子的学，永不得歇息。而苏格拉底把美德弄得既古板拘谨，又唐突莽撞，以致它永远不得获取任何经验。此间，苏格拉底试图在更深的一个层次上证明美德是统一的，也就是说，他想找到一个他物，在此他物之中，所有美德相亲相爱，融为一体。这个他物是认知。然而他却远远没有顺这条思路走下去，达到希腊精神所特有的、无忧无虑的裴拉吉主义的深处，[42]结果是罪孽变成了无知、乖谬、迷惑，而其中的意志因素，即骄傲与执拗，被忽视了。为了获得一个立足点，他在已让给对手的前提之上立论，把愉快当作善捧出，这样他所捍卫的认知就变成了一种测量术，一种享乐领域里的聪明理智。可这种认知总是自己以自己为前提，所以从根本上自己抵消自己。苏格拉底宣言美德不能传授，但是把它归结为认知，从而证明了他的命题的正反面，前边所说的整个对话中的反讽就呈现于此。普罗塔哥拉的论证与此如出一辙。同时，反讽也在另外一个层次上呈现，即他所提出的认知，如前所说，最终自己抵消自己，因为对享乐之多少好坏进行没完没了的算计阻碍、扼杀了享乐本身。我们看到：善是愉快，愉快基于享乐，享乐基于认知，认知基于一种没完没了的衡量与舍弃，这就是说：在无穷无尽的现实经验中必然永存着不幸的失落感，消极的东西就在于这种失落感，而反讽在于苏格拉底对普罗塔哥拉的祝愿——他可以说是诚心诚意地祝愿普罗塔哥拉"Velbekomme"。[43]在某种意义上苏格拉底又转回到了他的第一个命题，即美德不能传授，因为经验无穷无尽的总和就像一大堆哑然无声的字母似的，越是增长，就越是难以说出口来。可见，第一个层次的反讽在于阐发一种自我毁灭的认知论，而第二个层次的反讽是：他好像只是偶然地来维护一下普罗塔哥拉的命题，可殊不知这种维护摧毁了它。善是愉快，恶是痛苦，谁要是认为柏拉图的苏格拉底提出了这个命题不是为了摧毁它，而是有别的意图，那是根本说不通的。

《斐多》篇

下一个要研究的对话是《斐多》篇。如果说在《普罗塔哥拉》篇中辩证的东西纯然一色，毫无他物掺杂，在《斐多》篇里，神话性的东西特别突出。这个对话的主旨是证明灵魂不朽。就此，我想暂时引用鲍尔的一句评语："这种（对人死后灵魂继续存在的）信念建立在柏拉图让苏格拉底所发挥的论证之上，如果我们对这些论证作一仔细观察，它们就会使我们重新回到与苏格拉底这个人有直接关系的其他东西上去。"[44]

在对这些论证的性质进行探究之前，我想就《会饮》篇和《斐多》篇之间的亲缘关系提出我微不足道的一家之言。众所周知，施莱尔马赫以及他之后我们本国的海瑟[45]曾把这两个对话紧密联系起来，认为这两个对话概括了苏格拉底的整个生存，既讲到他世间的生存，又涉及他过世之后的生存。他们把这两个对话与柏拉图对话系列中的所有其他篇章进行对比分析，得出结论说，二者赋予了智者和政治家肯定性的因素（依他们的意见，这两个对话没有达到它们所企求的目的，即描述哲学家的气质和天性）。特别是就智者和这两个对话的关系而言，这一点应该是正确的，因为智者应恰恰是哲学家的否定。阿斯特另有一说。①[46] 在他的著作《柏拉图生平著作》（*Platons Leben und Schriften*，Leipzig，1816）中，他把《斐多》篇列入柏拉图的早期对话，即所谓的苏格拉底式对话。他列举了四篇这样的对话：《普罗塔哥拉》篇，《斐德若》篇，《高尔吉亚》篇，《斐多》篇（参见第 53 页）。就这四篇对话之间的关系，他评论说："在《普罗塔哥拉》篇和《斐德诺》篇中，戏剧描摹和反讽占主导地位，所以它们倾向于喜剧，而《斐多》篇却明确地是悲剧性的：高尚与感伤是其特点。"（第 157 页）[47] 接着他指出，施莱尔马赫把《斐多》篇和《会饮》篇联系在一起，完全误解了柏拉图创作的精神："在《会饮》篇中，这个希腊的哲人以完美的情爱者的面貌出现，而在《斐多》篇中，这种生气勃勃的、晴朗美好的希腊精神消失殆尽，希腊的苏格拉底被理想化，成了印度的婆罗门，生活中除向往与神融为一体之外别无它求，他的哲学也就是对死亡的思索……精神竭力逃避困扰他的、使之黯淡的感性，渴望从束缚着他的肉体的枷锁中解放出来。"（第 157—158 页）[48]

　　表面上看，《斐多》篇与《会饮》篇之间存在着极为重要的差别是显而易见的，但是另一方面也不容讳言的是，阿斯特完全孤立了《斐多》篇。他称此对话是悲剧性的，里面感伤的东西占了上风，从而试图把它和《斐德若》篇、《普罗塔哥拉》篇以及《高尔吉亚》篇联系起来；同时他大讲晦暗的东方神秘主义，讲它和笼罩着《会饮》篇的晴朗美好的希腊精神的苍穹截然相反。这两种说法其实并不和谐一致：《斐多》篇是悲剧性的，但希腊的苍穹完全可以美好地、安宁地、晴空万里地照耀着它，希腊的天空曾目睹许许多多的悲剧，可并不因此黯然失色、云雾弥漫，空气也不因此像东方人的空气那样酷热、窒闷。如果此对话因此不是

---

　　① 斯塔尔鲍姆也反对把这两个对话这样联系起来，认为《斐多》篇应紧密地和《斐德诺》篇，《高尔吉亚》篇以及《理想国》联系起来。但他对此未加详述，止于引证阿斯特。参见 præfatio ad Phædonem（斐多篇引言），第 19 页。

希腊的，那么试图把它包容在柏拉图之中便是徒劳的，更不用说把它与其他对话连接起来了。就施莱尔马赫的看法而言，不可否认，《会饮》篇所阐发的生活观和《斐多》篇中所提出的死亡观并不完全彼此和谐。《斐多》篇把死亡当作观察生活的出发点，而在《会饮》篇所坚持的生活观里，死亡根本不作为一个环节出现。这两种看法绝非相互和谐，相得益彰，以至没有一个第三种看法便能相互渗透、融通。这个第三种看法要么是能够战胜死亡的思辨性考察，要么是反讽。在《会饮》篇中，反讽把爱推举为生活中实质性的东西，但马上又用另一只手把它抢走，因为它同时把爱消极地理解为向往。在《斐多》篇中，反讽把生活一步一步地向后推，时时刻刻都想退回到灵魂起源的那一片昏暗之中，或者更确切地说，退回到那种无形无状、无穷无尽的透明性之中。显而易见，《斐多》篇是完全消极地来看待死亡的。尽管死亡永远是一个消极的环节，但只要它被看做一个环节，那么其中积极的东西，那种解放性的脱胎换骨，就会幸存下来，凯旋而归。如果我现在对反讽表示赞同，（尽管苏格拉底说过这一类话，如："我想，谁要是听到我这会儿的话，即使是一位喜剧作家也不会骂我关于不相干的事说废话。"[49]）大概有人一眼看去，觉得根本说不通，但仔细观察之后，觉得完全可以接受。思辨的统一不可能隐秘地、无影无踪地存在，然而反讽的统一却完全可能。

　　如果我现在说反讽是《斐多》篇中的一个本质性因素，我当然不是指在此对话中处处可见的反讽雕饰。不管这些雕饰多么意味深长，细细看来多么一发而不可收拾，但它们至多也不过是对浸透整个对话的最终观点的一个暗示而已。我来举几个例子。例一："不过照我猜想，你和西米亚斯准喜欢把这问题再深入探讨一下。你们是像小孩子似的害怕，怕灵魂离开了肉体，一阵风就给吹走吹散了。假如一个人死的时候天气不好，正刮大风，你们就越发害怕。"[50]例二：苏格拉底责备克力同，说他不该问他怎么来葬他，然后附加说，克力同大概认为，他关于离开此世去享福——"不管这是什么样的福"——说了这么多，只是为了使弟子们安心，同时给自己打气："我受审的时候，克力同答应裁判官们做我的保证人，保证我一定待在这里。现在请你们向克力同做一个相反的保证，保证我死了就不再待在这里，我走掉了。"[51]这些反讽的言谈还是很好与贯穿整个对话的所谓严肃态度和深沉感伤相协调起来的，但是不容讳言，我们一旦觉察到其中反讽秘密的、不动声色的生长，那么这些言谈就会有一副全新的面貌。

不过，为了支持我的论点，我将首先证明这个对话中的精神是真正希腊的而非东方的。依我对东方神秘主义的理解，它所谈的死亡无非灵魂韧性的松弛、构成意识的张力的和缓，无非一种消散解体和忧郁的、沉绵不起的疲软，无非一种软化：人不是变得更轻，而是变得更重，不是如烟云飘散而去，而是混乱地糅合在一起，在一团浓雾中蠢蠢欲动。因此，虽然东方人感觉到肉体的沉重，希望从中解脱出来，但实际上并非为了变得更为自由，而是为了被束缚得更紧，他好像是不想运动，而只企求植物式的不死不活的静态。这就是说，他不求飞升到思想的太空，而只求沉溺于鸦片所带来的浑噩麻木，不求行动的勃勃生机，而只求懒散无为（dolce far niente），在超脱生死的境界获得一种虚幻的安宁。然而，希腊的天空是高远、穹隆的，而绝非平坦、沉重的，它不停地高升，愈来愈高，而绝非令人惶惑地下沉；希腊的空气是轻盈、透明的，而绝非阴湿、窒闷的。这里，要谈向往，那就是向往变得愈来愈轻，向往凝聚于愈来愈润泽的升华物之中，而绝非向往消散于疲软无力的麻木之中。意识不求在流动的规定中泡软，而只求绷得愈来愈紧。因此，东方人企求退到意识之后，而希腊人企求飞升到意识的承续演替之外。然而他所追求的完全抽象的东西最终变成了最抽象的东西、最轻的东西，即无物。这里我们就站在起源于主观神秘主义或反讽的两种观念的交接点上。每一个读过《斐多》篇的人必定都会看到，此对话对由持续不断地学习死而产生的生存进行了纯粹抽象的把握。对此作一详细窥察，不会有什么坏处。这里有两条途径可循。其一，我们可以阐明苏格拉底是如何理解灵魂的本性的，因为对灵魂的正确理解实际上应该在自身之中蕴含着、浸透着对灵魂不朽的正确证明；其二，我们可以一丝不苟地分析关于灵魂来世如何的谈论。在做后一个研究时，我将辅助性地顾及到《苏格拉底的申辩》，恰恰作为一个史实文件，它对我们应该能够起到引导的作用。

现在我就开始作这两个研究。之前，我只想指出，像灵魂不朽这种问题总是具有极大的重要性，可在柏拉图哲学中，这个问题只是被附带地谈到，即借苏格拉底之死为机缘，这一点是引人深思的。我首先谈第一个问题，即苏格拉底是如何理解灵魂的本质的，这个问题将致使我们深入探讨他对灵魂不朽所作出的证明。[1]

---

[1]　《斐多》篇还较为间接地包括其他两个证明，我这里对它们予以简述。第一个证明出现在对话的开头，那里苏格拉底告诫人不要自杀，并提醒人记住秘密宗教仪式中的话：人就像哨兵一样，不得擅自下岗或者逃走。如果这个思想有机会对它丰富的内涵进行反省，如果它得以开掘，被拓宽成人与神同工的观念（《哥林多前书》3，9——译注）以及在此观念中所蕴涵的与上帝面对面的实在生存，那么尽管这个思想具有一个通俗的、教诲性的而非论证说明性的形式，它还是包含着一个在思考的再生中以思辨的姿态而起死回生的观点。可惜情并非如此。齐贝斯做了个真正希腊式的评论，说如果人们坚持苏格拉底的这种说法，那么他们倒是应该紧紧地拥抱生活，而不应像苏格拉底所说的哲学家那样企求死亡，因为只有紧紧地拥抱着生活，才能不背离神们的威力。针对齐贝斯的这个评论，苏格拉底相当隐晦地回答说，他要不是坚信来世会碰到同样善良的神，他也会怕死。这番话加固了存在于此世生活和来世生活之间不可逾越的鸿沟，而且，由于死亡总是对神们的威力的背离，那种由死亡所决定的与此生的神们模棱两可的关系也就永远得不到改善。只有人们认识到，同一个神用手牵领着一个人度过此生，同一个神在死亡的一刻可以说是松开了手，以便张开双臂，迎接渴望已久的灵魂，只有在这个时候，对灵魂不朽的证明才以观念的形式完成。第二个间接证明是纯个人的。他死到临头，却坦然自若，心情喜悦，他对死如此漠不关心，以至几乎忽略了它，对于当时的目睹者以及数百年之后阅读当时目睹者记录而成为间接目睹者的人们，这一切不乏振奋人心之处。他让妻子赞提普走开，以免听她哭喊哀号；他开玩笑说，愉快会随着痛苦接踵而来："我这条腿给锁链锁得好痛，现在痛苦走了，愉快跟着就来了"；愉快和痛苦两头连着，他觉得具有喜剧性，然后补充说，这对于伊索准会是个题目："假如伊索想到了这一对，准会编出一篇寓言来，说天神设法调解双方的争执却没有办法，就把两个脑袋拴在一起"（《斐多》篇60b，第6—7页。——译注）；他端着毒药杯，不乏尊严，不乏生活的乐趣，就像宴会上端着琼浆满溢的酒杯一样；他问监狱的监守："我想倒出一点来行个祭奠礼，行吗？"（《斐多》篇117b，第99页。——译注）所有这一切都很好，但是当人们想到，他其实根本不知道来世会是个什么样子，其实不知道是不是有一个来世；当我们在这个英雄诗篇之中听到庸俗的算计——设想有一个来世的生活，或者其他一个到时候就会知道的东西，总不会有坏处的——在这个时候，人们就会看到，这个论证的说服力是具有相当大的局限性的。

在苏格拉底真正开始论证之前，他先做了个引子。他告诉他的对话者哲学家喜欢死到底是怎么回事。他提出两个假定。其一，死亡意味着灵魂与肉体的分离；其二，真正的认知是建立在抽象而非低级感性之上的，因为通过感性观察人永远击不中一个事物的本质，即那种使某个事物成为某个事物的东西，如大小、健康、力量等等。[52] 在这两个假定的基础上，人们就很容易领悟为什么哲学家们希求尽量不和肉体交往[53]，希求通过死得到净化，从肉体的枷锁中解放出来，以求完成在世间已力图完成的事业[54]，即以纯粹的思考追寻事物纯粹的本质。显而易见，这里灵魂是被抽象地理解的，正如灵魂的雄图大业所涉及的对象，即事物纯粹的本质，也是被抽象地理解的。人们不得不提出疑问：不管哲学如何全力以赴，大张旗鼓，以求把事物纯粹的本质从窝里吓出来，到头来爬出来的也只不过是纯粹抽象的东西（健康、大小等等）吧？而作为具体的东西的对立面，这些纯粹抽象的东西是虚无。这个疑问发人深省。从中可以推断出，灵魂在其认知事业中为了和它的对象取得协调一致到头来大概可能变成无物。灵魂会变得愈来愈轻，而只有和肉体有过密切交往的灵魂，由于掺和了肉体就给肉体镇住了，又被拖回到这个看得见的世界里来，出于对无形的东西、对精神世界的恐惧，就像个影子似的在陵墓和坟堆旁徘徊。[55] 也就是说，尚未完全超脱、与有形的东西还存在着瓜葛的灵魂就会作为鬼影在我们的面前出现，让我们还看得见它。把鬼影看做不完满的生存本来也无可厚非，但是一旦把"无形的东西"当作理想之物，我们就可以看到，所有一切是如何被消极地理解的，灵魂是怎么变成无物的。因此，即使我们无意驳难苏格拉底提出的二难选择，即我们要么压根儿无法求得认知，要么只有在死后才能求得认知[56]，我们对苏格拉底式的解决办法必定还会是疑虑重重的。我对这些引言式的探讨做了有点过分详细的分析，因为这能使我们对后面的整个思考线路获得一个初步概念。把各个论点一一列举，一一评析，将会变得漫无边际。若有读者不拟阅读整个对话，看这些论点是怎么一步一步展开的，而希望尽可能在完整的学术性阐述中把它们尽收眼底，我推荐他去读鲍尔和阿斯特。

更重要的任务显然是指出苏格拉底所阐发的各种论证并不总是相互和谐一致的。先谈两种主要论证。第一个论证起源于这条思路：对立面产生于对立面，而在两个对立面的连接纽带中有两条潮流，一条是从一面流向他面，另一条是从他面流回一面；第二个论证对灵魂的先在进行思考，观察它是如何在追忆的特性和本质中得以展现的，希求以这种方式保证连续性。如果有人把这两种论证联系起来，那么据我估计只有两种可能结果：第一，"先在"这一概念和"成长"这个想法势不两立；第二，倘若我们坚持先在和生成这个观点的和谐，那么我们必须假设苏格拉底证明了肉体的复活。而这与他其余的理论是截然矛盾的。这两种论证想必会永远龃龉。第一个论证对死亡究竟是什么这个问题含糊其辞，这种含糊其辞不能消除这种龃龉，假定死亡并非生命的结束而是另一种生存也不能够做到这一点——这个假定是以不正当方式取得的，鲍尔对此表示反对很有道理。[57]鲍尔指出这些论证什么也证明不了，认为它们只不过是对灵魂概念的分析性阐述，也就是说不朽之所以能够从中引申出来，是因为它已经作为前提包含在灵魂概念之中了。我们对他的观点完全同意，不过我们不得忽视以下这个事实：灵魂在这里变成了一种坚硬的东西，和美、善等等同属一类，但是这个坚硬的东西在这里并不是一个出发点，而是一个结果，也就是说，恰恰是在思考欲把握灵魂的本质之时，它才显得琢磨不透，而不是由于灵魂的这种琢磨不透人们才走进论证的色彩缤纷的世界的。这个结果是一个消极的结果，而前者是一个积极的前提，这一点我想再次强调。

灵魂的本性是什么？它具有什么特定的生存？对这些问题的回答取决于以论证灵魂不朽为核心的灵魂观，而对灵魂不朽的论证又取决于追忆的特性和本质。如果我们对这些问题进行审视，那么我们就面临着最为抽象的规定。人通过感性受到外界的冲击，他总是把这些感官印象归结于某种普遍表象，例如相等[58]，绝对的美、善、正义、虔诚等等，总而言之，"我们反复问答辩证的时候，凡是我们称为'绝对'的东西都包括在里面了"。[59]这些普遍表象不是通过经验的分散孤立的观察而获取的，也不是通过强行归纳而获取的。与此相反，它们总是自己以自己为前提。"或者呢，我们一生出来就有知识，一辈子都有知识；或者呢，出生以后，我们所谓学习知识只是记起原有的知识，也就是说，认识就是追忆。"[60]现世与永恒的综合很难借思辨得以解释、澄清，实际上，像所有思辨的东西一样，它一眼看去像个悖论。在这里，它得到了诗意的和宗教的缓解。我们所看到的不是自我意识的永恒自我设定，共相不是紧抱着特别的、个体的东西，使之不得动弹，而是与此恰恰相反，共相松散地在它周围飘荡。这个论证中的关键[61]其实在于：就像理念先于感性事物存在一样，灵魂先于肉体存在。这听起来倒也完全说得通，但是理念是如何先于事物存在呢？在哪种意义上先于事物存在呢？只要这些问题还没有说清楚，那么整个论证所围绕着的"就像"就只不过是两个未知数之间的抽象的等号。当然，通过对等号一边的数值进行深入研究，说不定这些问题可以得到进一步的澄清，想到这里所谈的是绝对的善、美、正义、虔诚等等，人们似乎完全可以相信这是可能的。但是，一旦考虑到灵魂的先在其实依赖于相等这类普遍表象的先在，这个信念也就又被粉碎了。倘若灵魂先在的处境比起这些普遍表象并好不了多少，那么显而易见，它就会像后者一样消逝在其无穷无尽的抽象之中。当然，从这一点可以向一个积极的看法架起一座桥梁，要么通过百战百胜的思辨，要么通过信仰的背水一战。然而这座桥梁没有被架起。在这整个探讨中，读者需要时时刻刻、念念不忘地记着，这一点不是被当作出发点的无物，而是思考艰苦跋涉之后所抵达的无物。我们可以更进一步假定我们能够把一个表象和理念的这种居于任何具体性之外的存在联系起来，那么我们就不得不问：我们把先在的灵魂和它置于什么关系之中呢？在尘世生活中，灵魂的任务是把个别引回到这种普遍，可是居于并产生于个体性的个别和共相的具体关系却显然未被触及。由灵魂在二者之间所建立的联系总是转瞬即逝，不留痕迹。因此，灵魂在其先前的生存中必定是弥漫着理念的世界的。就此而言，柏拉图有的放矢地说，灵魂在转入感性生活之时忘记了这些理念。遗忘正是意识的白天到来之前的黑夜，是不言而喻无穷倒退的定点，是共相作为出发点面向特殊者进行自我规定的无物。也就是说，遗忘是永远限制性的前提，通过追忆永远连接性的前提而被无限地否定。可见，柏拉图的学说趋于抽象的两个极端：完全抽象的先在和一个同样抽象的后在，即不朽。这恰恰表明，灵魂在现世的生存也必然是被完全抽象地、消极地理解的。依柏拉图看，尘世生活渐渐模糊地融入（这个词是既在绘画的又在音乐的意义上运用）两边。基于此，有人大概会相信，柏拉图认为尘世生活是个丰足的中间。可在《斐多》篇中，情形绝非如此。尘世生活被看做是欠缺的，渴望所期待的是无形的东西。①

如果我们剖析其他证明，逐步走向隐伏在它们背后的关于灵魂本质的观点，我们会达到同样抽象的结论。——非复合的东西不可分解，不会消逝。而对于复合的东西来说，它们是怎么复合的，就会怎么消解。由于灵魂属于非复合的东西，所以它也就不会分解。[62]然而，这整个思路似是而非，因为它是在同义反复的毫无根基的地面上来回走动。因此，我们必须紧跟着苏格拉底，看他是怎么阐明类比的。非复合的东西在举止形态上始终如一。苏格拉底问道[63]，我们在提问、答对中认为是具有绝对存在的那个东西在举止形态上是始终如一呢，还是变幻不定，一会儿是这样，一会儿是那样？绝对的相等，绝对的美，一切绝对的实体、真正的本质，能有任何变化吗？"这些事物始终如一，是无形的，看不见的。"灵魂很像那神圣的、不朽的、智慧的、一致的、不可分解的而且永不改变的东西。肉体呢，正相反，很像那凡人的、

---

①　在《会饮》篇中，构成实质性东西的是渴望，在《斐多》篇中，也是如此。不过，《会饮》篇中的是企求**占用**的渴望，而《斐多》篇中的是企求**丧失**的渴望，但这两种规定是同样消极的，两个渴望都不知道渴望的是什么，一个投身其中，另一个在对死亡的期待中烟消云散。

现世的、不明智的、多种多样的、可以分解的而且变化不定的东
西。[64]显而易见，这里我们得到了一个对灵魂生存及其与肉体的
关系同样抽象的看法。我们当然不能谴责这个观点，说它实实在
在给灵魂分配了一个肉体中特定的位置，然而另一方面，它却完
全忽视了灵魂和肉体的关系，它不让灵魂在由它自己所创造的肉
体中自由自在地运动，与此相反，灵魂总是迫不及待地想逃出肉
体。齐贝斯曾运用一个比方来反对灵魂不朽。有人说，肉体是人
弱的部分，可在死后还继续存在着，那么灵魂作为人强的部分就
更应该继续存在着了。针对这个论点，齐贝斯打了个比方，说这
就好像是有人这样来谈一个去世了的老织造工人：这个织造工人
还没有死，他还健康地在什么地方待着呢，作为凭据，请看他穿
的这件衣服，这件他自己织的衣服还完好无损，还没有消灭
呢![65]我认为，齐贝斯的这个比方，如果运用得当，也就是说，
如果我们强调隐伏在把灵魂比作一个织造工人之中的见地，那么
它是会引向远为具体的观念的。说灵魂不是复合的，这一点我们
当然愿意承认，但问题是，它在哪种意义上不是复合的呢？从另
外一个角度看，它又在多大程度上是许多规定的总和呢？只要对
这个问题还没有作出精确的回答，那么说它不是复合的就是一个
完全消极的规定，说它永驻不朽也就是老生常谈，毫无意义。

　　就后一个论证而言，情形也好不了多少。这个论证是建立在
下面这个命题之上的：所有存在的事物都是由于它参与理念而存
在的，每一个理念排斥对立面（"否则的话，我们就不能说，三
宁愿灭亡，忍受一切，而决不会成为双数而仍旧是三"[66]），并
且不仅相反的理念相互排斥，而且一切具体的东西，只要体现相
反的理念，也相互排斥。灵魂是生命的原则，而生命与死亡相
反，所以灵魂永远不能包容理念的（即生命的）对立面（即死
亡），所以灵魂是不朽的。这里思想一步一步地坠入了抽象的空
中楼阁。只要还没有说清楚生命和死亡之间存在着什么样的相反
关系，灵魂和肉体的关系也就只能得到完全消极的理解，灵魂在
肉体之外的生活也就永远毫无内容，飘忽不定。

如果对灵魂的本质的理解抽象到了这样的程度，那么我们也就可以预先想见就灵魂来世的境况这个问题而言，会有什么样的信息等待着我们了。我不是指这个新世界的地貌概观、统计数字，也不是指瑰奇的缤纷物象，而是指关于这个问题的思辨透明性。耶稣的门徒约翰也曾说过，我们对来世如何一无所知，[67]但他当然是指彼岸的经验现实。他心头还有一个思辨的说明，即肉体必将复活。这个思辨说明不是什么权宜之计，而是由于他自己从中获得安宁。与此相反，甚至在《斐多》篇神话性的那一段话里，苏格拉底还讲只有亵渎神明的人才会惧怕肉体的复活或继续存在，而一心用智慧来净化自己的人在来世完全没有躯体。[68]要阻止抽象如此毫无羁绊地跳入海市蜃楼之中，要创立一种不允许思想倾覆、不允许生命消散的实在生存，只有一条途径，那就是尝试设想一种伦理的和谐、道德的旋律：这种伦理的和谐、道德的旋律将提供翻天覆地、重建一切的自然律，一言概之，提供将成为贯穿万物的原则的公正报应。事实上，倘若这个想法得到推举崇尚，那么不朽就不再是影影绰绰，永恒的生命也就不再是镜花水月了。然而，这个想法甚至在这个对话神话性的那一部分也没有得到充分实现。下面我将探讨这个想法在多大程度上得到了实现，这里我只想指出，这种想法只在对话神话性的那一部分初露端倪。

上面我们再谈消极的"什么"以及同样消极的"怎么样"这个议题。它暂时落入视野之外了，现在我们的思考可以重新回到这个议题来。在《斐多》篇的辩证发展里，这个议题一开始是作为对灵魂本质问题的积极回答而出现的，因为它包含着对灵魂不朽的证明。然而，整个讨论达到了一个消极的结论，生命消逝在远处隐隐散去的回音（我不愿说余音）里。这样的一个结局之所以会产生，原因大概在于柏拉图哲学的主观立场。柏拉图哲学不满足于幸福自适的古典精神，也就是说，不满足于生存中理念的直接性，而是希求在其折射中对它进行把握，因此尽情拥抱着云彩，而非朱诺。[69]这个主观立场并不给予生存任何新鲜的东西，适得其反，它倒是剥夺了不少，即现实性。罗森可兰茨曾在一处正确地指出，生命越是丰满，越是生机勃勃，不朽也就越是苍白、越是空空如也。[70] 荷马的英雄宁愿在现实生活中当牛做马，也不愿在阴间称孤道寡。[71] 在柏拉图那里，不朽变得更是轻于鸿毛，简直是一口气就吹得走，然而哲学家还是希望离开现实生活，希望尽可能在活着的时候已经死去。这就是主观立场悲惨的自我矛盾。

不过，这里我们还不能看到反讽，而这却是我想尽力揭示的。任何一个人，只要知道反讽是一个多么捉摸不定的小家伙，一定会承认，反讽和上面所说的简直是如出一辙，如果不细心，就简直可和它相混淆。这又是柏拉图和苏格拉底之间的一个交接点。人们完全可以强调这个对话里激昂的主调，从而把一切拉到柏拉图一边，和处处迸发的热情联系起来，尽管就结果而言，这个热情显然做了个坏买卖。然而另一方面，想必没有人会否认，这个对话在不少地方有些踌躇不定，这意味着，大概是反讽在里面作怪。一个结论，不管多么微不足道，总是可以热情慷慨地、以服膺的口吻讲出来的，然而在《斐多》篇中，我们可以处处碰到踌躇不定的痕迹。如果我们把这些痕迹和《申辩》篇联系起来，它们就更会显得意味深长。《申辩》篇是史实记录，有人要是想寻找苏格拉底的精粹，那么就必须给予它显著的地位。

在我转而探讨这个史实记录之前，容我再稍微深入地考察一下《斐多》篇里所声称的哲学家对死的渴望。生活就在于等待死亡：这个观点可以从道德上来理解，也可以理智地来理解。基督教是从道德上来理解这个问题的，但它也并没有止步于仅仅消极的东西。在基督教里，人的一面死去了，神圣的另一面却生长起来[72]，当这另一面吸取了、占有了并由此改良了应当灭绝的罪身[73] 中的发芽力之时，这个罪身也就渐渐萎缩、干枯，它一旦折断、碎裂，一个长大了的属神的人[74] 也就脱颖而出，这个属神的人是照着神的形象造的，有真理的仁义和圣洁。[75] 基督教也认为，一种更为完美的认知与这种复活联系在一起，但这个观点却只是附属性的。其实，它之所以这样认为，主要是因为认知之前也曾被罪的泥垢所玷污。在希腊文化里，这种对死亡的等待是被理智地理解的，这也就是说，被纯理智地理解的。这里我们一下子就可以看到异教徒无忧无虑的裴拉吉主义。估计大多数读者早已认识到了的这两种观点之间的区别，为谨慎起见，容我再强调一下。在基督教里，一方面，通过死而被舍弃、被灭绝的东西是在其肯定性中被把握的，它被理解为罪、理解为一个众人皆知的王国，每一个在它的王法下呻吟的人对它的统治都不无刻骨铭心的感受；另一方面，新生的、复活的东西也得到了同样积极的把握。在理智性的死亡观中，通过死而被舍弃、被灭绝的是些不关痛痒的东西，而新生的、结果的是些抽象的东西。这两种主要观点之间的差别大致如下。一个说，不要吃不健康的食物，抑制欲望，人就会康强健壮；另一个说，不吃不喝，人就会渐渐化为无物。由此可见，比起基督徒来，希腊人更是一个严肃主义者，可正因为如此，他的观点也是背离真理的。依照基督教的观点，死亡的一刻也是白天与黑夜的最后决战，教堂里有句说得到家的老话：死亡是新生。换句话说，基督徒不是拘牵于争斗、疑虑、苦痛、消极的东西而惶惶不可终日，而是在对胜利、信念、极乐、积极的东西的向往中而欣喜若狂。柏拉图主义认为，人应该告别感性认识，以便通过死亡消纳于不朽的王国之中。在这个王国里，自在、自为的平等，自在、自为的美等等生活在死亡般的寂静中。苏格拉底曾说过，哲学家的追求是亡身、澌灭。[76]这句话一针见血地表达出了柏拉图主义的精髓。对死亡本身的追求是不可能基于热情的——我们不得对"热情"这个词妄加解释，例如不能把有时有人期望灭绝的狂思妄念也称作热情。对死亡的追求只能是出于对生活的厌倦。只要一个人还不能够说他明确地知道这个期望到底蕴涵着什么，那么热情还可能存在着。然而倘若期望是出于某种疲软麻木，或者说期望者明确地意识到他所期望的是什么，那么厌世便是占主导地位的情绪了。在我看来，威赛尔著名的墓志铭"最后他也不想活了"[77]概括了反讽的死亡观。某人若是因为不想活了而死去，那么他也一定不会期望有一个新的生活，否则那就是自相矛盾了。在这种意义上期望死亡的疲软很显然是一种只有在显贵的圈子里才会出现的高雅的疾病，在其纯然一色的状态里是与期望在死亡中窥见极乐的热情同样强大的。一般的尘世生活就在这两极之间浑浑噩噩地运行。一言以蔽之，反讽既可能是健康的，又可能是病态的。如果它能把灵魂从相对的东西的蛊惑之中拯救出来的话，那么它就是健康的。然而如果它只能以虚无的形式来承受绝对的东西的话，那么它就是病态的。不过这种疾病只是一种由水土不适引起的热病，很少人得这种病，更少的人能挺住它。

就《斐多》篇里的反讽而言，我们当然应对它作出很特定的理解：这里作为直观的反讽冲破了分离天地之水的城池，[78] 与毁灭个体的全体性反讽联合了起来。这是很难把握的一刻，就像解冻与结冰之间的那一刻一样。然而如果大家愿意使用我所营造的视角测量器的话，《斐多》篇正处于反讽的这两个规定之间。我现在就转而对此尽可能地进行表述。在此毋庸讳言，这种表述总是以某物为前提：直观的超出个体之外的全体性，创世的"要有"[79]（在尘世操劳中，创世的"要有"只在事后，即在不可见的东西通过可见的东西显现出来的那一刹那才会到来）。试想有种主观的神秘主义，并非苏格拉底囿于其中（因为这个词意味着有一意识在起作用），而是它的丰盛富饶淹没了他。如果真有这么一个主观神秘主义的话，那么我们就不会听到疑惑的、无所适从的概率计算。然而凡是细心读了《斐多》篇的人必定都不会否认这种概率计算的确时时出现，浏览了《申辩》篇的人就更不会否认这一点了。每个人自己可以判断那些言论是与柏拉图的激情相和谐呢（换言之，是与被完全和柏拉图视为一人的苏格拉底同调呢），还是指向一个既像又不像，既不像又像的差别。前面早已暗示过，对于直接的思辨以及反讽来说，情形如此。下面的探讨还会经常返回到这一点。在《斐多》篇里，苏格拉底自己说过，他竭力证明灵魂不朽，主要目的在于使他自己坚信事实的确如此，然后接着说："我心里是这样算计的：如果我的议论是对的，我有了信心就自己有好处；如果我死了什么都没有，我也不会临死哀伤而招我的朋友难受。我的朋友，瞧我这态度是多自私呀！反正我的这点谬误也不会长久，一会儿就完了。要是长久了，那就坏了。"[80] 这一番话是从完全另外一个世界飘过来的。当然不仅仅是"瞧我这态度是多自私呀"[81] 一句话蕴蓄着反讽。人死去之后会变得一无所有这个想法（"如果我死了什么都没有"[82]，斯塔尔鲍姆注："如果死后意识，以致灵魂都绝灭了的话。"[83]）并不使他毛骨悚然。但另一方面，他也并不是随身带着它，以便在看到其后果之后把这个怪诞的想法惊慌地赶回家去。他其实是拿着它做游戏，如果情形不妙，愿意被从这个谬误中拔出（"要是长久了，那就坏了"），从而被完全摧毁。抽象的尺度是最能刻画反讽的。凭借抽象的尺度，反讽拉平一切，控制高涨情绪，不是用高昂的激情来对抗死亡的恐惧，而是认为变得一无所有倒是一个饶有趣味的试验。这就算是《斐多》篇里的典型段落吧。类似的章句比比皆是，若要一一详述，那就漫无边际了。此外，《申辩》篇亟待讨论。

《申辩》篇

我们对《斐多》篇的讨论力求证明在这个对话里辩证的东西归结于反讽。以下对《申辩》篇的剖析有两个目标。一方面，利用其中涉及灵魂不朽的言论，我们将强化关于《斐多》篇的论点；另一方面，我们将从其总体格局出发揭示苏格拉底的立场本质上是反讽。

阿斯特声称，《申辩》篇不是由柏拉图而是由一不知其名的演讲家所做。[84] 施莱尔马赫认为，此申辩是对苏格拉底本人言辞的如实记录①，而斯塔尔鲍姆却认为，它大概不是苏格拉底本人

---

① 参见 *Platons Werke von Schleiermacher, ersten Theiles zweiter Band. Berlin 1818*（施莱尔马赫：柏拉图著作，第一部分，第二卷。柏林，1818）："柏拉图的记忆力虽是久经考验，但不会丝毫不差，书写文字与随便的口头言谈也必然会有些差别。但综观各种因素，最为可能的是，我们所看到的这个谈话录是对苏格拉底辩护实况通过回忆而作出的确切记录。"（原文为德文。——译注）

的原话，但柏拉图在下笔时试图尽可能靠近历史上的苏格拉底。我们只要不随声附和阿斯特的假想，是追随施莱尔马赫还是追随斯塔尔鲍姆对探究来说是无关紧要的。斯塔尔鲍姆说："若拙见立论确当，那么柏拉图在此书中就辞藻与思想内容而言没有使用他一贯的高雅格调就不会令人惊讶了。因为他认识到，要想正确地为苏格拉底辩护，那就必须让他在法庭上和在日常生活中一样举止谈吐；所以他不能够随意挥洒，而必须处处用心，注意与苏格拉底的气质和生活方式相谐调，与时间、地点的具体状况相一致。"[85]反对阿斯特的学者极多，若有人想结识他们，可在斯塔尔鲍姆书中此引文出处查看他们的名字。阿斯特认为《斐多》篇中高尚、感人的因素占主导地位，因此很自然地就对苏格拉底在《申辩》篇里言谈举止大不以为然，除各种非议之外，声称它是伪作。多数的——其实绝大多数的——诠释者都认为《申辩》篇是真作，但为了自圆其说，他们一般是保证说，此篇没有任何与柏拉图精神相龃龉之处。此保证要么被作为问题提出，要么被作为定论大声喊出，并从这两种形式中汲取其力量。如果我们现在依随这大多数人的意见，我们不能拘泥于这个保证。其实，我们必须另找出路。阿斯特的反对意见很重要，不能这样一笔勾销。① 我们要是承认他的意见是一家之言，我们也会不禁允许他宣称色诺芬的《申辩》比柏拉图的高出一筹。

　　这里我们要谈的不是整个《申辩》篇，而是苏格拉底发挥其死亡观的章节。以柏拉图精神阐释这些章节会愈来愈困难，然而从反讽出发寻求正确的阐释却变得愈来愈有可能。所有这些章节都表明苏格拉底毫无把握，但我们需要马上指出，这个毫无把握一点也不使他不安，与此相反，生死对他来说仿佛游戏一般：死亡一会儿具有无穷的意义，一会儿是虚空无物，他感到这种晕

---

　　① 我记得我还很年轻的时候，灵魂要求高尚的、能充当模范典型的东西，读了《申辩》篇后大失所望，感到受了欺骗，非常沮丧，因为所有诗意的东西，所有战胜死亡的勇气在这里被一种庸俗不堪的算计所替代。看样子，苏格拉底似乎是想说：归根结底，这一切对我来说无关紧要。后来，我才学会以不同的眼光来理解此文。

眩很适意。我们一眼看到的就是这么一个苏格拉底，他不是轻率地把关于死的念头置之脑后而惊慌失措地紧抓着生活，也不是视死如归，坦然地牺牲生命。不，他取乐于三段论的非此即彼[86]所给予的光与影的交替互换，一会儿是阳光灿烂，转眼间却是漆黑一片，一会儿是无穷的实在，转眼间却是无穷的虚无。他也为听众起见取乐于把这两点像舒适和不适一样在头儿上捆起来（参见《会饮》篇[87]），然而却不是以灵魂内在的向往去追求确定性，而是以某种好奇心寻求猜透这个谜。苏格拉底很明白他的三段论不能对任何一个问题作出透彻的回答，只有那种无穷对立飞快地出现并继而消失的速度让他感到高兴。无穷地向后展开的背景构成了死亡无穷的可能性。

因此，在《申辩》篇里，苏格拉底慷慨陈词之后，常常会有一番论证接踵而来，把雄辩的泡沫吹走，展示出在它的下面是空空如也。苏格拉底指出，他依神的意旨生为爱智者，有义务探索、考验自己与他人，倘若因为怕死而擅离职守，那对他来说是奇耻大辱。原因一目了然："怕死非他，只是不智而自命为智，因其以所不知为知。（……）以所不知为知，不是最可耻吗？"[88]在这个意义上，苏格拉底也就认为他自己比别人高出一筹，因为他对死无所知，故不怕死。这不仅仅是诡辩，而且是反讽。换言之，他把人们从对死亡的惧怕中解放了出来，作为报酬他给予他们这么一个怕人的观念：死是一个不可避免的东西，至于它究竟是什么我们却一无所知。我们大概必须学会欣赏蕴藏于虚无之中的慰藉，以便从中获得安宁。因此，他在有个地方指出，如果他因为害怕迈雷托士认为他所应得的，即"他不知是吉是凶的东西"[89]，而选择他确切地知道是凶的东西（例如，监狱），那就不合情理了。

在《申辩》篇结尾处，苏格拉底试图证明死是好的。但这种思考又是一个非此即彼。因为和这两个可能性中的一个一起登场的是"死是空虚无物"这个观点，我们就不免会有些疑虑，拿不准到底在什么程度上能够分享那种像大洋一样环抱着这两个大陆的欢乐："我们可如此着想，大有希望我此去是好境界。死的境界二者必居其一：或是全空，死者毫无知觉；或是，如世俗所云，灵魂由此界迁居彼界。死者若无知觉，如睡眠无梦，死之所得不亦妙哉！我想，任何人若记取酣睡无梦之夜，以与生平其他日、夜比较一番，计算此生有几个日夜比无梦之夜过得痛快，我想非但平民，甚至大王陛下也感易于屈指；为数无几。死若是如此，我认为有所得，因为死后绵绵的岁月不过一夜而已。另一方面，死若是由此界迁居他界，如果传说可靠，所有亡过者全在彼处，那么何处能胜于彼。"[90] 后一种可能性还有另外一个值得庆幸的好处，那就是可以逃避此世自称为审判官者，遇见真正值得称作审判官的审判官，如命诺士，呼拉大蛮叙士，埃阿恪士，徒力普透冷莫士等。苏格拉底面临的是一个困境。就其一面而言，他说死后若变成虚空无物"不亦妙哉"[91]。当他说到不仅仅平民百姓，而且大王陛下也不会有多少日夜可与此相比时，他的话语甚至带上了一种热情的色调。那样一种灵魂的睡眠，那样一种虚空无物特别对于反讽家来说饶有趣味。这里，面对尘世生活的相对性，反讽家抓住了绝对的东西，然而这个绝对的东西是那么的轻，反讽家不可能用力过猛，因为他抓住的是虚空无物。就苏格拉底的困境的另一面而言，他振振有词地说，到阴间后他得以结识前世的伟人，漫谈他们命运的起伏荣辱，特别是能够质问、查考他们①，这是好极了的事。这些言论的反讽特性我早就触及了。这里我只想加上几句评论。很明显，要使这些言论和《斐多》篇里对完全脱离形体的期望相和谐一致是不大容易的；其次，这种快乐是完全假定性的，因为另一种可能性非但没有排除，而且是近在眼前。就其整体而言，关于死的假定悬在空中，苏格拉底既不努力实现一个可能性，也不努力实现另一个可能性。上面引用的《斐多》篇里的一句话倒是蕴涵着一种努力，那里苏格拉底说，死前不哭哭啼啼以免招朋友们难受是件好事。

---

　　① 这里，不朽和永生被看做是无穷的前进，永远的询问。

但在这个想法里，读者定会发现一种小聪明在作怪，一种胆大包天、竟敢戏弄死亡的反讽。《申辩》篇以同样的模棱两可收尾："分手的时候到了，我去死，你们去活，谁的去路好，唯有神知道。"[92]如果《申辩》篇里死亡观情形如此，那么我对《斐多》篇的理解也就是极为可能的。在此意义上，我们可以姑且断定《斐多》篇既是苏格拉底式，又是柏拉图式的。

我现在转而对《申辩》篇进行专门剖析，以证明它就其整体而言是反讽。为此目的，我暂时让阿斯特来说话。我希望，借助于他的论述必定会施加巨大的压力，读者的灵魂会取得足够的弹性，以使反讽露面。阿斯特认为，色诺芬的描述展示了苏格拉底大男子汉的顽强。在《申辩》篇里，"作者对苏格拉底的这种男子汉的顽强进行了极度夸张，结果它以缺乏心灵神魂的漠不关心的态度而出现。在判决之后，苏格拉底不是对审判官的决定，而是对两方的票数感到惊异，并不动声色地进行算计，说要不是因为三票之差，他就被无罪释放了，然后接着说，要不是安匿脱士和吕康上来告他，迈雷托士就得被罚款一千块钱，因为他没有得到五分之一的票数。当苏格拉底谈论死的时候，他的漠然置之的态度就更为明显了。他口口声声说他不怕死，但这个不怕是建立在什么基础上呢？毫无基础，也就是说，这个不怕是凭空吹嘘。……柏拉图，《斐多》篇的作者，曾让苏格拉底那样来谈论死，这个柏拉图会使苏格拉底如此委琐地、毫无神魂、毫无感情地、简直可以说是荒唐可笑地漠然置之吗？……尽管如此，这个没有感情，没有心灵的苏格拉底还竟敢预言未来，从而扮演起激动者、振奋者的角色来了"[93]。我不拟断章取句，为引用而引用，而是希望使阿斯特的整个看法起到积极的作用。[94]这段话提供一个折射视线，它一方面能使反讽在读者眼前展现出来，另一反讽能使之从有优势的一面展现出来。阿斯特文中处处可见的严肃性以沉着稳重的步伐走向中立的《申辩》篇，而反讽却默默地在暗中守候，以从不闭上的眼睛窥伺着，机警灵活，一个回合也不误，读者大概还看不到它，突然间，它撒下网罗，一下子捉住了他。我的阐述有时是个空太大的网，读者很容易掉出去，有时又太纤弱易破，兜不住读者，而上面引用的阿斯特的一段话里的某些词句却是既细密又强壮有劲，其中声音响亮之处也有重大作用，因为正是大声喊叫才会把读者赶到易于捕捉的地方。例如，"尽管如此，这个没有感情，没有心灵的苏格拉底还竟敢预言未来，从而扮演起激动者、振奋者的角色来了"，这句话比我的阐述的确高出一筹，它既具有蛊惑人心的狡猾，又具有强健身躯的力量，我认为它对任何一个不愿赞同阿斯特对《申辩》篇肆意贬低的人都是绝对不可抗拒的。阿斯特还有其他许多评述对踌躇不定、不知何去何从的读者会有帮助作用，而对那些一想到需要用反讽概念来理解《申辩》篇就会惊慌失措的人，却具有危险的反作用。"在其表达形式上，讲演者也是原形毕露，不仅在思想的反差上（如'因为神服务，我竟至于一贫如洗'[95]一句话里，低的和高的，可怜的声调和高傲的感情形成如此鲜明的对照，我们几乎不得不付之一笑），而且在措辞的反差上；那时的讲演者以高尔吉亚和吕希亚斯为榜样随意使用对照法。"[96]

阿斯特在同一论述稍前一部分对反讽理解进行了攻击。现在是探讨这些攻击的时候了。他认为，《申辩》篇所呈现的不是柏拉图式的反讽。对这个观点我不敢置若罔闻。细心读了柏拉图著作的人会在他的著作中发现两类反讽：一类是被纳入到了探究之中的、起促进作用的力量，另一类是一种一有可能就惟我独尊、不可一世的力量。如果《申辩》篇中有反讽存在，那么我们不能像阿斯特一样不分青红皂白贬低它，只因为它不是柏拉图式的反讽。理由很简单：很可能苏格拉底的反讽与柏拉图式的反讽大相径庭，就《申辩》篇而言，很可能它是一个历史的如实记录。阿斯特试图证明《申辩》篇里的反讽不是柏拉图式的，或不如说，此篇里根本没有反讽。我下面要对他的尝试详加分析。就我观察问题的方式而言，在此我需要指出对我自己不太有益的一点，那就是，至今反讽是在自己专门的范畴内被剖析的，阿斯特没有总体调协他不同的攻击行动、没有意识到攻击行动应该集中于一点，集中于一个首要战役，这个首要战役就是《申辩》篇里是否有反讽，不是在这一处或那一处，而是就其整体而言是否有反讽。

在《高尔吉亚》篇里，苏格拉底有一句话能使我们预感到他会赋予雅典法庭上的控告什么样的意义、能使我们预感到他会觉得在那样的法官面前为自己申辩是多么的荒唐可笑（《高尔吉亚》篇521e）："我对坡罗斯所说的，也可以运用到我自己身上来，那就是我将会在一个小孩子的法庭上被一个厨师控告，被当作一个医生判罪。"前面已经暗示过，《申辩》篇正是在其整体格局上应被看做反讽，因为苏格拉底的弥天大罪是在雅典传播新的学说，而他的申辩是他一无所知，故不可能传播新的学说，在他的罪状和他的申辩之间存在着一种奇怪的、归根结底是反讽的关系。显而易见，反讽在于在控告和辩护之间毫无连接点。倘若苏格拉底千方百计地证明他其实是因循守旧，或者倘若他试图证明他虽然标新立异，但他传播的是真理，那么可以说一切正常。但是苏格拉底并不反驳控告者，他从控告者手中夺走了他的罪状，结果一切只是无故惊扰，起诉人本想把被告人炸得粉身碎骨，可到头来白放了他们的大炮，因为要被摧毁的东西无处可寻。这个情况令人想起巴格森[97]的一首风趣而又耐人寻味的诗。①

《申辩》篇中的反讽格局也从另外一个角度展现出来。苏格拉底惯于以使智者们胆战心惊的固执、以无所畏惧的勇气紧抓

---

①　Og ingen, ingen Moders Sjæl
　　Kan slaae tilgavns en Død ihjel；
　　Selv naar han Græsset maatte bide,
　　Al Fordeel var paa Tyvens Side.
（没有一个母亲的心，能够把死者打死而受益；惟一受益的是那个贼，尽管他躺在黄土堆下。）请读者特别注意后两行。贼若真被打死就会受益，与此相似，苏格拉底本一无所知，若起诉者能够证明，他不但有所知，而且有新知，那么他在某种意义上是受了益的。

着问题的实质，对智者们的歪曲和恫吓置之不顾，现在雅典人出了这个判处他死刑的点子，那可真是一个极为可笑的人身攻击[98]。从苏格拉底的观点来看，控告者们要么需要证明他犯了错，把他说得心服口服，要么需要让他来说服他们，至于他是否应被处以死刑或者至少是否应被罚款，那是和问题本身毫无关系的事。在这个意义上，罪状和惩罚之间也是没有理性的关联的。不仅如此，这个和问题实质没有关系的事是以一种完全外在的方式，即投票方式被决定的。苏格拉底向来对投票作为解决问题的方式特别感兴趣，曾声称他不知其所以然。鉴于此，我们不得不称道他的似乎幼稚、好心的，其实冰冷的反讽：即他不顾法庭上可怕的争论，友好地和雅典人讨论无罪释放他的可能性，讨论对他来说当然是同样可笑的罚款迈雷托士的可能性。因此，当他最后要求和投了他无罪票的人说几句话时，我们看到的不过是一个新的反讽，因为这些人和其他人一样是投了票的。然而，在《申辩》篇中还有比以上所说的更高一层的反讽，一个席卷苏格拉底自己的反讽：苏格拉底总是很片面地坚持理性认识，因此每个罪行都是错误，而每个惩罚必然是与之不同类、不对等的东西，为了论证、宣传这个观点，他投入了极大的论战的热情与力量。所有这一切对他进行了极为反讽的报复，即他自己在某种意义上成了像判处死刑这么一个荒唐可笑的争论的牺牲品。

上面所描绘的都是反讽的境况。有些读者的出发点是，苏格拉底根本不在场，《申辩》篇里控告、判决的场景纯属某个后代舞文弄墨之徒凭空杜撰，目的是形象地表达其中所蕴涵的有刺激性的东西。毫无疑问，每个这样的读者会感觉到反讽。但是，要相信我们在此篇里所看到的是真实的历史事件是需要勇气的，很多读者大概缺乏这种勇气。

我现在要对《申辩》篇里散落各处的反讽一一加以阐述。这是个极为尴尬的处境。我当然可以尝试从各个角落赶出一大堆反讽来，但处处必要的详细的论证会把读者搞得精疲力竭，不仅如此，我相信这样的话，此书的这一节就会与反讽的本质倒行逆施，风驰电掣地驶过，而不是像反讽所特有的那种窃窃私语一样轻轻吹过。按部就班地深究细察会剥夺反讽之中难以预料的、令人心服口服的东西，简言之，会使反讽失去活力。反讽需要坚硬的对立，否则它就和论证这类东西一样乏味了。因此，我决定再次引用阿斯特，他运筹帷幄，抓住了所有模棱两可的论点，惊吓读者，以便由此证明《申辩》篇的伪劣。文中我引例他的激烈文字，而在脚注里我擅自加了评点，希望读者们不嫌缺略。有个圣母升天的铜版画，为了尽可能地抬高天空，画家在她脚下画了暗暗的一道线，上面几个天使抬头看着她。我这里引用阿斯特也是为了尽可能地抬高他的词句，为了把他本已激烈的文字抬得更高，我也画了一道线，上面反讽的黠慧的小脸不时冒昧张望。阿斯特，从第 477 页起[99]："苏格拉底侃侃而谈，然而他的坦率并非那种高贵的、起源于无辜感和正直感的坦率，那种由于受诽谤而激愤，表现为骄傲的坦率，不，他的坦率是自吹自擂；苏格拉底贬低自己，是为了把自己抬得更高（这里阿斯特附上一个脚注，指出[100]：《申辩》篇的作者自己很难不点穿这个事实，"即使我对你们显得说大话，也不要高声阻挠我"[101]①）。这不是柏拉图式的反讽，而是对他人的蔑视，旨在抬高自己。例如，苏格拉底说，人们若是以说真话为善辩，他还自认是演说家，不过是一个与他人不同的演说家[102]（言下之意是他自己是真正的，说真话的演说家，而他人只不过是伪演说家罢了）。"你们没有注意我的辞令，它可能比一般的要差，也可能比一般的要好"[103]这一句话也隐藏着自我吹捧。在《申辩》篇 21c—23b 这些段落里[104]，苏格拉底乐此不疲地探讨称他是最为智慧之人的谶语的真实性②，此处虚假的

---

　　①　这和苏格拉底决定预测未来完全类似；他冷若冰霜地引雅典人人教上当，这和他后面向雅典群众解释他自己的重要性，讲他如何是神赐的礼物是一脉相承的。

　　②　这就是苏格拉底著名的考察旅行。他不是为了寻找什么而踏上旅途，而是为了说服自己无物可寻。

反讽更是彰明较著；他侃侃而谈，不厌其详，从这一点我们就可以看到他的虚荣和自我吹嘘。苏格拉底还称自己为名人、不凡之人（20c；23b；35a）[105]，称他是由神任命的①（31a）[106]；称他是城邦最大的恩人②（30a；30c；36c）[107]；称他因此受到诽谤与嫉妒（28a）[108]等等。此外，他还自以为有智慧③（20d；20e；21b 以下）[109]，而对智者们的智慧却不屑一顾④，由此可见他的傲慢。贬低自己，却同时蔑视他人，这不是演说家的自我抬举是什么呢？这种自我抬举若是有意的，那它就无异于自吹自擂，若是无意的、熟不拘礼的坦率，那它就意味着一种幼稚，一种由于妄自菲薄与自我吹嘘之间无意的巨大反差⑤（例如，当苏格拉底声称自己无知，同时又智力过人，从而把自己，即无知者，抬举为最智者之时）而濒于可笑的幼稚。倘若《申辩》篇的作者有意把苏格拉底塑造成一个反讽者，那么他完全改造了柏拉图的苏格拉底，把他转变成了其正反面，即一个自我吹嘘的智者。倘若作者欲赋予他无拘无束、心地坦诚的风貌，那么他过分夸大了其幼稚，结果是适得其反，因为自我贬低的反面，即自我抬举，过分张扬耀眼，使得人们怀疑他当真是虚怀若谷。因此，他的谦虚只是矫揉造作，自我贬低也是假的，因为自我抬举接踵而来，占了上风。虚假做作正是《申辩》篇里的苏格拉底的特色，他惯于玩弄对照法，提出一个命题，然

---

①　也就是说，他是个马虻。

②　而且他还想公费就餐。

③　即他一无所知。

④　在此他当然是礼仪周到。

⑤　而这正是最精彩的反讽的较量。他知道自己一无所知，这使他兴奋，这使他感到无比轻松，而别人却为了一分一厘而流尽血汗。苏格拉底从来不思辨地理解无知，无知对他不是什么重担，他能把它搬来搬去。他是个"扛着所有家当的阿斯木斯"（原为拉丁文 Asmus omnia secum portans，是德国作家 Matthias Claudius（1740—1815）著作的标题：*Asmus omnia sua secum portans, oder Sämmtliche Werke des Wandsbecker Bothen*，汉堡 1838。——译注），但这个"所有家当"是无物。这个无物不是结果，而是无限的自由。他越是对此无物感到高兴，反讽就越深。

后利用第二个与之相反的命题把它抵消。我们的申辩者把他言谈中最美的东西，把事实真相，把苏格拉底的坦荡胸怀和崇高品格的表达全部转变成了虚表假象，因为他把这一切通过其对立面又抵消了。这个对立面就是他在审判官们面前诚惶诚恐的态度。他惟恐激怒举足轻重的审判官们。① 出于这种担心，他讲起话来总是小心翼翼，以免说错了话，惹他们不快。这种与坦率大相径庭的担心和恐慌不是抵消了坦率并把它转变成虚表假象了吗？真正坦诚、心胸开阔的人除了真理之外别无顾忌，不在乎别人怎么想，只凭信念和见识说话。在《回忆苏格拉底》（第一卷第二章第三十三节起[110]）里，色诺芬记载了居心叵测的克里提阿斯和哈利克里斯与苏格拉底之间的一段谈话，此处苏格拉底的正气傲骨和对真理无所畏惧的热爱跃然纸上。而在《申辩》篇里，苏格拉底自己承认他惧怕他的控告者和敌人（18b；21d）[111]——这里苏格拉底的凛然正气和对真理的热爱难道还有丝毫的痕迹吗？此外，苏格拉底好像并不是为自己辩护，而是旨在说服审判官们不要判处他，以免辜负了神赐的礼物（30d）[112]。他接着说（31a）："你们若听我劝，就得赦免我。"[113]谁在这里看不到演说家的伎俩呢？对无罪释放的请求和愿望以好心规劝众人不要亵渎神灵、辜负神赐礼物的面貌而出

---

① 在此处附注里，阿斯特说，"因此他反复讲'不要喧嚷'，'莫怪我说实话'"。（参见"苏格拉底的申辩"30c及3le，汉译本第67和68页。前者严群译为"不要骚扰"。原文为希腊文。——译注）他认为，《申辩》篇的作者对具体的历史事件是很了解的，苏格拉底的话多次被打断，但此作者让苏格拉底提前防备别人打岔，于是把实际的"喧嚷"转变出了虚假的"喧嚷"。阿斯特没有看到，这种爱安静和真正的苏格拉底是完全合拍的。苏格拉底不停地要求雅典人保持肃静，是为了不使他的宏旨要义吓着了他们，即他就他个人对雅典人的重要意义而要说的话。直说了，他认为他的重要意义在于他神赐的礼物，更具体地说，是马虻。参见30e。此段落中，苏格拉底劝告雅典人为他们自己着想不要判处他："我此刻的申辩远不是为我自己，乃是为你们，使你们不至于因处死我而辜负了神所赐的礼物。因为，你们如果杀了我，不易另找如我之与本邦结不解之缘的人，用粗鄙可笑的话说，像马虻黏在马身上，良种马因肥大而懒惰迟钝，需要马虻刺激。"（《苏格拉底的申辩》，第67页，原文为希腊文。——译注）

现。看来，苏格拉底讲他不是为了自己，而是为了雅典人而要求无罪释放也不过是演说家的骗人烟幕罢了。[1]

柏拉图早期对话中神话性的东西预示
更为丰富的思辨

对柏拉图对话中辩证的东西就谈到这里，与本文关系不大的细节就不赘述了。我故意以《申辩》篇收尾，旨在使前边论证进程中没有把握及不太牢固之处得以巩固。现在思考的对象是神话性的东西。我将尽量忘却此探究的总目标，以尽可能避免偏激。同时，我请读者不要忘记，在辩证的东西和神话性的东西的差异中存在着一种二重性，这种二重性是一个迹象，一个踪迹，我希望借助于此迹象、此踪迹把日久天长似乎融为一体的这两种东西分开来。

首先，我们可以以无所谓的态度来看待神话性的东西，把它仅仅看做一种描述形式上的变化，看做另一种表达方式，和辩证的表达方式没有本质的区别。甚至柏拉图的某些言论会给人这种印象。普罗塔哥拉在准备证明美德可以传授时就这样说过："苏格拉底！我不想自己保存着这些东西。作为长者，与年轻人谈话，我是该利用神话形式喻之以理呢，还是该用论文形式讲授呢?"（《普罗塔哥拉》篇320c）。他讲完之后，总结说："苏格拉底，我既以神话形式又以逻辑根据证明了美德是可以传授的。"（《普罗塔哥拉》篇328c）。我们看到，这里神话形式和探究形式的区别在于前者被看做是不完善的、适宜年轻人的形式，这两种表达方式之间没有必然关系，它们的必然性只有在更高的统一中才显现出来，只有在更高的统一里，它们本身作为散落的环节才是可能的、现实的。这两类描述形式似乎与理念没有关

---

[1]　这一切说得都很到家。苏格拉底反讽地漠然处之，无心严肃地和雅典人交涉，因此他时而激情满怀，临危不惧，时而灰心丧气，怯懦沮丧。

系，而只和听众有关系，它们就像两种语言，其中一个含混不清、童真、柔软，而另一个坚硬、晦涩。因为它们似乎和理念没有关系，我们可以想象还会有第三种，第四种，甚至无数种描述形式。

除此之外，依这种理解，神话是描述者手中的玩物，是他的自由创造，只要他认为对听众有用，他可以自由增补、缩减。然而，柏拉图著作中神话性因素绝非如此。这里神话性因素具有远为深邃的涵义。如果我们注意到柏拉图著作中神话性的东西是有历史的，那么我们就会深信它的深远意义。在柏拉图最早的对话中，要么是神话性的东西根本不存在而其对立面独断独行，要么是它与其对立面，即抽象的东西，相关联地而在另一种意义上又不相关联地存在着。之后，它在一系列对话中完全销声匿迹，这里只有辩证的东西——在与早期对话截然不同的意义上——存在。最后，它在柏拉图的后期著作中再次露面，但和辩证的东西建立了更深的联系。要谈柏拉图著作中神话性的东西，我需要首先回到刚刚谈过的对话。这里它与其对立面，即抽象的辩证法有所关联。例如在《高尔吉亚》篇里，智者们面临绝境而疯狂挣扎，愈来愈"不幸"，坡罗斯与高尔吉亚，卡里克勒斯与坡罗斯，一个比一个寡廉鲜耻，最后一切终于对死后状况的描述。[114]①这里神话性的东西到底如何呢？很显然，这些对话里柏拉图的自由创造，任他揉弄的东西居少，压倒他的东西居多，迎合年青或低智的听众的次要描述居少，而对更高境界的预感居多。

就其对神话性的东西的理解而言，斯塔尔鲍姆显然站在上边

---

① 这个神话在柏拉图著作中在三处出现。参见 Stallbaum, *ad Phædonem*, *Platonis dialogos selectos*, 第 177 页起："奥林飘多（Olympiodor，一新柏拉图主义的柏拉图诠释者。——译注）曾讲，《斐多》篇第三节题为 'Nekyia'，众所周知，这是古人对荷马《奥德修记》的一首诗（第 11 首——译注）的称呼。柏拉图有三个 'Nekyia'，即关于阴间的神话，分别在《斐多》篇，《高尔吉亚》篇和《理想国》中。它们相辅相成，故需详细比较。"（原文为拉丁文。——译注）

所勾画的立场上。[①] 一方面，他认为这是一种迁就。在此我欲使用一个想必非常贴切的术语，συγχαταβασιs（降下），这个词意味着柏拉图借助神话性的东西俯就听众。我们不得认为神话是一种高远的、超出柏拉图主观权威的东西。另一方面，他认为这和大众意识有关，即在柏拉图之前理念是保存在神话这个外壳里面的。然而，这两个见解都不够锐利彻底，无力深刻区分什么是通过理性推论所把握的，什么是被预感到的，换言之，它们没有对传统与柏拉图之间的边界冲突作出真正安定局面的裁决。鲍尔（第90—98 页）把神话与传统等同起来，赞同阿克曼[115]把诗人、谶语和柏拉图之间的关系与旧约中的先知者和耶稣弟子、福音书作者之间的关系相类比。在柏拉图对神话的运用中，我们一方面可以看到他虔诚地、孝顺地拥抱着先辈的宗教意识，而另一方面也可以看到他对自己所营造的观念顿然发生疑问，因此在《理想国》中，他不愿为礼拜祭祀立定法规[116]，认为此事应由德尔斐的阿波罗主管。阿斯特[②]的看法比较全面，不过他的看法并非基于观察，

---

①　Stallbaum，*præfatio ad Phædonem*，第 16 页："他（柏拉图）认识到，这个问题的困难度很高，许多事情似乎只能以灵魂预感，而不能以思考把握、阐述。因此，此篇中对这一问题的精辟论述之间交织着神话故事也就不奇怪了。这些神话故事取代了确切的论证。……Eberhard 在其遗著中中肯地写道（Johann August Eberhard，*Neue vermischte Schriften*，Halle 1788，第 382 页），'我们可以确定无疑地说，柏拉图不时以神话取代理智判断及理性论证。有些问题不为人的理性和经验所能及，理性论证要么过于艰难，要么他觉得会超出他的听众的理解力。'"参见 *ad Phædonem*，第 177 页："他常常使用神话故事，似乎是为了暗示所涉及的问题不同寻常，沉溺于预感、猜测会胜于置信于推论、探究。他一般利用在希腊广泛流传的神话故事，但倘若它们与他的目的相龃龉，他不忌删除、改动，同时他力求匡正、摒绝本邦人的迷信。由此可见柏拉图使用神话有什么别的目的：他想慢慢驱除凡人愚蠢的迷信，或至少纠正这些迷信。他使用神话似乎还有最后一个目的，那就是培养世人被盲目迷信所扭曲的心灵慢慢学会汲取较为纯净的智慧。"（原文为拉丁文，其中引用 Eberhard 一段为德文。——译注）

②　阿斯特，第 165 页："神话性的东西可以说是柏拉图思辨的神学基础：认识通过教义得以凝结、巩固，精神通过教义走出了人的反思的地域而迈入了对高远的无穷生命的直观。在此直观中，精神遗忘了它的有限性及尘世自我性而陷入神圣与永恒的神秘莫测的深处。可以说，在柏拉图的谈话录中，哲学阐述的目的就在于把精神引入更高一层的思考，并为达到对由神话所形象地揭示的无穷性及神性的直观作好准备，正如在神秘教中全观境界（ἐποπτεία）只有通过长期准备和各种入教仪式才能达到一样。"

与其说是辛勤劳动的果实，毋宁说是主观臆造的空中楼阁。

阿斯特和鲍尔似乎都忽视了柏拉图著作中神话性的东西的内在历史。在早期对话中，它与辩证的东西势不两立。之后辩证的东西销声匿迹而神话性的东西却出头露面。在晚期对话中，它和辩证的东西建立了友好的关系，柏拉图终于驾驭自然，也就是说，神话性的东西变成了形象的表达方式。鲍尔把神话性的东西和传统等同起来，认为柏拉图是在诗及谶语所具有的权威中寻找道德宗教真理的出发点。他的这个观点有待商榷。在《理想国》的前几卷中，柏拉图对诗人之言很不以为然，极力讨伐，大敲警钟，针砭诗人捏造杜撰，提倡平易的叙事。[117] 在《理想国》第十卷，他甚至要求把诗人驱逐出境。[118] 可见鲍尔的观点是站不住脚的。为匡正此见，我们需要对柏拉图著作中神话性的东西的变性做一考察。这在早期对话中特别显而易见。这里辩证法只能取得完全抽象的、时而消极的结果，而神话性的东西却具有大得多的潜力。我们如果要问神话性的东西到底是什么，那么答案近在咫尺：它是理念之旅居他乡，理念的外在性，它的直接时空性。事实上，各对话中的神话处处具有这个特点。依《斐德诺》篇的描述，灵魂穿越沧桑岁月，《高尔吉亚》篇及《斐多》篇形象地描述了灵魂死后如何存在于无穷空间，这些都是神话。[119] 事情是明摆着的。辩证法大刀阔斧，努力登上理念的高处，尝试失败，于是想象力作出反应。倦于辩证的劳碌，想象力躺下来，开始梦想，从中产生了神话。在此梦想中，理念要么无穷无尽地匆匆飘过，要么静止不动，在空间里无穷地展开。神话性的东西是想象力为思辨服务的激情，在某种程度上就是黑格尔所说的想象力的泛神论。[120]①

---

① 如果我们这样来理解神话性的东西，那么似乎是把它和诗相混淆了。就此需要指出，诗意识到自己是诗，在此理想性中获得其实在性，而并不追求其他的实在性。与此相反，神话性的东西居于一种意识还不知何去何从的非此即彼状态、双重状态、中间状态。诗是虚拟式的假定句，而神话是直陈式的假定句。直陈命题和假设形式，这种摇摆于要么虚拟、要么直陈和既虚拟又直陈之间的双重性就是神话的特点。只要神话还被当做现实，那么神话还不存在，只有在它接触到反思意识的那一刻，它才变

它在接触的一刹那发挥其有效性，是不能和任何反思联系起来的。《高尔吉亚》篇和《斐多》篇充分表明了这一点。对灵魂死后存在的神话性阐述既不能和历史反思联系起来，追究情形是否真正如此，埃阿恪士，命诺士，呼拉大蛮叙士是否真正坐在那里进行审判，也不能和哲学反思联系起来，疑问这是否是真理。倘若我们能把对应于神话性的东西的辩证法称作思念、欲望，称作情意缱绻地注目理念的眼神，那么神话性的东西便是与理念结出喜果的合欢。理念仿佛吉祥云雾似的飘落到个体头上。只要在个体的这个状态里一时一刻有反思意识微弱的迹象、遥远的预感，秘密的、几乎听不见的絮语，那么神话性的东西就一时一刻会有可能脱胎换骨。

　　这也就是说，意识一旦出现，神话性的东西就会表明是海市蜃楼，而非理念。如果想象力在意识觉醒之后向往再次回到梦中，那么神话性的东西就会以一种新的面貌出现，即作为形象表达。一个很大的变化发生了，即神话性的东西不是理念，而是理念的

成神话。当神话具有思辨的内涵并受想象力操纵之时，神话性的阐述就产生了。一谈到神话性的阐述，神话在某种意义上已经消失了，然而因为反思还未获得毁灭它的许可，神话还存在，正整装待发，从地面飞起，但在离别的一刻反照在想象力之中，这就是神话性的阐述。Erdmann 指出（*Zeitschrift für spekulative Theologie von Lic. Bruno Bauer. Drittes Bandes erstes Heft* — Bruno Bauer 主编《思辨神学杂志》，第三卷，第一册，第 26 页）："我们把还不是宗教理念然而蕴涵着宗教理念的一个事实或一系列事实称作宗教神话。宗教神话是一个或一系列事实，这些事实以感性的此世形式表达一宗教内容，但还不是理念的必然显现（故异于历史），而是与之处于一种外在的东西中。因此，神话不真，即使它们包含着真理的因素。神话是臆造的，尽管不是通过反思；神话不是现实的事实，而是假造的事实。"（引文原为德文。——译注）至于神话不真，这是后代认识了真理的人才看得到的。想象力对是否真这个问题是漠不关心的，它以哲学的眼光俯视神话，在此例中，它倦于辩证法的劳碌而在神话里歇息。在某种意义上，想象力创造神话，这是其诗意的一面，而在另一种意义上，它又不创造神话，这是其非诗意的一面，两者的统一便是神话性的阐述。在《斐多》篇中当苏格拉底讲无人能够声称神话是真之时，这是自由的环节，个体感到从神话中解放了出来，很自由；然而当他讲人应该有勇气相信神话时，这是依赖性的环节。在前一情形中，他对神话增补、删除，为所欲为；而在后一种情形中，他投身于神话，也就是说，神话征服了他。这二者的统一便是神话性的阐述。

反射这一事实被收纳到意识中了。我认为，建构性对话中神话性阐述的情形就是如此。首先，神话性的东西不再自作主张，与辩证的东西相对抗，而是被纳入了辩证的东西之中。它与辩证的东西轮流交替，[①] 于是辩证法和神话一并在更高的层次上融入了万物秩序之中。神话性的东西可以重新归回传统。传统就像一支摇篮曲，构成梦的一个环节；但是只有在精神离去的一刻——无人知道它从何处来，走向何处去——神话才是真正的神话。

从形象表达出发，我们也可以达到一种相似的对神话因素的看法。在一个反思的时代，形象表达寥若晨星，像远古的化石，令人想起早已被怀疑冲蚀的另外一种存在，我们不禁要问形象表达怎么可能起到那么重要的作用。然而，象征四处蔓延，包罗万象，邀请观众在其中歇息，提前获得永不停息的反思大概走很长的弯路才能达到的享受。如果象征最后蔚成大观，群生万象均在其中显现，那么它就是趋近神话性的东西的逆向运动。自然哲学能提供不少的例证，如斯特芬《极圣之人之物漫画》（*Karrikaturen des Heiligsten*）的前言[121]便是这样的一个卓越不凡的象征，其中自然存在成了精神存在的神话。象征征服了个体，他丧失了自由，或更确切地说，他陷入了昏迷状态，不再具有实在性，因为这里象征已不是艺术家自由制作、创造的东西。不管理性思想如何忙碌不休地观察细枝末节，如何机智地把它们拼凑到一起，如何逍遥自在地在其中生存，它永远不能够把自己塑造成一个整体，并使之在纯粹的诗的境界里畅游。可见，神话性的东西对孤立的个体也是极为重要的。当然，神话最能大显神通的场地是在一个民族的发展中，不过我们不得忘记，一个民族必须一再重复同样的过程，在梦幻中不停地再创造先世的神话，否则神话就不再是神话了。一旦有人尝试把神话当作历史现象来看，那就意味着反思已经觉醒，神话已似风中之烛。像童话一样，神话只能在想象力

① 因为柏拉图从未达到思辨的思维运动，所以神话性的东西，或更确切地说，形象表达还一直是理念阐述中的一个环节。柏拉图的本性不是思维，而是表象。

的朦胧夜色中生长，虽然神话性因素在历史意识及哲学意识觉醒之后还会维持一段时间。

在对柏拉图著作中神话性的东西做了这一番探讨之后，对"神话性的东西是属于柏拉图还是属于苏格拉底"这一问题就不难回答了。我觉得我可以代表我自己和读者回答说：它不属于苏格拉底。我们不得忘记，古人证据确凿地说过柏拉图起初是个诗人，二十岁时，他听苏格拉底的召唤，开始进行抽象的自我反省。[①] 自然而然地，诗人气质会在他积极的消极性和消极的积极性中流露，与饥饿的苏格拉底辩证法对抗，特别是在与苏格拉底同时的或与之最接近的著述中迸发出来。事实的确如此。在其早期对话中，神话性的东西好强争胜，而在建构性对话中它却屈从于独揽大权的意识的温和统治。因此，详知柏拉图的专家也想必会赞同我的如下观点：在严格意义上，柏拉图思想的发展起端于辩证法，这在《巴门尼得斯》篇以及其他属于同一组的对话里格外明显，而终结于建构性的对话。前边已经指出，这些对话里的辩证法与至今所描述的辩证法是迥然有异的。从柏拉图思想的整个发展过程来看，早期对话中神话性的东西可以被看做一种理念的先在。把这里所强调的要点集中起来，我们大概可以把早期对话中神话性的东西称作思辨未熟的果实，因为成熟是个发酵过程，后期真正的柏拉图辩证法未尝不可与此相比。不过，在柏拉图那里思辨的果实从未成熟，原因是辩证运动从未充分展开。

我现在需要对几个对话中的神话部分一一进行简略分析。毋须赘述，我们称某一阐述是神话性的，不是因为其中提到了某个神话，若某阐述引用了神话，那么这个阐述还远非是神话性的；也不是因为作者利用神话，若某人利用神话，那表明他已超出了神话。若作者把神话转变成信仰对象，那么他的阐述

---

① 参见 K. F. Hermann, *Geschichte und System der platonischen Philosophie*《柏拉图哲学的历史与体系》第一部分，海德堡，1839。第 30 页的脚注 54。

也还不是神话性的，因为神话性的东西不是求助于认知，而是求助于想象力，它要求个体消融于其中，只有当阐述在想象力的创造与再创造之间颤抖之时，它才真正是神话性的。有人认为在《会饮》篇中神话性阐述以第俄提玛的故事为起端。然而这却并不是神话性的，因为这里作者只是引用了爱神是富裕神和贫乏神之子这个神话。前边的发言者也大都提到了爱神来历这个问题。此外，这里对爱神的规定是消极的，爱神是个既不富又不穷的中间物。这里我们还滞留在苏格拉底思想的圈子里，一点进步也没有。消极是思想永恒的不安，它不停地分化、联合，因为它是推动思考的能量，故思考永不能把握住它，于是它暂停下来，在想象力的面前休息，在直观面前伸展。神话阐述就此产生了。有种东西如果不是被扬弃就根本不存在，任何一个纠缠于抽象思考的人都必定注意到了试图把握这种东西是件多么诱人的事。而这正是神话性阐述的倾向。此处理念凭借时间与空间的规定被把握，而这些时间与空间的规定是完全理想性的。[①]　与迄今所说的辩证运动相比，神话性阐述的优势在于它使消极的东西显现出来。在某种意义上，它的贡献较小，阻碍思考前进，并非完成一个已经开始的过程，而是以一个全新的面貌而出现。它越是扩展观照，使之愈加丰满，它就越与仅仅是消极的辩证法相对立，但同时也就越是背离真正的思想活动，蛊惑思考，使之软弱无力。在此对话中，神话性部分比起辩证部分的另一个优势是它把美当作爱神的对象看待。这里我们看到的是一个真正的柏拉图二分法。如前所述，此二分法具有二分法的所有棘手问题，即消极的对象在它身外，而他所能达到的统一永远不能实体化。如果我们对美进行进一步观察，

---

①　给予空间实在性的是自然的有机过程，给予时间实在性的是历史的充足。在神话性的东西中，时间和空间只有想象的实在性。例如，印度神话里对时间孩子气的浪费便很能说明问题，本想多说，结果什么也没说，因为所使用的尺度一下子剥夺了其有效性。讲某国王执政七万年是自我扬弃的，因为这里所使用的时间规定不给予它实在性。在这种理想性中，时间和空间被随意混淆、交换。

就会看到它在一辩证运动中勾销了一连串的规定。爱的对象相继为：美的肉体——美的灵魂——美的见解——美的认知——美自身。美不仅仅被消极地规定为比金银、服饰、漂亮童子与少年更为珍贵的东西，第俄提玛还补充说："请想一想，如果一个人有运气看到那美本身，那如其本然，精纯不杂的美，不是凡人皮肉色泽之类凡俗的美，而是那神圣的纯然一体的美，你想这样一个人的心情会像什么样呢？"（《会饮》篇 211e）[122]很显然，神话性的东西在于观照美本身。尽管阐述者说过要弃置华装艳服、一切凡俗的美，但不言而喻，它们会在想象力的世界重新露面，形成神话的帷幕。"物自体"总是如此，人总不能把它一脚踢开，彻底遗忘，而只能把它拘于思想活动之外，让想象力为它负责，赔偿损失。

这个立场自然使人想起康德。我需要对其差别简略说一下。康德固然止步于这个物的"自体"，但他会坚持不懈地借助主观思想活动试图抓住它，因为抓住它是件不可能的事，他自然有个很大的优势，或毋宁说一个的确相当反讽性的运气，即永远希望。康德的第二个解决办法是把它弃置不顾。若他不时力求把握它，他就会阐发神话性的东西，例如他关于"极端邪恶"的整个观点便是一个神话。[123]这里，思考不能征服邪恶，于是置之不理，任想象力去收拾它。在《会饮》篇的神话性部分，苏格拉底这个辩证家所寻求的东西都被柏拉图这个诗人在梦中实现了。在梦幻世界里，反讽不幸的爱情找到了它的对象。柏拉图借第俄提玛之口进行阐述，这并不使之成为神话性的阐述。与此相反，神话阐述的特点是，想象力全力以赴，把对象置于身外，抛弃了它以便再把它收回，就像人们不愿意亲身经历一个童话，把它推到一边，以便通过时间的反差使想象力的现在时更具有吸引力。阿斯特指出，整个第俄提玛纯属杜撰。[124]鲍尔讲，柏拉图选择了神话性的阐述形式，以便借通俗易懂的形式为他的哲学论点打下基础。[125]这个观点完全外在地看待柏拉图和神话的关系，用处不大。

　　《高尔吉亚》篇和《斐多》篇都描述了身亡之后灵魂的状况。仔细观察了对这个状况的神话性阐述之后，我们就会发现这两者之间颇有歧异。在《高尔吉亚》篇中，苏格拉底屡次三番地强调①，他对此坚信，并声明他与那些"小看这个故事，认为它是无稽童话的人"[126]是截然相反的。然而他后边的言论表明他意在捍卫正义这个理念，而对维护神话却不大关心，他自己也承认如果通过探究能找到更好的、更真的东西的话，小看这样的故事是很自然的。神话性的东西在这里也不太在于提到关于命诺士、埃阿恪士及呼拉大蛮叙士的传说，而更在于把握为想象力所形象化了的判决，或者说，在于把握想象力对此判决所做的再创造。与此相反，在《斐多》篇里，苏格拉底自己暗示了他的整个看法到底是怎么回事："当然，一个稍有头脑的人，决不会把我所形容的都当真。不过有关灵魂的归宿，我讲的也多多少少不离正宗吧。因为既然灵魂不死，我想敢于有这么个信念并不错，也是有价值的，因为有这个胆量很值当。他应当把这种事像念咒似的反反复复地想。我就为这个缘故，把这故事扯得这么长。"（114d）[127]这段话里，措辞可谓是妥当：要敢于有这么个信念，应当把这种事像念咒似的反反复复地想。灵魂依各自状况而必须穿过的各种大阶段，灵魂由其保护神带领而消失于其中的茫茫冥府，各种居留处的不同状况，把有的灵魂抛入呜咽河、有的灵魂抛入火河的翻滚大浪，这些灵魂聚集于苦湖，大声呼唤他们所杀死的或虐待的冤魂[128]——所有这些意象归根结底都是神话性的。然而这个神话的东西在于它制服想象力的力量，就像一个人念咒似的反反复复地想着某事，结果唤来了反而压倒他自己的幻影。在这个朦胧暮色中颠簸的思辨性思考是神圣的正义，是精神世界中的

---

　　① 即使在对话的神话性部分，苏格拉底也是谈话者。这一事实并不证明把辩证的东西和神话性的东西区别开来是不正确的。众所周知，柏拉图从不登场讲话，他总是使用苏格拉底的名字。

和谐，而宇宙中的自然规律是其象征。

《理想国》第一卷

以上我对柏拉图的一些早期对话——进行了剖析。在我对为什么选择这些对话作出解释之前，我需要再做一个选择。我就要离开柏拉图著作的细节了，在这之前，我必须对《理想国》第一卷予以详细探讨。施莱尔马赫在他的《理想国》序言中就此对话和早期伦理性对话的关系发表了自己的意见："如果我们想要理解柏拉图的观点，那么我们就不得忽视，此著作与早期伦理性对话之间的这种相似性在第一卷结尾处已消失殆尽……方法也大大改变了。苏格拉底不再以不知者身份出现，只提问题，受神委托寻找更大的无知，而是以一个已经发现了答案的人的身份出现，循序渐进地阐发他所获得的见解。就其风格而言，只有两个兄弟的谈话作为一个过渡还和以前的对话有相似之处，之后壮观的对答以及诱人的反讽烟消云散，只有简洁、严谨备受尊崇。青春的斐然文采只在此篇开头放射出绚烂的光芒，之后却永远熄灭了。作者由此明确地承认这一类绚丽并讨人喜欢的东西在哲学领域只在准备性的、鞭策激发性的探究中有其作用，而不能深入开掘，达到令人满意的结论，若想要对哲学研究的结果进行彻底连贯的阐述，这样的文采对全面把握哲理不但益处不大，而且反倒有反作用。"（*Platons Werke von Schleiermacher*. Dritten Theiles, erster Band，第 9—10 页）[129]因此，在阐述形式①特别在其与理

---

① 柏拉图在不少中期对话中放弃了苏格拉底辩证法和反讽，而且是一去不复返，可是在最后的一篇著作里却又运用了它，这该怎么解释呢？对这一问题我不拟深究，因为我完全依随施莱尔马赫的观察。不过，解释显而易见，这里还是应该提一笔。《理想国》第一卷所探讨的问题正是早期对话所极力探究的，所以柏拉图衷心希望追念苏格拉底便很自然。因为在《理想国》里他力求写下他的哲学总观，故简短回顾体现于早期对话的发展过程是十分妥当的。他这里所提供的一种引言，这对《理想国》的读者当然远不是什么引言，但作为扼要重述，它对柏拉图的读者却饶有趣味，而对他这个感恩不尽的弟子来说，也有很大的感情价值。

念的关系上再停留一会儿是会大有好处的。不可否认，《理想国》第一卷与其余各卷有本质差别。如果我们赞同施莱尔马赫的观察，那么我们就会情不自禁想起早期对话及其在苏格拉底影响下的表达形式。《理想国》的这一卷提供了一个很好的机会，使我们有可能集中审核、查对对早期对话的视察。有两件事特别需要注意：其一，这一卷有一个消极的结果，而不是像施莱尔马赫所说的毫无结果；其二，反讽又是本质性的环节。

为全面性起见，我们可以既观察反讽的个别表达，又观察反讽的宏图大业。当然后者是要点，但尽管如此，对个别表达进行观察也未尝不重要。我们看到，甚至反讽的个别表达也和理念没有什么关系，摧毁歪斜、片面的东西并不是以引出真理为目的，而是为了在同样歪斜、片面的基础上重新起步。甚至反讽的个别表达也不否认它们的出身门第：他们是为主子服务的殷勤的奴才、聪明的密探、收买不住的告密者。但这个主子不是别人，他是全体反讽。打了胜仗，攻克了城池之后，全体反讽举目远眺，看到的是一片虚无，意识到什么也没有剩下来，或者更确切地说，剩下来的是虚无。《理想国》的第一卷栩栩如生地令人想起早期对话。对话结局很像《普罗塔哥拉》篇，内在布局像《高尔吉亚》篇，而色拉叙马霍斯和卡里克勒斯[130]之间有着惊人的相似。在《高尔吉亚》篇中，苏格拉底对卡里克勒斯的厚颜无耻惊叹不已：高尔吉亚和坡罗斯认为，如果有用，做不公之事是最好的，但不敢直说大多数人都同意他们的这个观点，于是卡里克勒斯声称，他们两人已被击败，因为他们连这点胆量都没有，而是羞羞答答地含糊其辞，恰似弱者苦心发明了这个自我防卫的方式[131]——这种放肆在色拉叙马霍斯身上重新出现。① 色拉叙

---

① 参见《理想国》348d。——苏格拉底问他是否称正义为美德而不正义为邪恶，他回答说：正好相反。不过，他马上对此回答做了修改。苏格拉底问他是否说正义就是邪恶了，他答道："不，我认为正义是天性忠厚，天真单纯。——那么你说不正义是天性刻薄吗？不是，我说它是精明的判断。"（原文为希腊文，中文译本第32页。——译注）

马霍斯不耐烦地等机会发言，最后箭步冲上来，大声发难[132]，这与坡罗斯及卡里克勒斯咄咄逼人的攻势[133]颇为相似。苏格拉底的第一个反讽抵挡（"听了他的这番话，我非常震惊，两眼瞪着他只觉得害怕。要不是我原先就看见他在那儿，猛一下真要给他吓愣了。幸亏他在跟我们谈话刚开始发火的时候，我先望着他，这才能勉强回答他。我战战兢兢地说：'亲爱的色拉叙马霍斯啊，你可别让我们下不了台呀'。"336d—e[134]）也令人想起《高尔吉亚》篇中相似的段落[135]。色拉叙马霍斯说，"正义不是别的，就是强者的利益"，苏格拉底就此提出疑问："因为浦吕达马斯是运动员，比我们大伙儿都强，顿顿吃牛肉对他的身体有好处，所以正义；而我们这些身体弱的人吃牛肉虽然也有好处，但是就不正义？"（338c）[136]。这里，苏格拉底退一步对色拉叙马霍斯的论点进行嘲弄，其刻毒与他对卡里克勒斯的最强者（即最智者，即最好者）应最多得的论点的嘲笑明显类似。① 总的看来，《理想国》第一卷里的反讽可谓是放荡不羁，汹涌澎湃，如醉如痴，可以想见，与此相应的辩证法该会有多大的膂力；但是，由于所有这些劳碌与理念毫无关系，所以这一卷里的智者们和思考进程就像舞台上戴着面具的人物，就像皮影戏里的所打的跟头。然而智者们却是那样地严肃认真，全力以赴，这和结果的空洞形成了尖锐的对照。苏格拉底说："色拉叙马霍斯承认以上的话可不像我现在说的这么容易，他非常勉强，一再顽抗。当时正值盛夏，他大汗淋漓浑身湿透。"（350d）[137]听到这段话，读者定会忍俊不禁。这里反讽的个别表达当然不是为理念服务，不是理念的使者，把各种零件装配成一个整体；它们不求

---

　　① 苏格拉底说，最懂得食、饮的人就该吃得最多、喝得最多了，卡里克勒斯回答说：你就爱谈食饮、医病之类的事，我说的不是那些东西；苏格拉底接着说：我知道了，大概最有本事者应该有最多的衣服，最好的纺织匠应该有最大的衣裳，穿上最多、最好看的衣服招摇过市。卡里克勒斯道：什么衣服不衣服的！苏格拉底道：谁要对鞋知道得最多，就该有最多的鞋了，鞋匠大概得有最大、最多的鞋跟……（《高尔吉亚》篇490d）

装配，只求拆散，没有一个新的开始承前启后，趋向理念，与此相反，每个开始总是与过去毫无深刻联系，与理念毫无瓜葛。

至于这第一卷的内容，我将提供一个概要，尽可能简洁，不求面面俱到，只求适用。苏格拉底和格劳孔一块儿到比雷埃斯港，参加向女神的献祭。回家路上，老人克法洛斯让人请他们到他家里做客。苏格拉底接受了邀请，很快他就和克法洛斯攀谈起来。这一部分娓娓动听，颇有田园色彩。苏格拉底对这个老人愿意与他交谈表示感谢，说一个人生路途上的老旅客对刚要踏上此路的年轻人必定有不少话可说。克法洛斯家财万贯，部分是继承来的，部分是自己赚的。由此出发，苏格拉底把话题引导到关于正义的问题上，他问道，正义是否归根结底就是真理，是归还自己所亏欠之物，是否有归还自己所亏欠之物是不正义的情况（譬如说，你有个朋友在头脑清醒的时候，曾经交给你一把剑，假如他后来疯了，你要是把剑还给他，那就是不正义的）。这里，克法洛斯停了下来，把话题交给了别人。玻勒马霍斯，他的儿子和继承人（"辩论的继承人"[138]），拣起话头。他提出了"欠债还债就是正义"[139]这个命题，然后进一步发挥说，这个命题意味着把善给予朋友，把恶给予敌人，并把"还债"解释为"应得"。"应得"这个词为苏格拉底提供了一个发挥他的怀疑论的机会，他引证了许多认知领域内的例子，证明给予每个人他所"应得"的是建立在判断能力基础上的。这样，正义的地域就受到了很大的局限。说来说去，结论是只有在某人不需要某物的情况下，正义才可能有用，正义只在无用中才有用。迄今色拉叙马霍斯一直默不作声，但迫不及待地等着发言，他现在冲了上来，像个疯子似的猛烈攻击苏格拉底，在尽情倾泻了对苏格拉底的把戏的不满之后，说："我说正义不是别的，就是强者的利益。"[140]苏格拉底似乎是不知所措，但在开了几个旨在分散色拉叙马霍斯的注意力的玩笑之后，他开始使用反驳玻勒马霍斯时极为成功的战术。苏格拉底再次求助于认知领域。他先对"强者"一词开刀。说起强者，可以对单个人和国家权力不加区分。在两种情况下，国家的法律都是为有益起见而制定的，但立法者很可能会出错，这样的话，法律对强者就不是有益，而是有害。色拉叙马霍斯认为，这个反驳站不住脚，一个医生不是基于他的错误是医生，而是基于他的正确作为才是医生，与此相似，一个真正的立法者会制定真正对他有益的法律。因此，色拉叙马霍斯谈的不是随便一个什么统治者，而是一个严格意义上的甚至最严格意义上的统治者。[141] 然而，从严格意义上来理解此概念反而致使苏格拉底提出新的疑问，即统治术必定和其他技艺一样，要真正发挥它，那就不能有任何外在的目的，而必须绝不动摇地以其对象为准，故也不能区分有益、无益。苏格拉底把讨论推到这个地步之后，大家不得不称道他的推论，"正义的定义已被颠倒过来了"。[142] 色拉叙马霍斯恼羞成怒，着了魔似的自言自语，纵情发泄。他的话在苏格拉底看来厚颜无耻，其大意是他所讲的不正义不是指小偷小摸，而是指捞大油水的本事，不正义的事干得越大，就越气派，对不正义者就越有利。这一番愤激声讨之后，他欲离去，但在场的人挡住了他。苏格拉底又回到他先前的看法，证明每一技艺都有其理想追求，有限的目的就像寄生植物，靠理想追求过活，是必须被拒斥的。每一门技艺都有其独特的目标和用处，那就是维护、推进由它负责的对象的利益。色拉叙马霍斯坚持他的命题，接着指出，正义不过是头脑简单而已，而不正义才是明智。苏格拉底诱导色拉叙马霍斯上钩，使之确认不正义是智慧和美德。然后，苏格拉底着眼于不正义是美德这个命题循序渐进，借助几个从认知领域撷取的类比围攻色拉叙马霍斯，后者难以守住阵地，不得不放弃他的荒诞的悖论。正义者不会想胜过别的正义者，但会想胜过不正义者；而不正义者却既想占正义者的便宜，又想占不正义者的便宜。一个艺术家也如此，他不想胜过另一个艺术家，但想胜过一个不是艺术家的人；一个医生胜过医生，但想胜过不是医生的人，总而言之，一个有知识的人不想胜过另一个有知识的人，但想胜过没有知识的人。与此相反，一个没有知识的人却既想超过有知识的人，又想超过没有知识的人。因此，正义者通情达理、与人为善，而不正义者却是不通情达理、与人为恶。于是，讨论开始运作自如，从此处起，文中不乏赞美正义之辞。然而，这些赞美之辞无非是些外在描写，就像一个通缉令，对抓犯人大概有用，但并不包含任何概念规定。它们会引人深思，但使思考悬浮于抽象的东西之中，而不能在肯定的充足中得到安宁。因此，在某种意义上，色拉叙马霍斯最后的讥嘲口吻是完全可以原谅的。苏格拉底请求他支持其结论："高明的色拉叙马霍斯啊！那么不正义觉得不会对正义更有利了"，色拉叙马霍斯答道："苏格拉底啊！你就把这个当作朋迪斯节的盛宴吧！"[143]不过，苏格拉底对对话的进程是一目了然的，故不可能不注意到整个讨论无异于蜻蜓点水。因此，他最后作出了如下的观察："不过你说的这顿盛宴我并没有好好享受——这要怪我自己。与你无关——我很像那些馋鬼一样，面前的菜还没有好好品味，又抢着去尝新上来的菜了。我们离开了原来讨论的目标，对什么是正义还没有得出结论，我们就又去考虑它是邪恶与愚昧呢，还是智慧与道德的问题了；接着'不正义比正义更有利的'的问题又突然发生。我情不自禁地又探索了一番。现在到头来，对讨论的结果我还一无所获。因为我既然不知道什么是正义，也就无法知道正义是不是一种德性，也就无法知道正义者是痛苦还是快乐。"（354b）[144]

综观整个第一卷，想必谁都会承认这里没有什么辩证法，毋宁说问题辩证地产生于谈话者的愚蠢行为，这也就是说第一卷的论战所苦苦争夺的一种可能性：即以思辨的活力提出"什么是正义"这个问题的可能性。施莱尔马赫讲第一卷没有结论是有道理的。初看这似乎是偶然的。像柏拉图《理想国》这样的鸿篇巨制，十卷书中主要谈的是正义问题，不在第一卷就马上提供结论，没有什么可大惊小怪的。但情形并非如此。我们不得忽视，第一卷和其他各卷之间存在着巨大差别，第二卷完全是两手空空，从头开始。此外，第一卷意识到了它没有达到任何结论，它非但不逃避此意识，而且以此为荣，洋洋得意。鉴于此，不可否认第一卷不是没有达到结论①，而是达到了一个消极的结论。这就其自身而言是反讽的，苏格拉底的总结性讲话也同样具有显而易见的反讽性特征。我这里对《理想国》第一卷的分析当然不是无事生非。此处的论点是建立在前边探讨的基础上的，而前边的探讨若还有些跟跄不稳，就应在此处立定脚跟。一个建立在另一个基础之上，同时又支撑着另一个，我的整个楼房不见得因此就摇摇欲坠。

我必须对《理想国》第一卷予以充分重视。柏拉图对此卷与其他各卷之间的区别在某种意义上一定是很清楚的。因为所有中期对话录都与此作不同，这个区别必定是有意的。这是一个方面。另一方面，《理想国》第一卷令人想起早期对话录。这些早期对话录在与后期对话录大不相同的意义上受到苏格拉底的影响和熏陶。因此，通过这些早期对话录以及《理想国》第一卷我们可以很有把握地为理解苏格拉底铺平道路。

辩解性的回顾

就对话录的选择而言，我自始至终只有一个标准，那就是注重依公论最可能展示——即使是片面地展示——现实的苏格拉底的对话录。对我来说最重要的是，大多数学者在对对话录进行分

---

① 不可否认，苏格拉底在谈话过程中触及了一两个积极的思想。但是这里积极的东西又是被完全抽象地理解的，因此也只不过是消极的规定而已。把每种技艺都推入理想境界、永恒的万物秩序之中，为技艺而技艺，不受尘世沾染，本是一个极为积极的思想，但同时又是那么的抽象，从单个技艺的角度看只是消极的规定。积极的思想、真正的 $\pi\lambda\eta\rho\omega\mu\alpha$（充足）以可见的某物为前提，在其中它追求它自己。不追求他物是个消极规定，它无时无刻不把追求他物的可能性予以扬弃。作为被扬弃的可能性，此消极规定像个影子似的跟随着积极规定。如果把不为了他物而发挥技艺作为积极的东西推出，那么在某种意义上关系就弄颠倒了。我们当然可以讲我们应该为正义而追求正义，但是正义首先必须在他处的正义中展现，正义里向前驱动的迫切欲望首先必须在他处的正义中得到安宁与满足，否则讲为正义而正义就是空谈。因此，在知道什么是正义之前，讲为正义而追求正义就是个消极的思想。

类时都把和苏格拉底最接近的列为第一组，不仅仅是因为它们在时间上最接近——这不过是一个完全外在的规定——而是因为大家认为它们在精神上和苏格拉底最有血缘关系。不过，学者们不因此就和阿斯特一样称它们为苏格拉底式的。[①] 至于哪些对话录应被列入这第一组，学者们的观点并不一致，但所有人都把《普罗塔哥拉》篇列入，大多数人把《高尔吉亚》篇列入，这对我已经够了。阿斯特把《斐多》篇也列入。这里多数人与他意见不一。不过，大多数学者都同意就对苏格拉底形象的描绘而言，《会饮》篇和《斐多》篇具有特别的意义。此论文前边提到过施莱尔马赫关于《会饮》篇和《斐多》篇之间的联系的观点，阿斯特对此观点表示反对，故是我路上的障碍。但是由于他到底把《斐多》篇列入"苏格拉底式"对话之中，我可以做些变动，在这一点上依随施莱尔马赫和追随他的人。大多数人都认为《申辩》篇严格地说具有历史意义，我需要对此特别加以强调，这我在前面已经做了。最后，至于《理想国》第一卷，我以施莱尔马赫为师，试图强调它对本探究的独特意义。

　　就对话录的选择而言，我利用了专家学者们的研究成果，尽可能以这些成果为准，在允许的范围内以它们为依据，但是另一方面，我也试图通过对柏拉图大部分著作不偏不倚的观察来确定它们的正确性。反讽和辩证法是柏拉图著作中的两大力量，这是人人承认的；但是存在着双重反讽和双重辩证法也是一个不可否认的事实。有一类反讽是对思考的鞭策[145]，当思考倦怠之时，它就予以催促，当思考放纵之时，它就予以惩戒。还有一类反讽

---

　　① "在第一组对话中，柏拉图还完全生活在苏格拉底思想的氛围之中；这里，他的目的是维护苏格拉底思想，批评当时的智者（普罗塔哥拉）、讲演家和作家（斐德诺）以及政治家（高尔吉亚）的有害原则，不仅指出它们的单薄与空洞，而且指出它们的害处（第53—54页）。"（原文为德文——译注）阿斯特的这个观点无可厚非，不过我们不得忘记，这里所说的论战不是积极的论战，严肃地、慷慨激昂地声讨异教邪说，而是一个消极的论战，以一种远为微妙的，但也远为有力的方式来瓦解它们，冰冷地、不动声色地瞧它们陷入无底深渊。

自我运转，以自己为追求的目标。[146]有一类辩证法不停地运行，高度警惕，以确保问题不纠缠于一个偶然的看法，它永不疲倦地打捞搁浅的问题，使之继续航行，换言之，它总是知道怎么使问题处于飘浮状态，以在此状态中来解决此问题。还有一类辩证法从最为抽象的理念出发，使之在具体规定中展现，这是一种与理念一起构建现实的辩证法。此外，柏拉图著作中还有一个因素，它是对这两种主要力量的欠缺的一个必要的补充。这就是神话性的东西以及形象性的东西。第一类辩证法对应于第一类反讽，第二类辩证法对应于第二类反讽；神话性的东西对应于前一类反讽和辩证法，而形象表达对应于后一类。不过，神话性的东西与前一类反讽和辩证法之间并没有必然的关系，与后一类也没有必然的关系，实际上，它就像一种由前一类反讽和辩证法的片面性所唤起的期待，一个过渡环节，一个既不属于这一方又不属于另一方的边界。

　　我们可以假定这两种立场都在柏拉图思想的范围之内，他首先经历了第一阶段，使之开花结果，直至第二个阶段开始产生效果，逐步发展，终于完全排挤了第一个阶段。第一个阶段没有被纳入第二个阶段，后者是全新的。如果我们认为这两种立场全归属柏拉图，那么我们必须把前者看做怀疑论，一个并无引导作用的引言，一种并不趋向目标的助跑。不仅如此，这样的话我们就对前一个立场很不公平，我们不使之向内巩固，而是尽可能地磨损它，以有助于向后一个立场过渡。我们如果这样做的话，现象就彻底改变了，而如果我们不这样做的话，使二者全包容于柏拉图之内就愈加困难。此外，依此假定，苏格拉底的作用完全被推到了一边。这种诠释与历史事实相矛盾，因为这样的话柏拉图要感谢苏格拉底的地方只是苏格拉底这个名字而已。这个名字固然起了很重要的作用，但依这种看法也不过是很偶然的作用。倘若我们推翻这个假定，我们可以认为这两种立场中的一个主要归于苏格拉底，次要地归于柏拉图，也就是说，柏拉图只不过是复述了苏格拉底的这个立场而已。至于哪一个立场归于苏格拉底，答

案是显而易见的。一定是第一个。如前已述，它的特点是全力以
赴的反讽①，搞消极解放运动的辩证法。②

倘若上边我没能从柏拉图出发对这个立场作出充分的辩解，
原因有二：其一，我力不从心，其二，柏拉图只是复述了此立
场。反讽对像柏拉图那样的诗人气质一定产生了深远的影响，但
是透视这种影响很不容易，他很难复述反讽之总体，并在此复述
中不予添加积极的内容，他很难保证反讽在这里就像在他后期思
想中一样变成为积极理念服务的消极力量。如果情形的确如此，
那么我们就可以认识到以上对柏拉图思想的概述的正确性：在积
极立场和消极立场之间徘徊的早期对话录中的言论是模棱两可
的、转瞬即逝的一瞥，这些对话录中神话性的部分是一种期待，
而真正的柏拉图主义始于包括《巴门尼得斯》篇、《泰阿泰德》
篇、《智者》篇、《理想国》的一组对话录。

我始终有一个未解的难题，那就是由于柏拉图的复述不乏
双重取向，只有通过算计才可能理解第一个立场。鉴于在反讽
和主观思考之间经常存在着一种令人失望的相似性，这一点就
更容易解释了。就一人格与另一人格之间的关系而言，若此关
系是解放性的，那么很显然，它既可能是消极的解放，也可能
是积极的解放。这在前边已经谈过了。反讽砍断了系着思辨的
绳索，协助它离开经验的沙滩，冒险远航，这是一种消极的解
放。反讽根本不是此探险旅行的参与者。但是由于思辨的个体
感到被解放了出来，金银财宝尽收眼底，所以他很容易相信这
一切归功于反讽，以至感激涕零。在某种程度上，这种混淆是
有些真理的成分的，因为很显然，所有精神财产只存在于它和
占有它的意识之间的关系之中。既在反讽的立场上，又在主观

---

① 表面看来，我们似乎可以称第一个阶段仅仅是辩证法，把苏格拉底看做仅仅
是辩证家。施莱尔马赫在其著名论著里就是这样做的。然而，辩证法本身是个很没
有人格的规定，不可能概括像苏格拉底这样的一个人。如果说辩证法无穷地扩展，
流向四肢，反讽把它带回人格，使之在人格中得以完善。

② 因此，亚里士多德声称苏格拉底并不具有真正的辩证法是完全正确的。

思考的立场上，人格都是一个必要的出发点；在这两种立场上，人格都有解放作用，但反讽的立场是消极的，而思考的立场是积极的。柏拉图对他的弟子有解放作用，苏格拉底对柏拉图也有解放作用，但这两种解放作用大不相同。对于柏拉图的弟子来说，对他念念不忘也是一种必然性，因为只有这样他的思辨才变得主观，当理念自身为听众运作之时，他也并不消失。而柏拉图和苏格拉底的关系却不是始终如一的，在后期与其说苏格拉底解放他，不如说他自己解放他自己，尽管恩情深切，他永远忘不了苏格拉底。虽然在建构性对话录中苏格拉底还是主要人物，但这个苏格拉底只不过是在前期对话录中登场的苏格拉底的一个影子而已，是一个对柏拉图极为可贵的，但尽管如此由他自由创造的、随意调遣的回忆。

　　就形式而言，对话对这两种立场是同样必要的。自我以及它和世界之间的关系表明这一点。但是，在一种立场上自我不停地吞噬世界，而在另一种立场上自我收纳世界；在一种立场上自我说服自己走出世界，而在另一种立场上自我说服自己走入世界；在一种立场上提问消耗回答，而在另一种立场上提问发挥回答。方法是辩证的，在两种立场上它都是抽象的辩证法。而抽象的辩证法当然不能穷尽理念。在一种立场上，所剩下的是虚无，也就是说，是消极的意识，抽象辩证法被纳入其中；在另一种立场上，所剩下的是彼岸，是抽象规定，但被积极地把握。因此，反讽比主观思考高出一筹，它高出一筹，因为它是返回到自我之中的完整的立场，而主观思考却脆弱虚软，一个更高的立场需要从中萌生。但在另一种意义上，反讽是一个劣等的立场，正因为它缺乏这种可能性，因为他对一切要求充耳不闻，自以为是，不愿与世界交涉。这两个立场都是主观的立场，所以它们在某种程度上都处于相对哲学[147]的区域之内，只不过它们并不拘泥于此，否则它们就堕为纯经验性立场了。其中一个立场所超出现实的是消极的东西，是被纳入了意识之中的对经验的有效性的否定，而另一立场具有一种以抽象规定的形式出现的积极的东西。一个与生活运动相反，倒行逆施，消极地把握回忆，而另一个面向前方，在回忆向现实的涌流中去把握它。①

　　在我这样试图解释这种误解如何变得可能并由此展开我的探究之时，有的读者大概会不乏反讽地想，说不定是我自己的误解在作怪，这一切大概只不过是一场虚惊。柏拉图怎么会如此受苏格拉底迷惑，以致他把苏格拉底的反讽言论当真呢？要回答这个问题不大容易，这样的读者所针对的自然就是这个难处。要是有人提醒到，柏拉图其实是很懂反讽的，他的后期著作便是明证，那么我的处境就更窘迫了。至于这后一个反驳，我的回答是：我们这里所谈的不是反讽的个别表达，而是苏格拉底的总体反讽。要理解这种反讽需要一种独一无二的精神素质。特别是丰富的诗人气质不适于捉摸这种高层意义上的反讽，它会喜爱反讽的个别表达，而对隐藏其中的无穷性却一无所知，它会逗弄反讽的个别表达，而对盘踞反讽的荒漠的妖魔鬼怪却毫无概念。至于前一个反驳，我的回答是：首先，对于柏拉图，捉摸透苏格拉底一直是个很难的事；其次——这是我的要点——在柏拉图著作中我们找不到对苏格拉底的如实复制，大概也没有读者想去找。大多数学者们都一致认为，柏拉图不是仅仅复制了苏格拉底，而是诗意地创造了他。此定论足可驱除这里所谈的疑虑。在后期对话录里，柏拉图让苏格拉底作为代言人出现。从这个事实出发没人敢得出结论说，苏格拉底的辩证法就和《巴门尼得斯》篇里的一模一样，他的概念发展就和《理想国》里的无别。同样，从早期对话里的阐述出发，没人有权利得出结论说，苏格拉底的立场在现实中的确就像这里所描述的那样。这一点大概读者们是会同意的。有的读者大概在不耐烦地等我把这话说完，以便再自找一个新的反驳。在前边的探讨中，我试图基于个别对话录以指出全体反讽。如果全体反讽能在柏拉图的阐述中找到，那他自己也不会对它视若无睹吧？

---

　　①　二者之间的相似性与不相似性，它们的共同点在前边已一一详述。

我的回答如下。一方面，我在上边的探讨中只求阐明我对苏格拉底的理解的可能性。因此，不止一处我让我的看法悬在空中，以暗示别的思考方式也是可能的。另一方面，我主要从《申辩》篇出发进行论证。大多数人都知道，此文是对苏格拉底的现实存在的历史记录；不过，即使就此文而言，我也可以说是唤出了反讽之魂，使之凝聚，使之在其全体性中显现。

色诺芬与柏拉图

要用几句话来概括柏拉图对苏格拉底的理解，可以说他给予了他理念。苏格拉底起步于经验终结之处，他的所作所为就是把思辨引出有限性的规定，离别有限性，闯到大洋之上：这里理想追求和理想的无限性不顾别的，只以自己为无限的目标。恰如低级感性在这种高级认知旁边黯然失色，与之相比无非是骗局和假象，顾虑任何有限的目标是贬损、是对神圣的东西的玷污。简言之，苏格拉底赢得了理想性，征服了迄今还是一片空白的阴森地带。他轻蔑功用，漠视既存事物，对中庸深恶痛绝。在经验世界中，中庸是最高的，是崇拜的对象，但对思辨来说却是被魔鬼偷换留下来的怪婴。在色诺芬那里，我们得出了与此截然相反的结论。在那里，我们看到苏格拉底是个操劳不息的有限性的使徒，忙碌地兜售中庸之道的货贩，乐此不疲地宣传他的人间天堂的福音；我们看到善是功利，美是有用，真是既存，同情是有利可图，和谐统一是头脑清醒。对比柏拉图与色诺芬，想必谁都会承认他们是有天渊之别的。要么我们必须谴责色诺芬随心所欲，对苏格拉底充满不可理喻的仇恨，以诬蔑诽谤为快；要么我们必须认为柏拉图有个与此相反的怪僻，同样令人不解地想把苏格拉底转变成一个与自己相似的人物。如果我们暂时对苏格拉底的现实生活置之不顾，那么就这两种看法而言，我们可以说色诺芬像个小摊贩，七拼八凑弄成了个苏格拉底，而柏拉图像个艺术家创造了一个超出常人的苏格拉底。但苏格拉底实际上到底是个什么样的人呢？他所作所为的出发点是什么呢？对这个问题的回答能够帮助我们走出我们迄今所陷入的困境。这个回答是：苏格拉底的生存是反讽。我相信，这个回答消除了我们的困难，但是消除了困难这个事实也使之成了一个正确的回答，于是它同时也表明是假设，是真理。使反讽成为反讽的那一点、那一横是很难捉摸的。我们完全可以依色诺芬设想苏格拉底乐于与人答茬儿，因为对于一个善于应对的反讽家来说，每个外在的事件或事物都是一个机会；我们也可以依柏拉图使苏格拉底触及理念，不过理念不能在他面前展开，而只能是一个界限。这两个阐述者当然都想使苏格拉底完整化，色诺芬把他拉入功利的泥淖，而柏拉图却把他抬上理念超世的天国。然而，反讽居于这两极中间的那一点，无影无踪、难以捉摸。一方面，正是在色彩缤纷的现实之中反讽家才如鱼得水，但另一方面，他却迈出现实之外，飘浮在空中，只不过时时碰到地面而已；然而真正的理想性王国还是一个陌生的地方，他还没有移居到那里，但可以说每时每刻都在整装待发。反讽就在理想的自我和经验的自我之间摇摆；一个想使苏格拉底成为哲学家，而另一个想使他成为智者；他之所以高于智者，是因为他的经验自我具有普遍的有效性。

阿里斯托芬

阿里斯托芬的看法正好提供了一个柏拉图看法的必要的对立面，并通过这种对立为我们的评估铺平了一条新的道路。要是没有阿里斯托芬对苏格拉底的评价，那就太遗憾了。每个发展过程一般地来说总是终结于滑稽地模仿自己，这样的滑稽模仿保证此发展过程已经到了头、过了时。在这种意义上，喜剧性的看法是对人格或事业的总体形象表达中的一个环节、一个无限地纠偏补正的环节。因此，关于苏格拉底我们虽然没有直接的证据，没有完全可靠的看法，可作为补偿，我们却有误解的种种层次、色调。对于像苏格拉底这样的一个人格，我认为这是再好不过了的。柏拉图和阿里斯托芬的共同之处是他们的阐述都是理想性的，不过对比起来，他们的理想性却正好相反：柏拉图具有悲剧性的理想性，而阿里斯托芬的理想性却是喜剧性的。阿里斯托芬对苏格拉底作出这样的描述的动因是什么呢？是因为他收了苏格拉底的控告者的贿赂吗？是因为他嫉恨苏格拉底与欧里庇德斯的友情吗？他是想借苏格拉底与阿纳克萨哥拉斯的自然哲学作斗争吗？他是不是把苏格拉底与智者们一概而论呢？简言之，是否有此世的、有限的缘由致使他作出这样的描述对本探究来说是无关紧要的。如果本文必须就此作出答复的话，那么回答当然是个否定的，因为上面已承认本文坚信阿里斯托芬的描述是理想性的，这也就是说，与此世动因毫无瓜葛，不是偷偷摸摸地在地面上爬动，而是逍遥展翅，飞越地面。仅仅把苏格拉底的经验现实予以描述、把他的日常行为如实搬上舞台是有损阿里斯托芬名声的，而且会把他的喜剧转变为拙劣的讽刺。另一方面，对他过分理想化、使之面目全非也是与希腊喜剧格格不入的。至于阿里斯托芬没有美化现实，有古人见证。据说，在《云》上演时，最苛刻的批评家都在座，包括苏格拉底自己，他曾为娱乐观众而在演出中间站起，以使聚集剧院的人群确认他舞台上的形象到底像不像。至于希腊喜剧不屑那种不合乎常情的理想化描述，见解敏锐的罗且早有定论①。他在其不同凡响的论文中指出，希腊喜剧的本质就在于理想地把握现实，把现实的人搬上舞台，但使之以理念代言人的面目出现，因此我们在阿里斯托芬那里可以看到三个重要的喜剧范例：克里翁、欧里庇德斯、苏格拉底，这三个人喜剧性地代表了时代追求的三重方向。对现实精确的细节描写填补了观众与戏剧之间的距离，但同时理想性的描述又把二者拉开，从而产生艺术效果。不可否认，苏格拉底在其现实生活中有不少喜剧性的侧面，其实

------

①　Heinrich Theodor Rötscher, *Aristophanes und sein Zeitalter*, *eine philologisch-philosophische Abhandlung zur Altertumsforschung*, Berlin 1827.（罗且，"阿里斯托芬与他的时代：语文学及哲学的古文化研究论文"，柏林，1827。）

话说透了，他在某种程度上是个怪人①；这给一个喜剧家提供了素材也是不可否认的；不过，这对一个阿里斯托芬来说还远远不够同样是个毋庸讳言的事实。罗且极为成功地把理念从它与种种误解的混战中拉了出来，故有道理洋洋自得，我只能恭恭敬敬地追随他；他认为，苏格拉底对阿里斯托芬来说之所以是个喜剧性人物，是因为阿里斯托芬在他身上看到了一个新的原则的代表，这一点我也不得不表示赞同。然而，罗且一方面极力从此剧中开掘严肃性，而另一方面却认为阿里斯托芬是不乏反讽的，这两者之间是否有不一致之处，是值得商榷的。其次值得商榷的是，罗且是否在苏格拉底身上看到了过多的东西，从而也让阿里斯托芬在他身上看到了过多的东西。讲苏格拉底是一个新的原则的代表未尝不可，部分因为他自己代表一种新的立场，部分因为他的解放性活动必定会唤起一个新的原则。但这绝不意味着我们可以把苏格拉底局限于此。依罗且的观点，苏格拉底是如此的雄伟高大，我们根本看不见柏拉图了。不过这一点我后边还有机会谈到。我们当然可以把苏格拉底的原则看做主观性的、内在性的原则，其中蕴藏着博大的思想王国，而把阿里斯托芬看做一个旧希腊文化的维护者，授权以严肃认真的态度设法摧毁这种胡作非为的现代思想。然而，比起这种看法，如果我们把反讽看做构成苏格拉底生存的东西，那么想必谁都会承认这会提供更为喜剧性的素材。前一种看法中的严肃认真态度太重了，它会局限喜剧的无限性，而真正的喜剧性是没有界限的。与

---

① 参见 Johann Georg Sulzer, *Nachträge zu Sulzers allgemeine Theorie der schönen Künste*（《苏尔策普通文艺理论附录》）第七卷第一册第 162 页："我们所认识的苏格拉底只不过是被柏拉图和色诺芬美化了的形象而已。然而，即使这个被美化了的形象也显示出某些令人诧异之处，有迹象表明他是个极古怪的人。这个智士自以为受到无形保护神的导引；他深居简出，常常数日聚神冥想，颇受世人注目；他能言善辩，其言谈的对象、目的与方式均与众不同；他不重外表，举止异常——所有这一切在众人眼里都必然给予他一些怪人的色彩。"在此作第 140 页，作者指出，倘若我们更仔细地观察苏格拉底，我们定会同意阿里斯托芬的描述："我们就会清楚地看到，他尽管卓尔不群，但也不乏常人的错误与缺陷，许多迹象表明，他说不定属于那类其学说有疏阔迂腐之誉的怪人。"（引文原为德文。——译注）

此相反，反讽既是一个新的立场，与旧的希腊文化势不两立，又是一个不停地自我扬弃的立场，是消耗一切的虚无，是永远捉摸不定的东西，同时既在又不在，而这归根结底是喜剧性的。正如反讽看出一切事物均与理念不相称，故能够战胜一切事物，它也向自己投降，因为它总是超越自己，却又留在理念之中。

首先最重要的是彻底澄清阿里斯托芬所搬上舞台的是现实的苏格拉底。古人之言使我们坚信这一事实。同时，此剧中有众多特征要么历史地看是确切的，要么证明和人们所知的苏格拉底的生平极为类似。苏佛恩以渊博的语文学知识和高超的鉴赏能力试图通过一系列这样的单独特征证明阿里斯托芬所描述的苏格拉底和现实的苏格拉底是一致的。① 罗且虽然没有利用同样的标准，但也为本探究提供了充分的资料，见于以上所引著作，从第 277 页起。其次，阿里斯托芬让我们在苏格拉底身上窥见一种原则、理念，观照这个原则、理念是极为重要的。苏格拉底是以这个原则的代言人的身份而出现的。

为了达到这个目的，首先有必要对此剧本身、对其布局和剧情做一概观。有一个黑格尔主义者[148]作向导，我是可以无忧无虑地行事的。必须承认，这些黑格尔主义者有极大的清除场地的才能，就像一个警察队，转眼间就能把蜂拥聚集、乱谈历史的一大群学者驱散开来。首先，在此剧中，代表道德实质的歌队具有一个象征性的外表。② 歌队对此有明确的认识，时刻准备从这个藏身之处跳出来，而在结尾处，当他们嘲弄受骗的斯瑞西阿得斯时也真的这样干了。罗且认为这个事实蕴涵着反讽。这里真的有反讽吗？这种把城邦的实质性意识从胡作非为的现代思想的空虚中解救出来的严肃性③是不是局限反讽的诗意无限性和肆无忌惮的

---

① Johann Wilhelm Süvern, *Ueber Aristophanes Wolken*, Berlin 1827 .（"论阿里斯托芬的'云'"，柏林，1827。）

② 参看罗且对阿里斯托芬剧作中的歌队的历史的出色阐述。Røtscher，第 50—59 页。

③ 阿里斯托芬在第一个插曲正文中承认了这一点。（诗行 518—562，第 200—201 页。——译注）

特性呢？此剧的结局，即使是公正的报应，是不是以反讽为代价
呢（除非有人认为——据我所知，迄今还没人强调这一点——
斯瑞西阿得斯一把火烧了"思想所"① 以报私仇，由于极不适
当，故添加了一个新的喜剧性主题；除非有人认为对斯瑞西阿得
斯来说颇有些过分的不无俏皮的对答② 应被解释为一种迷狂状态，
在其中他无中生有地想象自己染了病，然后又以喜剧性的残酷消灭、
根除此病）？所有这些问题我这里均不予详述。③ 如果避开这些问
题，那么深入观察笼罩歌队的象征，即云，就愈加重要了。选择
这个象征当然不是偶然的，我们必须深入挖掘作者的意图。很显
然，这个象征形象地表达了"思想所"里所进行的空洞的、毫无
内容的活动。在苏格拉底准备向斯瑞西阿得斯透露这种智慧的秘
密的那一场里，阿里斯托芬以深刻的反讽让苏格拉底呼唤云
神——这个他自己空洞的思想在空气中的反射[149]。这里，云恰
当地表明了飘忽不定的思想运动。④ 就像云一样，这种思想运动不
停地波荡着，没有立足点，没有内在的运动规律，以混乱无序的
方式消长伸缩，聚构成千奇百怪的形状：一会儿像凡间的女人，
一会儿像人头马、像豹子、像狼、像牛马。[150] 请注意，云像这些

---

　　① 第 94 行。

　　② 参见第 1596 行："我在做什么？在和你们屋顶上的梁木分析巧妙的逻辑呢。"第
1503 行："我在空中行走，在逼视太阳。"（第 245 页，原文为希腊文。——译注）

　　③ 在前边有一处斯瑞西阿得斯的确信服了斐狄庇得斯的诡辩，认为他有道理，而自
己该打。显然，反讽在这里远为纯正，远为飘逸。参见第 1437 行："你们这些年老的观众
啊，我想他的话说得很对，我得同意儿子有这种公平的权力。如果我们做错了事，倒是应
该挨打呢。"（第 242 页。原文为希腊文。——译注）说到正直的和歪曲的逻辑，因为歪曲
的逻辑总取胜，因此斯瑞西阿得斯请求苏格拉底无论如何教斐狄庇得斯歪曲的逻辑。这
里，两种逻辑之间的关系是以反讽的整个无限性而被观照的。参看第 882 行："让他学习
那两种逻辑：那叫做正直的逻辑和歪曲的逻辑，那后者往往以无理取闹的话来制胜前者。
如果学不了两样，无论如何要叫他学会歪曲的逻辑。"（第 217 页。原文为希腊文。——译
注）

　　④ 与此相对应，在自然界中，万物运行的原则不是神灵们的生动形体，而是
"空气的转动力"。（第 380 行，第 194 页。原文为希腊文——译注）这种消极的辩证法
完全可称作转动的空气。

东西，而不是这些东西，因为云只不过是雾气而已，或者说是一种暗中飘动着而变成某物的无限的可能性，但无力使某物保持其形状，这是一种宽阔无边、包容世间万象的可能性，但没有任何内容，收容一切，但什么也保留不住。因此，苏格拉底声称云朵为女神当然是无稽之谈，斯瑞西阿得斯认为云朵是云雾雨露比起来就远为说得通了（参看第 330 行[151]）。云自己是空空如也，它所供养和保护的社稷、城邦也是空虚的，苏格拉底称之为由无所事事、不务正业、只知颂扬云彩的人所组成的集体。① 苏格拉底又说："她们想变什么就变什么"[152]，如果她们看见了一个长头发的色鬼，她们就变作人头马，如果她们看见一个盗窃公款的人就变作狼（第 350—352 行[153]）。这段话把云和它所属的世界之间的对应关系更确切地表达了出来。这一点，据我看，是阐释家们迄今所忽视了的。尽管云的多变被描述为它无所不能的威力，尽管苏格拉底自己也说云变作这些形状是为了取笑，但我们也完全可以把这看做云的无能，而阿里斯托芬的反讽无疑正在于双方的无能：主体的无能和云的无能——主体想占有客观的东西，可只得到了自己的譬喻，云仅仅抓着主体的譬喻，但只有在看到对象时才能制造此譬喻。这样，一个仅仅是消极的辩证法就被清楚地勾描了出来：这个辩证法居留于自身之中，从不迈入生活的或理念的规定，因此确实是乐于自由，讥笑由连续性所铸的锁链②；这个辩证法只在最抽象的意义上才是一种势力，它是一个没有土地的国

---

① 参见第 331 行："你一定不知道她们喂着一些先知、诡辩家、天文学家、江湖医生、蓄着轻飘的长发、戴着碧玉戒指的花花公子和写酒神颂歌的假诗人——这便是云神养着的游惰的人，只因为他们善于歌颂云。"因此，他们的才能也与此相应（第316 行）："不，她们是天上的云，是有闲人至大的神明，我们的聪明才智、诡辩瞎说以及欺诈奸邪全都是由她们赋予的。"（第 190—190 页。原文为希腊文。——译注）

② 在这个描述里，我主要顾及理智的一面，因为这对希腊精神显然是最重要的。其实，在道德领域，一个相似的辩证法，即随意性，以更为可悲的面貌出现。在阿里斯托芬生活的时代，希腊社会正处于一个转折期。在谈这个转折期时，人们却总是注目于自己时代的特性。黑格尔正确地指出："我们不要谴责智者们没有把善当作原则，这是因为他们的时代缺乏方向。"《哲学史讲演录》第二卷，第 62 页。

王，似乎占有一切，并能放弃一切，因而洋洋自得，殊不知这个占有和放弃全是假象；这个辩证法不为过去而烦恼，丝毫不觉得被过去的铁链所束缚，它也不怕未来，因为它的记性是那么短，未来还没有经历，已经几乎被忘掉了；这个辩证法无所怀念，无所追求，自鸣得意，像个粗野的孩子似的无忧无虑地四处乱跑。大概没有人会否认，阿里斯托芬刻画了这样的消极辩证法。

歌队是象征，但同时又反讽地意识到自己不仅仅是象征，而是具有完全不同的实在性。这一点表明了对上述空虚的意识。罗且声称不仅歌队具有这个意识，而且作者和看懂戏的观众都有这个意识，然后在第 325 页补充说："对这个对立一无所知的人必然看不见真正的涵义。他只看到象征，幼稚无猜，把歌队有意用以掩盖自己真正本质的外表当真，殊不知作为真理展现在他眼前的只不过是假象而已。主体的错误恰恰在于他信任虚表假象，对捧出假象以掩盖自己的本质一无所知。"[154] 他所说的主要是此剧的内在经济结构，而这里更必要的是看一看我们是否能从歌队的象征，即云，出发对它所形象表达的此剧的本性予以开掘。歌队表现云，而云又表现不同的事物，在此剧开头它具有一个女人的形状。不过，在谈云的这些形状时，苏格拉底显然用玩笑的口吻，这充分地表明这些形状对他来说是毫无有效性的。他所崇拜的并赋予女神之称的，是没有形状的**雾霭**，斯瑞西阿得斯很确切地称之为雾气雨露。这也就是说，他所观看的是本身没有形状的东西。云所变作的种种形状就像按顺序说出的称谓，互相没有联系，没有内在逻辑，不构成任何事物，简言之，就像可以一一列举的称谓。在前边的探讨中我们已经看到，苏格拉底达到了理念，但没有一个称谓展示或透露此理念到底是什么，所有称谓都是被理念的威势所镇住了的哑口无言的见证人。我认为，阿里斯托芬在苏格拉底和云的关系中勾勒了同样的情形。云的种种形状消失后所剩下的是雾霭，这很能标志苏格拉底的理念。云不停地展示出某一形状，但苏格拉底知道形状是非本质性的东西，本质性的东西在形状的后面，正如理念是真理，而称谓本身毫无意义。但是，这样的真理，它从来不在某一称谓中露面，故从来不存在。① 如果我们对歌队的象征，即云，作进一步的观察，在其中窥见苏格拉底的思想被客观地②观照，如果我们把它看做是虽由个体所创造但同时也被个体作为客观的（即神圣的）东西而崇拜的思想，那么通过云在地面上空的飘动，通过它变幻不定的形状，主观性和旧希腊文化的客观性之间的对立就被勾画了出来，因为在旧希腊文化中，神圣的东西确确实实在地面上是有立足之地的，而且具有特定的、生动的、永恒的形状。因此，在作为客观势力的云和主体苏格拉底之间存在着一种极为深刻的和谐：作为客观势力的云在地面找不到留身之处，向地面的接近总是产生新的距离，而主体苏格拉底坐在吊在半空的筐里[155]，极力上到云层，惟恐地球的引力把他的思想吸走，或者不用譬喻来说，惟恐现实把孱弱的主体（"轻巧的思想"[156]）③吸收、压碎。这一点后边还会谈到。我们将不从歌队而是从剧中人物出发，对苏格拉底的独特处境之中的与理念息息相关的东西予以深入探讨。

在歌队中一个崭新的、欲取代旧希腊文化的事物秩序被形象地表达了出来。于是我们终于可以回答如下问题：阿里斯托芬是想借苏格拉底的面具来讥嘲智者们吗？很显然，阿里斯托芬并非

---

　　① 主体和云有一个非常奇怪的关系，左看右看，总是很难看透。大概有读者觉得我在阿里斯托芬身上发现了过多的东西，但他要是能把主体和云之间的关系看透，我是很愿意认罪的。这里显然有两个环节需要注意：歌队裹在云这个象征里面，但云又变作女人的形状。

　　② 这就是为什么它被作为信念提出，就像每一个信念一样，它具有主观的和客观的两个方面，试看第424行："太空、云（客观的东西）和舌头（主观的东西）三者。"（第196页，原文为希腊文，括号为克尔凯郭尔所加。——译注）阿里斯托芬让苏格拉底以这三种势力起誓的确是具有巨大的喜剧力量的，参看第627行："凭太空、空气和生命的呼吸起誓。"（第204页，原文为希腊文。——译注）

　　③ 参见第227行："如果我不把我的心思悬在空中，不把我的轻巧的思想混进这同样轻巧的空气里，我便不能正确地窥探这天空的物体。如果我站在地下寻找天上的神奇，便寻不着什么，因为土地会用力吸去我们的思想的精液，就像水芹菜吸水一样。"（第187页，原文为希腊文。——译注）

只保留了苏格拉底的名字，然后提供了一个与他毫不相似的图
像。必须指出的是，在某种意义上苏格拉底和智者们是站在同一
个立场之上的，其实，苏格拉底是在贯彻他们的立场、批判智者
们苟且了事的不彻底性之时才瓦解了他们的，也就是说，苏格拉
底之所以能够战胜智者们，是因为他自己是个最大的智者。① 由
此可见，阿里斯托芬是很可能把他和智者们一概而论的。这种一
概而论未尝不蕴涵着深沉的反讽。苏格拉底素为智者们不共戴天
的敌人。不把他看做智者们的反对者，而是把他看做他们的师
傅——在某种意义上他也的确是他们的师傅——这是完全配得上
阿里斯托芬的反讽。把与某一思潮作斗争的人看做此思潮的代言
人，正因为他在某种程度上属于此思潮，这种不寻常的阴差阳错
有意无意地蕴藏着不少的反讽，我们不得对此置若罔闻。就这一
点现在已经说得不少了。其实，只有当我们把歌队作为标准时，
苏格拉底才和智者们不可分辨。如果我们着眼于此剧中对他性格
的描绘，那么他是很有个人特色的。

　　就此剧的情节而言，几句话就够了，对于本探究来说更是不
需赘言，这里重要的是提纲挈领，以揭示阿里斯托芬对苏格拉底
的理解。一个好心肠的农人，斯瑞西阿得斯，由于娶了个不中用
的老婆而家境困窘。儿子斐狄庇得斯酷爱赛马，可谓雪上加霜，
把父亲弄得几乎倾家荡产。斯瑞西阿得斯债务缠身，惶然不知所
措，正走投无路之时，突然想起在雅典开始盛行的新学问，教人
无中生有、化有为无的口才。于是他一阵惊喜，指望由此获得解
救。他的初衷是让斐狄庇得斯享受这种现代学问的果实，看到他
不愿意，于是决定自己亲自到 "思想所"[157] 去。他碰到的一个
门徒也大力鼓吹这个学校的好处。听到苏格拉底本事超群，能言
善辩，这个老实的农人一下子愣住了。但是，苏格拉底的一个绝
技和他自己的想法特别接近，消除了他的顾虑，于是他就迫不及

---

　　① 因此，云对苏格拉底的称呼是极为贴切的："你这位最会说巧妙的无聊话的
祭祀啊。"第359行。（第193页，原文为希腊文。——译注）

待地要求被带到苏格拉底的面前。① 首先，斯瑞西阿得斯必须接受一个考验，旨在摒除他迄今习惯了的思维方式（其意味深长的标志是，他在踏入'思想所'之前，必须脱掉衣服②），接着是正式接纳仪式——如果这给他留下了任何印象的话，那就必定是这把他搞得晕头转向。——然后他获准许踏入'思想所'，被带上了苏格拉底自己所走的通往认识真理的道理：对周围环境置之不顾，专心致志地思考自我③，这对斯瑞西阿得斯来说当然是极微薄的招待，就像鹤招待狐狸的饭一样可望而不可即，客人只能饿着肚子，瞧主人像个鹤似的把头伸到一个长颈的瓶里。[158]于是，斯瑞西阿得斯马上被认为是朽木不可雕，让人打发走了。可他还是死不了由这条路满足其愿望的心。他生性老实，故不怪老师有错，只怪自己无能，不过，想到他儿子斐狄庇得斯还前程远大，心神才渐渐安定下来。斐狄庇得斯虽然对斯瑞西阿得斯所经历的智慧考验颇有些惴惴不安，但最后还是答应了父亲的请

---

　　① 第 177 行："门徒甲：他用细灰洒在桌上，再把一根铁签弄弯，于是他拿着这仪器——偷偷地从击剑学校钩走了人家的'衣服'；斯瑞西阿得斯：我们为什么还要赞美塔勒斯呢？快，快打开这个'思想所'，快把这个师傅指给我！因为我是来作门徒的。快开门呀！"（第 184 页，"击剑学校"在汉译本中为"健身场"。原文为希腊文。——译注）

　　如果读者还记得斯瑞西阿得斯后来没穿外衣从'思想所'回家，他一定也觉得这很有喜剧性，因为斯瑞西阿得斯本来指望捞点油水（外衣），但回到家来，不仅一无所得，而且先前所占有也弄丢了——外衣。但是，这比起斯瑞西阿得斯在另一处所说的话真算不了什么：他说他害怕上了苏格拉底的课被思辨搞得无影无踪。第 717 行："我怎么能够不嚷呢？我丢了钱又丢了血，丢了鞋子又丢了颜色；除了这些不幸的事情之外，我还得吹着哨子来守夜，我快要死了！"（第 209 页，原文为希腊文。——译注）

　　从歌队对苏格拉底的请求也可以看出，整个安排可以说就是剥斯瑞西阿得斯的皮："歌队：你看他多么惊异，多么兴奋！赶快把他舔吃了；要不然，这样的机会是很容易错过的。"（第 213—214 页，原文为希腊文。——译注）

　　② 参见第 497 行："苏格拉底：来，把你的外衣脱了！斯瑞西阿得斯：我有什么过错吗？苏格拉底：没有，只是我们规定了入学的时候不穿外衣。"（第 198—199 页，原文为希腊文。——译注）

　　③ 这就是阿里斯托芬对苏格拉底著名的呆呆站着、独自出神的理解。

求，决定进"思想所"学习。儿子不负厚望，父亲给苏格拉底送来礼物，以对儿子的进步表示感谢。现实的威胁越来越近，两个声色俱厉的债主终于出现了。斯瑞西阿得斯对儿子移易界限的辩证能力甚为欣慰①，又对自己在"思想所"所学的、迄今未忘的机智答对充满信心，所以就硬着头皮去见这两个债主、这两个悲凉现实可恶的代言人。不过，帕西阿斯和阿密尼阿斯是两个只认钱的人，这样的小聪明可打发不了他们，他们对现实还充满信心，知道如果辩证法这条路走不通，走法律这条路是不怕达不到自己的目的的。斯瑞西阿得斯可以因为达到了梦寐以求的目的而高兴一时，但作者还为他准备了一个小礼物，一种完全出乎意料的多余之物，这便是斐狄庇得斯蒙苏格拉底教导而大获长进的后果。斐狄庇得斯把与交款期现实迥然不同的另外一个现实——一个斯瑞西阿得斯不拟动摇的现实——也置之脑后。儿子对父亲的孝心和顺从借助辩证法获得了一个和交款期同样的下场。斯瑞西阿得斯抵挡不住斐狄庇得斯的三段论。在前边，这些三段论证明

---

① 参见第 1178 行：

"斐：你怕什么呀？

斯：我怕这个'新旧日'。

斐：哪里有什么'新旧日'？

斯：这便是我的债主们要去缴押讼费的日子。

斐：那些缴押的人可是要倒霉的：因为一个日子决不可能够同时是'新日'又是'旧日'。

斯：真的不能够吗？

斐：怎么能够呢？除非是一个女人能够同时是老太婆又是少妇！"（第 230 页，原文为希腊文。——译注）

"雅典人的月有三十天，前二十天从头数，从一到二十，而后十天却从下个月倒着数，也就是说，第二十一天叫十号，第二十六天叫五号，第二十九天叫二号。第三十天叫新旧日，第一天叫新月。"（《阿里斯托芬喜剧集》 *Aristophanis Comoedier*，oversatte af Krag，Krag 译），Odense 1825，第 233 页注。——每个月的最后一天是交利息的时候，所以斯瑞西阿得斯感到恐怖。瞧，他现在从这种恐惧中解放了出来，这全凭他儿子聪明，有能力摒弃现实，证明这一天根本不存在。我故意把这种诡辩当作一例在"思想所"里所传授的辩证法而予以强调，原因有二。其一，这是对苏格拉底辩证法的滑稽模仿，苏格拉底辩证法的准则便是对同一事物不可能有相反的称谓；其二，这种诡辩具有极大的喜剧性力量，它不仅想在思想的世界里称雄，而且想具有否定现实本身的权力。

是摧毁现实的，可现在它们再实在不过地证明是确立现实的，因为挨的打是拿不走的东西，容不得任何怀疑。前边，斐狄庇得斯睁一只眼闭一只眼支持父亲不还借款，现在他却过分认真起来，坚持偿还债务，偿还疼他的父亲先借给他的巴掌。[159] 斯瑞西阿得斯终于发现了新智慧的害人之处，报复之心觉醒了，他冲进"思想所"，放了一把火，把它烧了。此剧在此收场。

这是一个尽可能简洁的剧情介绍。喜剧性在于某种斯瑞西阿得斯当作思辨的果实而追求的东西、某种依他的概念由这些思辨运动所必然产生的结果。在纯粹理智领域，苏格拉底所作的思辨运动证明是毫无后果的，无力确立任何事物。在斯瑞西阿得斯的世界里情形更是如此，可他却丧心病狂地认为在此生此世这些思辨运动应该起到作用①，他希望——用现代哲学的话来说——思

---

①　前边引用过一段话，讲苏格拉底的门徒声称他曾从击剑学校钩走过一件衣服。人们对此一直争论不休，看来这里是谈对这一段话的阐释的地方。关于迄今对此所作的阐释，请参看 Rötscher，第 284 页起。Süvern 推翻了 Reisig（Aristophanis Nubes，1820）对此所作的解释，认为这一段话是对众所周知的苏格拉底心不在焉这一性格的描述，由于文中提及此事是在做数学证明时发生的，Süvern 就把它与由色诺芬所描绘的苏格拉底的狭小心胸联系了起来。依色诺芬，苏格拉底认为数学不必多学，只要学些对日常生活有用的就够了。（参看色诺芬，《回忆苏格拉底》第四卷第七章第二节。——译注）Rötscher 认为，这一段话谈的不是什么特定事实，而只是境况窘迫的斯瑞西阿得斯所求之不得的苏格拉底'本事'的最高、最突出的标志。不过，为了强调苏格拉底诡计多端，他声称苏格拉底是从摔跤场偷走衣服的，而依索伦立法这是个死罪。我认为，Röscher 没有抓住他在别的论述里已经很接近了的要点。阿里斯托芬无疑想对在毫无内容的试验中耗尽生机的否定辩证法进行讥讽，这里他以更深刻的反讽给予否定辩证法一种创造性力量，他让苏格拉底通过手艺表演创造一个现实，不过这个现实是个有限的、尘世的东西，创造站在偷窃的边缘，这样我们就可以解释——Röscher 此处也在脚注里指出——喜剧们给了开瑞丰一个绰号：kleptes（贼）。此事件开头的几句话，"他用细灰洒在桌上，再把一根铁签弄弯"，很像创造行动的引子，然后突然话锋一转，接着就是"他钩走了"这几个字。——不管我们对这段话的涵义怎么理解，至于这个把戏和它所应该弥补的欠缺之间究竟有什么关系，仍是谜团未解。门徒告诉斯瑞西阿得斯有一天没饭吃，然后苏格拉底进行了上述的操作，从击剑学校钩走了一件衣服。首先，我们看不出苏格拉底采取了什么行动以弄来饭菜，除非我们假定苏格拉底卖了这件衣服，换来了饭菜；其次，我们也完全弄不清楚从击剑学校钩来衣服究竟是什么意思。在 Hermann 的版本（Aristophanis Nubes cum scholiis, Leipzig 1798）第 33 页的脚注有一异文，即"从桌子上"。（不是"在桌子上"，原文为希腊文。——译注）此外，他还指出了另一个问题，就这里冠词不对，因为这里不可能是指某一特定的衣服；不过，他并未回答此问题。

辨出康德的一百塔勒来[160]，这要是不成，把欠的债利用思辨打发掉。① 反讽在于某种由他虽非直接地但通过斐狄庇得斯间接地思辨出来的东西：有意识的挨打，不管多么出乎意料，可总具有一种必然性，不可躲避。斯瑞西阿得斯很可能有时候从这些机智的思辨运动中取得乐趣，但他清醒的灵魂所渴求的是"实际用场"。[161]其实，思辨也真的派上了用场，只不过不是在他所不曾预料的地方罢了。如果我们对从这个滑稽模仿中显现出来的立场进行仔细观察，那么我不能够说这是主观性的立场，因为主观性的立场总是要给予某种东西，给予抽象的理念世界，但这里所描述的是纯粹消极的立场，什么也不给予。深沉的思考就像雷声一般消失到了虚无之中，而斯瑞西阿得斯想从中有所得的愿望就像一个滑稽的影子跟着，他所想得到的是某种尘世的东西，但这个立场无力提供尘世的好处，正如它无力提供它打算要制造的精神财产一样。因此，如果我们认为苏格拉底的整个行动是反讽性的话，那么我们也必须认识到阿里斯托芬对此作出喜剧性的描绘是完全正确的，因为一旦把反讽和结果联系起来，那它就是喜剧性的，尽管在另一种意义上它也能够把个体从喜剧性中解放出来。这里屡次察验的辩证法也不是真正的哲学辩证法，不是以上所说的为柏拉图所特有的辩证法，而是纯粹消极的辩证法。倘若苏格拉底具有那种柏拉图式的主观辩证法，那么阿里斯托芬以这种方式描绘他就是谬误的，大概可笑，但绝非喜剧性的（因为喜剧性也当然是有真理成分的）。然而如果苏格拉底的辩证法一方面以诡辩为武装，与智者们论战，而另一方面对理念持消极态度，那么阿里斯托芬的描绘就正因为是喜剧性的，所以也是正确的。歌队的象征，即云，当然也是如此。如果云所代表的是主观性的

---

　　① 就此而言，斯瑞西阿得斯的确具有可贵的耐性。尽管他从"思想所"回家，什么也没有学到（这是因为他朽木不可雕，第855行），尽管他既丢了外衣也丢了鞋子，（第857行："不是丢了的，是我'想烂'了的。"第216页，原文为希腊文。——译注）但他还是坚持不懈，深信斐狄庇得斯的天性，不放弃对新智慧的希望和信任。

理念王国，那么让个体如此轻佻地对待它就是谬误的，尽管阿里斯托芬的描述不无喜剧性。然而，反讽者显然不把理念太放在心上，在理念之下他在很大程度上是自由的，因为绝对的东西对他来说一钱不值。

　　我们现在转而探讨此剧的另外一个环节，即剧中人物，特别是对我们最重要的人物——苏格拉底的形象。很明显，阿里斯托芬没有把他和智者们等同起来，不仅仅由于他利用无数细节把苏格拉底与他人区别开来，而且主要是由于他把苏格拉底立场塑造成了彻底的孤立立场。这也是完全正确的。剧中的苏格拉底，正如生活中的苏格拉底，固然有门徒，但他们和他并没有什么关系，或者更确切地说，他和他们没有什么关系①，他不献身于他们，与前边所描写的和亚尔西巴德的关系相似，他在他们头上自由自在地飘浮，像个谜似的既吸引又排斥。他们对他沉思冥想的涵义不甚了了，种种猜测揣摩总是无济于事。阿里斯托芬融合了苏格拉底生平的不同阶段，所以阿纳克萨哥拉斯式的自然思辨也起到了一定的作用。依据《斐多》篇，苏格拉底曾一度对此甚感兴趣，但后来完全放弃了。还有许多场景②，全是无事生非，吹吹打打，打诨逗乐——这些场景我就不谈了，因为里面毫无理念的踪迹。无神论的自然观与斯瑞西阿得斯的相当幼稚的民间迷信相对立③，常常产生极强的喜剧效果，这后来获得了某种重要性。但最为重要的是：一、对苏格拉底个性的理解；二、对他教学中最重要的因素，即辩证法的表述；三、对他的立场的描述。

---

　　① 因此，在柏拉图的《申辩》篇中，他说他不曾为任何人之师，不曾收过任何门徒。

　　② 此外值得注意的是，阿里斯托芬对场景做了精心安排，苏格拉底在开始要比在结尾重要得多，斐狄庇得斯的课程全在场外，而对斯瑞西阿得斯的训导却是在众目睽睽之下进行的，这样陈旧的和新潮的立场表现在两个同样喜剧性的人物身上，一个比另一个更可笑。

　　③ 从第 368 行起，苏格拉底解释下雨是怎么回事。他说雨是从云里下来的，而斯瑞西阿得斯一本正经地说〔第 373 行〕："我先前总相信是宙斯从筛子里撒尿呢！"（第 194 页，原文为希腊文。——译注）

　　就第一个要点而言，谈苏格拉底的个性已经证明阿里斯托芬不把他和智者们相提并论。智术是自私的思想放荡不羁的狂奔，智者是其上气不接下气的祭司。在智术中，永恒的思想消解为一堆数不清的思想，而这一堆混乱的思想的外在表现便是蜂拥的智者群。[①] 换句话说，把智者当作个人看是没有必要的，而反讽家却总是一特定个体；智者属于种、类这些概念，而反讽家却属于个性这个规定。智者总是忙忙碌碌，拼命去抓住眼前的东西，而反讽家却无时无刻不把眼前的东西带回到自身之中，可带回到自身及其由此产生的回流正是个性的规定。因此，智术是反讽中的一个服务性元素，反讽家要么用它解放自己，要么用它剥夺他人的某种东西，然后，他把这两个环节都纳入意识之中，也就是说，他享受。可是享受正是个性的规定，尽管反讽家的享受是再抽象不过的，是最缺乏内容的，只不过是一个大轮廓。是真正的享受是具有绝对内涵的，即它意味着幸福，但反讽家的享受只是这种真正享受的微弱迹象。因此，智者像个商贩似的劳碌不休，而反讽家却骄傲地观照自我，韬光养晦——他在享受着。阿里斯托芬也隐约展示了这一点，他让歌队讲苏格拉底是其注意力的中心，并由此把苏格拉底和另一个备受青睐的少年普洛狄科斯区别开来。歌队做了这样的区分：他们听普洛狄科斯的话，是因为他很聪明，很有见地；他们听苏格拉底的话，却是因为"你大模大样地走，斜着眼睛看，赤着足，吃得苦，依靠你和我们的关系，装得那样骄傲庄严"。[②] 苏格拉底在阿里斯托芬那里成了喜剧性人物，这未尝说不过去，况且他的形象并不缺乏个性所特有的丰满，也不缺乏内在完满，故他仿佛是为眼睛制造的独白，不

---

　　① 每个世界历史性的立场都以庄严肃穆为标志（因为所有这样的东西都是静悄悄的，仿佛不是在世界之内，而是在世界之外发生），而接踵而来的便是智者们的喧嚷吵闹，冒险昆虫的嗡嗡作响，四处乱蹿，你推我挤，乱作一团。一般地来说，他们就像埃及蝗虫一样铺天盖地而来，（《圣经旧约》，《出埃及记》10，1—19。——译注）预示世界思想又要从个性的枷锁中解放出来，以像莱茵河入海口一样四处蔓延。

　　② 第360—363行，第193页。（正文中为丹麦文，脚注中为希腊文。——译注）

需要外界搅扰。很显然，阿里斯托芬不拟塑造偶然的现实，我们看到的不是一个人高马大的苏格拉底，大脚（苏格拉底自认为是受天宠爱才有这么一双大脚，供他行走站立方便）、深眼窝（他自己曾说这使他瞻顾方便）、不幸的形貌（他天生这么个形貌，颇有反讽意味，而苏格拉底也不乏反讽地看待这个事实）[162]，在歌队的一段话里，阿里斯托芬意在勾画一个理念。然而，这样一个突出的个性也不仅仅是主观思辨的标志，因为在主观思辨中，经验自我一旦消失，纯粹自我的理念规定一旦展开，个体在某种程度上也就消失了。与此相反，反讽家是一个完满个性的预兆，或者说一个完全个性的缩写。

就此剧中所描写的辩证法而言，我们不得忘记，这里所说的当然是可以纯粹理智地理解的辩证法。在一个败坏意志的支使下，这种辩证法很容易与不道德行为同流合污。这里所说的辩证法和这种不道德行为毫无瓜葛。在一定程度上，阿里斯托芬也必定是意识到了这一点的，否则我就的确不知道怎么把他从苏格拉底的诬蔑者这个自古就有的恶名中拯救出来。固然，阿里斯托芬绘声绘色地而且不无道理地把苏格拉底看做一种严重威胁旧希腊文化的原则的一个代言人，但是谴责苏格拉底败坏青年的道德、提倡新旧希腊文化都必然会憎恶的放荡与轻率总会是不公平的。这会是不公平的，不仅仅是因为苏格拉底据称是全希腊最正直的人，而且主要是因为苏格拉底的立场无疑是抽象理智性的（众所周知，他把罪看做无知，这一观点就充分说明了他的立场是理智性的），故我认为，在谈对苏格拉底的理解时不要对他的美德呀、高贵的心胸呀之类的浮夸言词念念不忘，更合乎实际的是把他的生活看做与败坏道德这类谴责毫无关联。任罗且怎么强调阿里斯托芬在《云》中严肃从事[163]，这并不能为他辩护，真正需要强调的是一种喜剧性：阿里斯托芬对某种东西极为严肃，可这种东西后来阴差阳错，变得极为有害。阿里斯托芬似乎也认为苏格拉底具有这种理智的中立性，证据便是在斐狄庇得斯入学仪式上，他让正义和不正义作为两种相对立的势力登场，而让苏格拉

底作为一种漠然的可能性站在二者之外。这里所描绘的辩证法很
显然是个心猿意马的家伙：它时而对最无关痛痒之事寻根究底，
深入探讨，耗费时间和精力咬文嚼字、吹毛求疵（"逻辑的精微
奥妙"，第 130 行[164]）；时而又停滞不前，昏昏沉沉，更像猜谜
或空想这类小聪明，甘为无所事事之徒廉价钦佩的对象，甚至以
病态的严肃态度沉醉于这种细枝末节，以至整个学校里人人都是
"深沉的思想家"[165]；时而它有意把握意义重大的事物，可在此
事物露面的那一刻，却又马上跳开。① 辩证活动处于这些极端之
间，其效用便是挑拨离间。真正哲学的、思辨的辩证法是有联合
作用的，可消极辩证法离弃理念，是个作肮脏生意的中间人，也
就是说，其作用在于分化瓦解。② 它只要求学生具有两种品
质——苏格拉底也询问斯瑞西阿得斯③他是否具有这两种品
质——即记忆力和天然的讲话才能。④ 斯瑞西阿得斯对第一个问
题的回答是他具有一种双重的记忆力：要是别人欠他东西，他就

---

　　① 参见第 700 行，歌队对斯瑞西阿得斯说："快把你的精力集中，让甜蜜的睡
眠远隔着你的眼睛，让你的意识竭力活动，运用你的思想，观察世间的事物。如果此
路不通，立即就跳到另一种思想上去。"（第 208 页，原文为希腊文。——译注）
　　我们倘若从这些诗行中别无多得，至少可以发现一幅敷衍辩证法的肖像，这种
辩证法让理念变作一坚硬的物体，它穿不透它，碰上即马上反弹回去。苏格拉底所
推荐的用心思考也证明仅仅是用心思考问题，而不是解决问题。参看第 743 行："安
静些。如果你的思路不通，就暂且抛开，过一会再去推动你的脑筋，再去用心思
考。"（第 210 页，原文为希腊文。——译注）
　　② 该给教斯瑞西阿得斯上课的时候，苏格拉底问他想学习什么他以前从未学过
的东西："告诉我，你愿意首先学习什么你从来没有学过的东西？你愿意学‘音量’、
‘音律’，还是学用字？"（第 204—205 页，原文为希腊文。——译注）
　　虽然这里提到了语法课程，虽然苏格拉底像 Peter Degn（Peter Degn 为丹麦作家
Ludvig Holberg 出版于 1731 年的剧作 Erasmus Montanus 中的人物。——译注）似的咬
文嚼字，我们不得忘记我们这里所看到的只是放纵的喜剧性讽刺，很可能暗示一种
基于语言的吹毛求疵的辩证法。
　　③ 第 482 和第 486 行。
　　④ 教学的成果也与此相应。苏格拉底表扬他说（260 行）："你会变作一个老
练的雄辩家、一个多话的人、一个圆滑的人。"（第 188 页，原文为希腊文。——译
注）

有特别好的记忆力，要是他欠别人东西，他的忘性就特别大。这个回答的确是这一类辩证法的形象表达。此外，这种辩证法当然是毫无内容的，其卓绝的标志便是苏格拉底谆谆教导斯瑞西阿得斯说不要信神，只需要信太空和舌头[166]，太空和舌头合在一起显然是指不着边际的高谈阔论，这也使我想起格林《爱尔兰童话》中讲到的一种人，脑子里空空如也，舌头和教堂大钟的舌头一模一样。[167]

最后，就苏格拉底的立场而言，阿里斯托芬很正确地描述了其特有的问题。他使我们认识到苏格拉底会多么坚决有力地说："给我一个立足之点。"[168]因此，他让苏格拉底在"思想所"坐在一个吊筐里（第218行），令斯瑞西阿得斯张口结舌。不管他是吊在屋顶下的筐里，还是闭耳不闻天下事，沉湎于自我观照，以便在一定程度上从地球的重力中解脱出来，在这两种情况下，他都是悬浮着的。而恰恰这种悬浮是极为意味深长的，这是升天的尝试。不过，只有在理念的领域完全张开之时，在自我观照使自我扩展为普遍的我、扩展为充满内容的纯粹思考之时，这种升天的尝试才可以真正实现。反讽家虽然可能比世界要轻一些，但同时他还属于世界，他就像穆罕默德的棺材一样在两个磁铁之间悬浮。倘若苏格拉底的立场是主观性的、内在性的立场，那么像阿里斯托芬那样来描述他从喜剧性角度来看就是不正确的，因为虽然主观性与旧希腊的实质性相比是悬浮着的，但它是无限地悬浮着，所以更正确的是把他描述为无限地消失着，让斯瑞西阿得斯根本看不到他，并由此突出喜剧性。与此相比，把苏格拉底描述为悬在一个吊筐里从喜剧性角度来看是不正确的，因为筐就好像是反讽家所需要的经验现实的基础，而主观性在其无限性中只趋向自己，也就是说，是无限地悬浮着的。

我现在总结一下以上对阿里斯托芬的《云》所作的分析。我相信，如果我们依据罗且把苏格拉底的立场看做是主观性的立场，那么我们就会认为阿里斯托芬的描述就喜剧性而言是更真确、更公平的。① 如果我们进一步把这种立场规定为反讽，也就是说，不让主观性涌流出来，而是在此之前就让它归结于反讽，那么阿里斯托芬的剧作就会留下许多难题。依据罗且，我们能够摒除一部分这样的难题。

色诺芬，柏拉图，阿里斯托芬

就阿里斯托芬与色诺芬和柏拉图的关系而言，《云》中二者成分皆有。真正构成苏格拉底生活的关键的是一种神秘莫测的虚无。柏拉图试图用理念来填补它，而色诺芬絮絮不休地讲功用。阿里斯托芬直面这个虚无，但不是把它看做苏格拉底乐于其中的反讽的自由，而是揭示它是如何地空空如也。这里谈不上理念。苏格拉底从他的沉思冥想中收获甚为微薄，远未取得理念永恒的充足。沉思从深处从未捞到过什么，它虽然下到灵魂的阴间（阿里斯托芬用以描写新学校门徒自然探究的词句也可在心理学意义上使用，第 192 行："他们要摸索到地下的深坑里去"[169]），但总是空手而归。这里也谈不上什么功利。功利说到底还是一种思考②，可在这里它让位于占小便宜、斤斤计较，变成了手脚灵巧（参见第 177

---

① 黑格尔分析了苏格拉底辩证法如何以善本身这一空洞的共相为代价摧毁了善的所有具体规定。在此之后并借助于此，他也指出阿里斯托芬是完全从消极的一面来理解苏格拉底哲学的。参见《哲学史讲演录》第二卷（汉译本，第 76 页）。但是很显然，倘若苏格拉底思想中有柏拉图式的肯定性，那么不可否认，无论我们怎么迁就希腊意义上的喜剧家，阿里斯托芬还是僭越了本分的，甚至喜剧性也具有它的本分，即对喜剧性真理的要求。

② 在色诺芬那里，功利在美与善之间摇摆不定，所以与其说是道德概念，毋宁说是理智概念。可在这里，功利是完全从道德上来理解的，与善相对立，与恶相统一。在色诺芬那里，苏格拉底上课是不收费的，这暗示他的授课是和讲价钱这类事情大相径庭，暗示苏格拉底的授课和外在性的估价之间模棱两可的关系（因为它在一种意义上太好，而在另一种意义上又太坏）；可在阿里斯托芬这里，苏格拉底不仅收费，而且简直是宰人。如果我们不愿把这后一种行为看做是难以辩护的道德污点，如果我们不愿把它看做亟待原谅的纵情取乐，那么我们可以把它看做是反讽家与个体之间的关系的形象表现，因为这种关系好夺取，恶奉献。苏格拉底让斯瑞西阿得斯赤身进"思想所"，同样赤身出来。在精神上，反讽家也是这样对待个体的。

行[170]）。阿里斯托芬的苏格拉底乐于观察自然，这时时令人想起色诺芬的苏格拉底的博物学探究，只是在阿里斯托芬处这些探究隐隐有渎神之嫌。① 与柏拉图相比，阿里斯托芬进行了削减，而与色诺芬相比，他进行了增补；不过就后者而言，他所增补的只是一些消极因素，故这种增补其实也是一种削减。以上，我在三个作者相互关系的基础上多方兼顾，由此勾画了一个大轮廓。如果我们现在对此轮廓详细查考，以求得知那个未知数，即与此轮廓准确相配并填补其空白的那个立场，那么情形大抵是这样的：此立场和理念的关系是消极的，也就是说，理念是辩证法的边界。个体不停地试图把现象引导到理念上去（辩证活动），但备受挫折，被迫回头，逃避到现实中去；然而现实本身的效用却仅仅在于不停地致使个体希望超脱现实，但他总是愿心未遂；于是，个体收回主观性的努力，藏到自我的深处，聊以自慰，而这种立场正是反讽。

　　本论文到此可以歇一口气了。探究已走了一大段路，这段路是整体中的一个环节。要用几句话对此路程及其在整体中的意义作一回顾，那么我会说，这是理解苏格拉底的可能化。色诺芬、柏拉图和阿里斯托芬不仅仅在一般意义上理解了苏格拉底——即人们谈到精神现象时所说的理解——而且在一种很独特的意义上没有再现他，而是理解了他。② 出于这个原因，我们使用他们时必须小心，只要他们稍有些不可收拾，我们就必须马上阻止他们。为达到这个目的，我们必须求助他人，以避免犯随意行事的错误，因此，前面我自己总是力求以第三者的眼光来看待每个作

---

　　① 我把这三种看法依它们与理念的关系（历史纪实性的——理想的——喜剧性的）而不是按时间顺序予以整理，大概有读者以此为由谴责我犯时代错误。而我却认为不讲时间顺序是有道理的。不过，阿里斯托芬时间上离苏格拉底最近，因而具有特别的重要性，这一点我是绝对无意否决的。据说，柏拉图曾把《云》寄给老狄奥尼索斯，让他由此了解雅典城邦。这进一步强调了阿里斯托芬的历史意义。

　　② 我们可以说有一种严格意义上的理解。不管在什么地方，通过这种理解来重构一个现象都是一种双重劳动。我们必须解释现象，并解释可能产生的误解，我们必须通过误解来争取现象，而通过现象来消除误解的魔力。

者。然后，我使他们相互对质。于是我就可能以一种与此相应的对苏格拉底的看法来解释这三种看法之间的差异。但是这样我还远未超出可能性，因为尽管我所作的解释能够调解这三种看法，但这却绝不意味着这个解释也是绝对正确的。倘若这个解释未能调解它们，那么它就根本不可能是正确的。可这的确是可能的。在这个探讨过程中，我总念念不忘的想着某种东西，那就是最终看法。人们不能因此谴责我有耶稣会教派的毛病[171]，或者指责我把要找的藏起来，然后发现我自己早已发现了的东西。在探究之时，最终看法只是作为一种可能性飘浮在我的眼前，每个结论都是一种相互关系的统一：被解释者受解释它的观点吸引，而解释者也受被它解释的观点吸引。在某种意义上，最终观点就是从这种左思右想中形成的，尽管在某种意义上它在这之前已经形成了。但情况也只能如此，因为整体是先于部分的。它如果不是形成的，那就是再生的。我相信，公道的读者是会赞成我的这种慎重的，尽管因此这篇论文的形式与目前常用的、在许多方面可嘉的方法颇有些出入。我如果是先确立了最终看法，然后把这三种观点指定为它的各个环节的话，那么我就丢失了静观环节。静观环节总是很重要的，这里它是双重重要，因为我不是通过另一条道路，不是通过直接观察而获得现象的。这里，最终看法还是一个必要的先决条件，尽管在另一种意义上，它是结果。这一章可称作理解的现实化：它通过所有这些历史事实而成为现实。

　　从现在开始，此探究也将有个新的面貌。我将探讨一些新的现象。这些现象是历史事实，我们不需要穿透误解，把它们开掘出来，而只需要保留其天然状态，然后予以解释。

注　释

　　[1]《马太福音》、《马加福音》、《路加福音》三福音因有许多对应、平行、交叉之处，故统称为对观福音书。

　　[2] 鲍尔引文原文为德语。

［3］

［4］《丹麦民报》（Dansk Folkeblad）从 1835 年到 1848 年在哥本哈根出版发行。

［5］《回忆苏格拉底》，第 113 页，引文原为希腊语。

［6］《回忆苏格拉底》，第 114 页，引文原为希腊语。

［7］"人人没用"原文为德语。

［8］参看柏拉图《斐德若》篇 249a，原文为希腊语。

［9］参看柏拉图《会饮》篇 177d 起，原文为希腊语。

［10］"蔽塞乡镇"一词原为"可里斯田斯费而特"（Christiansfeldt），丹麦日德兰半岛南部一小镇，以基督教亨胡特兄弟会教派（herrnhutisme）著称。此处意指蔽塞、庸俗。

［11］"音响振动图形"原文为 Klangfigur，指由声音的振动影响沙盘上的沙粒形成的对称图形。此现象由德国物理学家克拉德尼（Chladeni）1787 年发现，故亦称克拉德尼图形。

［12］此处作者是引用黑格尔描述佐尔格的话，参见《美学讲演录》。

［13］《小妖精们》，一幕童话喜剧（1835），为丹麦作家海波格（Johan Ludvig Heiberg）所作。剧中人物校长 Grimmemann 掉下了"一千四百

丈"，突然发现自己落入了山神之中。

[14] 亚伯拉罕—圣克拉拉（Abraham a Sancta Clara）为奥地利作家乌尔利希—美格乐（Ulrich Megerle，1644—1709）的笔名。此处作者暗指亚伯拉罕—圣克拉拉全集（*Sämmtliche Werke*，1835—1854）卷8，第14页。

[15] "附属状态"原文为 status constructus，在希伯来语语法中指只能和其他词语连用的词；"自主状态"原文为 status absolutus，在希伯来语语法中指可以被单独运用的词。

[16] 引文原为德语。

[17] 引文原为德语。

[18] 引自贺拉斯（Horats）的"诗论"（Ars Poetica）第322节。

[19] Alterno pede，拉丁语，"换着脚"，引自贺拉斯（Horats）"颂歌"1，4，7。

[20] 影射《旧约·列王纪上》18，21："以利亚前来对众民说：你们心持两意要到几时呢？若耶和华是神，就当顺从耶和华；若巴力是神，就当顺从巴力。"

[21] "交互词"一词为拉丁语 pronomen reciprocum，欧洲语言里的交互词相当于汉语里的副词"互相"。

[22] "为神服务"原文为 Gudstjeneste，一般意指"礼拜仪式"，但它的基本涵义是"为神服务"，作者在这里显然是影射这种双重涵义。

[23] 原文为希腊语。《苏格拉底的申辩》，第79页。

[24] 参见《旧约·士师记》16，29："参孙就抱住托房的那两根柱子：左手抱一根，右手抱一根，说，'我情愿与非利士人同死！'就尽力屈身，房子倒塌，压住首领和房内的众人。"

[25]《会饮》篇198d-e，第252页。

[26]《会饮》篇222b，第290页。译文稍有变动。

[27]《会饮》篇215d-e，第280页。科里班特是信奉酒神的祭司们，在酒神祭典中表现宗教热忱于疯狂的歌舞。

[28] 为逃避莎林女仙歌声的诱惑，奥底修用蜡塞住船员们的耳朵，而把自己绑在桅杆上。参见荷马，《奥底修记》，第12章。

[29] "希腊神话中的林神（Satyri），其中之一专名西勒诺斯（Silenus）。这些林神们象征自然的繁殖力，与酒神教关系最密切。他们的形状很丑陋，头发竖立，鼻圆而孔朝天，耳尖如兽，额上有两个小角，后面还

有一条尾巴。他们欢喜酒、乐、舞以及一般感官性的享乐。苏格拉底的形状著名地丑陋，所以亚尔西巴德拿林神来比他。"《会饮》篇中文本译注。见会饮篇，第 279 页。

[30]《会饮》篇 216d—217a，第 282 页。译文略有变动。

[31]《会饮》篇 221d - e，第 289 页。译文略有变动。

[32] 参见《会饮》篇 219b - d，第 286 页。

[33]《会饮》篇 222c - d，第 291 页。

[34] 德国神学家施特劳斯（David Friedrich Strauss, 1808—1874）在其著作《耶稣生平》（*Das Leben Jesu*, 1835）中做此类比。关于基督在山上改变形象，参见马太福音，17，1—8。

[35] 德国神学家及哲学家施莱尔马赫（Friedrich Schleiermacher, 1768—1834）在其编译的《柏拉图著作》（*Platons Werke*, 1804—1828）中做了此区分。

[36]"种类名词"原为拉丁文 nomen appellativum。

[37] 引文原文为德文。

[38] 出典不明。

[39] 参见施莱尔马赫，《路德派新教会的基督教信仰》（*Der christliche Glaube nach den Grundsätzen der evangelischen Kirche*），柏林，1835—1836，第 56 节。

[40] 出典不明。

[41] 哥特里普（Gottlieb）是德国浪漫主义作家蒂克（Ludwig Tieck, 1773—1853）的童话剧"穿靴子的雄猫"（*Der gestiefelte Kater*）中的人物。他是家里最小的儿子，在分遗产的时候，他只得到了一只猫。这只猫神通广大，能够给他带来财富与荣誉，但他一直没有看透真相。

[42] 裴拉吉（Pelagius, 约 360—431）是英国中世纪早期修道士。他否认原罪的存在，认为人不仅能通过上帝恩赐，而且也能通过自己的努力而得到拯救。人能自由地在善与恶之间选择，若选了恶，那是由于他的无知。

[43] Velbekomme 是丹麦人饭后用语。饭吃完之后，客人对主人或小孩对大人说 Tak for mad（谢谢晚餐），然后主人对客人或大人对小孩说 Velbekomme（希望你吃得还好）。

[44] 原文为德文，见 Baur, *Das christliche des Platonismus*, 112。

[45] 参见施莱尔马赫在其编译的《柏拉图著作》中为《会饮》篇所写的序言：*Platons Werke*，第二卷，第 357—370 页；海瑟（Carl Johann Heise, 1787—1857）的八卷本丹麦文《柏拉图对话选集》（*Udvalgte Dialoger af Platon*, 1830—1859），第二卷，第 224—230 页。

[46] 阿斯特（Friedrich Ast, 1778—1841），德国古典语文学家、哲学史家及美学家，柏拉图著作希腊文、拉丁文版本的编辑者（*Platonis quae exstant opera*，十一卷，莱比锡，1819—1832）。他的专著《柏拉图生平著作》（*Platons Leben und Schriften*）1816 年出版于莱比锡。

斯塔尔鲍姆（Gottfried Stallbaum, 1793—1861），德国古典语文学家，1827—1860 年间编辑出版了希腊文的柏拉图对话集，附拉丁文注释（*Platonis dialogos selectos*）。克尔凯郭尔所引用的"斐多篇引言"见于此著作第一卷第二部分第 19 页。

[47] 引文原为德文。

[48] 引文原为德文。

[49]《斐多》篇 70c，第 22—23 页。

[50]《斐多》篇 77d，第 38 页。人名的翻译做了改动。

[51]《斐多》篇 115d，第 97 页。人名的翻译做了改动。"不管这是什么样的福"一句话在《斐多》篇的中文本中没有被翻译出来。

[52] 参见《斐多》篇 65d，第 16 页。

[53] 参见《斐多》篇 66d，第 17 页。

[54] 参见《斐多》篇 66a，第 17 页。

[55] 参见《斐多》篇 81c，第 44—45 页。

[56] 参见《斐多》篇 66d，第 17 页。

[57] 参见 Bauer, Das Christliche des Platonismus，第 114 页。

[58] 参见《斐多》篇 73b，第 30 页。

[59]《斐多》篇 75a，第 33—34 页。

[60]《斐多》篇，第 34 页。译文稍有变动。

[61] "关键"一词原为拉丁语 Punctum saliens。

[62] 参见《斐多》篇 78c，第 39—41 页。

[63] 参见《斐多》篇 78d，第 39—40 页。

[64] 参见《斐多》篇 80a，第 42 页。

[65] 参见《斐多》篇 87b，第 53 页。

［66］参见《斐多》篇 104c，第 80 页。（译文做了较大变动）

［67］参见《新约·约翰一书》3，2："亲爱的弟兄啊，我们现在是神的儿女，将来如何，还未显明。"

［68］《斐多》篇 114c，第 95 页。

［69］在古希腊神话里，伊克西翁（Ixion）被邀与神们进餐，试图强行与女主人赫拉（拉丁语：朱诺）做爱。她随即变成一片云彩。

［70］罗森可兰茨（Karl Rosenkrantz，1805—1879），德国哲学家、心理学家。这里大概是影射他对施莱尔马赫的《路德派新教会的基督教信仰》（"*Der christliche Glaube nach den Grundsätzen der evangelischen Kirche*"）的评论。参见 *Jahrbücher fuer wissenschaftliche Kritik*，Band 2，nr. 119，Stuttgart/Tübingen 1831，第 949 行。

［71］影射特罗亚战争中的英雄阿克琉斯在阴间的感慨。参见荷马，"奥德修记"，第 11 卷，第 489—491 行。

［72］此处估计是影射《圣经新约》，《彼得前书》2，24："我们既然在罪上死，就得以在义上活。"参见《罗马书》8，10："基督若在你们心里，身体就因罪而死，心灵却因义而活。"

［73］参见《新约》，《新约·罗马书》6，6："意味知道我们的旧人和他同钉十字架，使罪身灭绝，叫我们不再作罪的奴仆。"

［74］参见《新约》，《新约·以弗所书》4，13："直等到我们众人在真道上同归于一，认识神的儿子，得以长大成人，满有基督长成的身量"，以及《提摩太后书》3，17："叫属神的人得以完全，预备行各样的善事。"

［75］参见《新约》，《新约·以弗所书》4，24："这新人是照着神的形象造的，有真理的仁义和圣洁。"

［76］参见《斐多》篇 64a："许多人不懂哲学。真正的追求哲学，无非是学习死亡，学习处于死亡的状态。"第 12—13 页。

［77］威赛尔（Johan Herman Wessel，1742—1785）为挪威及丹麦诗人。引文出自由 A. E. Boye 所编的《威赛尔诗集》（*Samlede Digte af Johan Herman Wessel*），哥本哈根，1832，第 269 页。克尔凯郭尔强调"想"一词。

［78］暗指《旧约》，《旧约·创世记》1，6—7："神说：'诸水之间要有空气，将水分为上下。'神就造出空气，将空气以上的水、空气以下的水分开了。"

［79］暗指《旧约》，《旧约·创世记》中上帝六日创造世界的故事。例如1，3："神说，'要有光'，就有了光。"

［80］《斐多》篇91b，第59页。译文做了变动。

［81］原文为希腊文。

［82］原文为希腊文。

［83］原文为拉丁文。见于 Stallbaum，*Platonis dialogos selectos* 第一卷第二部分第 133 页。

［84］参见 Ast，*Platons Leben und Schriften*，第 474—492 页。

［85］参见 Stallbaum，*Præfatio ad apologiam Socratis*，*Platonis dialogos selectos*，第一卷第一部分，第 3—6 页，引文出自第 4 页，原文为拉丁文。

［86］"非此即彼"原文是拉丁文"aut-aut"。这是克尔凯郭尔首次使用此词。

［87］"苏格拉底在逐渐说服其余两人，逼他们承认同一个人可以兼长喜剧和悲剧，一个人既能凭艺术作悲剧，也能凭艺术作喜剧。"《会饮》篇，第 292 页。

［88］《苏格拉底的申辩》29a，第 65 页，原文为希腊文。

［89］参见《苏格拉底的申辩》37b，第 75 页，原文为希腊文。译文做了变动。

［90］《苏格拉底的申辩》40c - e，第 78—79 页，原文为希腊文。

［91］原文为希腊文。

［92］《苏格拉底的申辩》41a，第 80 页，原文为希腊文。

［93］Ast，*Platons Leben und Schriften*，第 487—488 页，原文为德文。

［94］此句原文为 tvertimod haaber jeg at det skal blive en virksom Arbeider i Viingaarden，意为"我希望它成为葡萄园里的积极工人"，暗指《新约》，《马太福音》20，1—6。

［95］《苏格拉底的申辩》23c，第 58 页，原文为希腊文。

［96］Ast，*Platons Leben und Schriften*，第 488 页，原文为德文。

［97］巴格森（Jens Baggesen，1764—1826），丹麦诗人。

［98］"人身攻击"一词原为拉丁文 argumentum ad hominem，修辞学术语。

［99］从这里到本节结尾原文为德文。

［100］这句话为克尔凯郭尔所加，原文为丹麦文。

[101]《苏格拉底的申辩》20e，第 55 页，原文为希腊文。

[102] 参见《苏格拉底的申辩》17b - c，第 51 页。

[103]《苏格拉底的申辩》18a，参见汉译第 51 页，原文为希腊文。严群的译文过于简略，故做了较大的改动。

[104] 参见《苏格拉底的申辩》，第 55—57 页。

[105] 参见《苏格拉底的申辩》，第 54、57、72 页。

[106] 参见《苏格拉底的申辩》，第 67 页。

[107] 参见《苏格拉底的申辩》，第 66、67、74 页。

[108] 参见《苏格拉底的申辩》，第 64 页。

[109] 参见《苏格拉底的申辩》，第 54—55 页。

[110] 参见《回忆苏格拉底》，第 13 页以下。

[111] 参见《苏格拉底的申辩》，第 52、56 页。

[112] 参见《苏格拉底的申辩》，第 67 页。

[113] 参见《苏格拉底的申辩》31a，第 67 页，译文做了更正。

[114] 参见《高尔吉亚》篇 523a 起。

[115] 参见 D. C. Ackermann, *Das Christliche im Plato und in der platonischen Philosophie*, Hamburg 1835 （《柏拉图与柏拉图哲学中的基督教精神》，汉堡，1835）。

[116] 参见《理想国》427b - c，第 143 页。

[117] 参见《理想国》377b - c，380c，392a - b，401b - d，第 71、76、93，107 页。

[118] 参见《理想国》598d 起，第 393 页起。

[119] 参《斐德诺》篇 246a 起，《高尔吉亚》篇 523a 起，《斐多》篇 110b 起。

[120] 黑格尔在《美学讲演录》中讲到印度神话时使用此概念。参见《美学讲演录》第一卷。

[121] Henrik Steffens（1773—1845），生活于挪威、丹麦和德国的哲学家。克尔凯郭尔此处引用的是他的 *Caricaturen des Heiligsten*, Bd. 1 - 2, Leizig 1819—1821.

[122] 参见《会饮》篇，第 273 页。

[123] "极端邪恶"（德文 das radikale Böse，丹麦文 det radikale Onde）这一概念见于康德的 *Die Religion innerhalb der Grenzen der blossen Vernunft*

（《理性界限之内的宗教》），发表于 1793 年。

[124] 参见 Ast, *Platons Leben und Schriften*，第 321 页起。

[125] 参见 Baur, *Das Christliche des Platonismus*，第 96 页。

[126]《高尔吉亚》篇 527a。

[127]《斐多》篇 95—96 页。

[128] 参见《斐多》篇 113c–d，第 94—95 页。

[129] 参见注〔35〕，原文为德文。

[130] 色拉叙马霍斯和卡里克勒斯分别为《理想国》和《高尔吉亚》篇中的人物。

[131] 参见《高尔吉亚》篇 487a 起。

[132] 参见《理想国》336b，第 15—16 页。

[133] 参见《高尔吉亚》篇 461b，481b。

[134]《理想国》，第 16 页，原文为希腊文。

[135] 参见《高尔吉亚》篇 461d 及 473d。

[136]《理想国》，第 18 页，原文为希腊文。

[137]《理想国》，第 36 页，译文略有改动，原文为希腊文。

[138]《理想国》331e。汉译为"辩论的接班人"，第 6 页，原文为希腊文。

[139]《理想国》331e。第 7 页，原文为希腊文。

[140]《理想国》338c。第 18 页，原文为希腊文。

[141] 参见《理想国》341b，第 22 页。

[142]《理想国》343a。第 25 页，原文为希腊文。

[143]《理想国》354a。第 42—43 页，原文为希腊文。

[144]《理想国》354b。第 43 页，原文为希腊文。

[145]"鞭策"一词原为拉丁文 stimulus。

[146]"目标"一词原为拉丁文 terminus。

[147]"相对哲学"原文为 Tilnærmelse—Philosophie，指建立在感性经验之上、其结果只能达到一有限程度的可靠性的哲学。

[148] 指罗且。

[149] 参见《云》第 265—274 行，第 189 页。

[150] 参见《云》第 340、346 行，第 192 页。

[151]《云》第 191 页。

［152］《云》第 348 行，第 192 页，原文为希腊文。

［153］参见《云》第 192 页。

［154］Rötscher, *Aristophanes und sein Zeitalter*，第 325—326 页，原文为德文。

［155］参看《云》第 218 行，第 186 页。

［156］《云》第 229 行，第 187 页，原文为希腊文。

［157］"思想所"一词原为希腊文。

［158］暗指伊索寓言《狐狸与鹤》。

［159］参看《云》第 1409 行："斐狄庇得斯：……我首先问问你：我小时候你打过我吗？斯瑞西阿得斯：打过你，我原是疼你，为你好啊！斐狄庇得斯：告诉我，你既然说为我好而打我，我如今也为你好而打你又有什么不对呢？"第 241 页。

［160］在《纯粹理性批判》中，康德曾说："一百真正的塔勒不比一百可能的塔勒多一丝一毫。"（"Hundert wirkliche Thaler enthalten nicht das Mindeste Mehr, als hundert mögliche。"）

［161］原文为德文 die Nutzanwendung。

［162］参见色诺芬的《会饮》（*Symposium*）5，5—7。

［163］参看 Rötscher, *Aristophanes und sein Zeitalter*，从第 319 页起。

［164］第 182 页，原文为希腊文。

［165］《云》，第 101 行，第 181 页，原文为希腊文。

［166］参见《云》，第 423 行，第 196 页。

［167］参见 Jacob Grimm/Wilhelm Grimm, *Irische Elfenmärchen*, Leipzig 1826。

［168］据说，数学家阿基米德（公元前 287—212）曾说："给我一个立足之点，我将使地球运动。"原文为希腊文。

［169］《云》，第 184 页，原文为希腊文。

［170］指从击剑场钩衣服一事。

［171］"耶稣会教派的毛病"原文为 Jesuitisme，这里指耶稣会的原则"为了目的可以不择手段"。

第二章　这种理解的现实化

苏格拉底的守护神

　　读者马上就能看到，我现在已经踏入另一个领域了。这里的问题不再是柏拉图或色诺芬的看法，除非我们不分青红皂白，认为一切皆为柏拉图和色诺芬凭空捏造。苏格拉底曾信奉守护神，这是一个事实，我们必须通过与此有关的言论①，尽力弄明白这到底是怎么回事，并使之与我们的整个观点谐调起来。苏格拉底的这个守护神一直是令语文学家们大伤脑筋的事[1]，但这个难题与其说能把人吓倒，毋宁说很能吸引人，其神秘魅力颇能迷惑人心。所以，自古以来人们就喜欢谈论此事（因为"还有什么比这种奇闻怪事更让人爱听呢?"[2]）但一般地也不过说说罢了，由神秘性引起的好奇心很容易满足，只要道破机密就行了。要是有人一本正经地说："有什么好说呢?"那可就再深沉不过了。倘若有读者有意求教这方面的完美无瑕的杰作——一个如此浑然一体以至完全绕过了事物关键的杰作——那么我很愿意推荐冯克实用词典中的一篇文章②，此文结尾和开头一样透彻，中间也不逊于开头和结尾。一个志趣相似的丹麦人，布罗克博士先生，在其色诺芬《回忆苏格拉底》译文前言中也抵抗不住对此不凡现象作出解释的诱惑。他认为，苏格拉底自己相信他有这么一个守护神，而"这种感觉是预感，或者说一种幻想，其原因部分在

---

　　① 所以，这些言论主要见于严格意义上的历史著作。
　　② Karl Philip Funcke, *Neues Real-Schullexikon*, zweiter Theil, 第 643 页起。

于他丰富的想象力以及敏感的神经系统"。①[3]

　　首先需要把事实摆出来。色诺芬和柏拉图均提及这一异乎寻常的现象。阿斯特正确地指出（第 483 页[4]），$τὸ\ δαιμόνιον$ 一词不是纯形容词，我们必须加上 $ἔργον$（作为）、$σημεῖον$（标示）之类的词以使之成完整的词；但它也不是意指某种特定生灵的名词。可见，这个词表达某种完全抽象的东西，它的双重用法就是有力的说明。有时我们可以看到这样的词句：$τὸ\ δαιμόνιόν\ μοι\ σημαίνει$（神明示意我）[5]，而在其他地方：$δαιμόνιόν\ τι$（有些神奇）或 $τὸ\ δαιμόνιον\ γίγνεται$（神奇的东西降临于我）。[6]所以，首先需要注意的是这个词表达某种抽象的东西、某种神圣的东西，这种东西正由于其抽象性而居于所以规定之上，不可言传，不可理喻，因为它不允许加元音符号。[7]如果我们询问它的运作方式，我们得知它是个听得见的声音，但是没人敢要求听这个声音，以为它是通过语言而显示出来的。其实，它的运作是完全本能性的。就其作用而言，色诺芬和柏拉图的记载颇有些龃龉之处。依柏拉图，它警告、阻止、规诫。参见《斐德诺》篇 242b – c，《申辩》篇 31d，《亚尔西巴德》篇 103a，《塞亚革》篇 128d。依色诺芬，它命令、督促、鼓励（《回忆苏格拉底》第一卷，第一章，第四节；第四卷，第八章，第一节；《申辩》第十二节[8]）。阿斯特认为，在此我们应该依随色诺芬，而不应依随柏拉图。谁要是对这个鉴定还感到有些不满足，那么阿斯特下面的（从他的立场来看是完全正确的、令人心服口服的）一段话会使他目瞪口呆："有人讲守护神作为神圣的预感只起到了规诫的作用，这是根本不可置信的；难道苏格拉底只有对

---

　　①　最近还有人很关心这个守护神。我从汉修斯的一部著作（Otto Friedrich Theodor Heinsius, *Sokrates nach dem Grade seiner Schuld zum Schutz gegen neuere Verunglimpfung*, Leipzig 1839，第 9 页。——译注）里得知，巴黎有个精神病医生，名 Lelut，自作聪明，声称："苏格拉底得了一种精神病，专业术语称之为幻觉。"（原文为法文。——译注）书名为：F. Lelut, *Du demon de Socrate*（《苏格拉底的守护神》），巴黎，1836。

不公平、不幸等等的预感，而没有对催促他行动、使他充满希望的幸福的预感吗？"[9] 这是阿斯特自己的事。我需要请求读者注意的是，这个对理解苏格拉底至关重要的东西，亦即这个守护神只是警告性的，而非命令性的，也就是说，是消极的，而非积极的。如需在色诺芬和柏拉图之间作一选择，我认为我们最好还是依随柏拉图，他经常提到这个守护神的作为，讲它是警告性的。① 我们可以把色诺芬的附录看做他思想浅薄的表现，他想象不出蕴藏其中的涵义，自作聪明，以为守护神要能警告，也一定能督促。这样，关于守护神的话也就堕为陈词滥调。既能这样，又能那样，时而这样，时而那样：这种平庸无趣的话当然是色诺芬最喜欢的。比起柏拉图的硬，色诺芬的软容易解释得多，因为这只需要好心肠，不大需要头脑，而前者却需要大胆、魄力。此外，在《申辩》篇里，为了针对迈雷托士的控诉为自己辩护，苏格拉底提出守护神为证，此处我们可以清晰地看到，他意识到了守护神只起警告作用是有重大意义的。他由此解释一个引人注目的事实：他私下乐于劝告人家（"我私下到处巡游"[10]），可从来不商讨国是。这个事实明确地展示了守护神与苏格拉底的消极关系，因为它导致他消极地对待现实——在希腊的意义上即消极地对待城邦。倘若守护神起到的是督促、鼓励作用的话，那么他是一定会参与现实的。② 与此密切相关的一个问题是：苏格拉底在什么程度上——如他的控告者所声称的那样——由于信奉守护神而与城邦的宗教相冲突？很显然，他与城邦的宗教是有冲突的。首先，背离神灵们具体的个体性，以某种完全抽象的东西取

---

① 普卢塔克（*Plutarchi Chaeronensis opuscula ed.* H. Stephanus. Tom II, pp. 241, 243）和西塞罗（de divinatione I, 54）均保留了许多关于保护神的故事，在所有这些故事里，守护神皆起警告作用。

② 我们不得忘记这段引文出自《申辩》篇，而《申辩》篇就整体而言可以说是可靠的历史文献。我们不得忘记这一点，以确信我这里不是在谈柏拉图的看法，而是在事实的基础上进行论证的。

而代之，这是对希腊城邦宗教的挑战。① 其次，背离被神灵意识浸透着的希腊生活（希腊生活的每一个即使最微不足道的侧面都被神灵意识浸透着的），背离这种响彻一切的神圣的雄辩，以缄默取而代之——在这种缄默中，一个警戒的声音不时隐隐可听，一个从来不关心城邦生活的实质性利益的声音（这包含着几乎是最深刻的挑战），一个从来不就社稷民生发表意见的声音，一个只关心苏格拉底的至多他朋友的私人琐事的声音——这也是对城邦宗教的挑战。

　　我们现在离开上面提及的滤出了蠓虫却吞下了骆驼的法利赛学者[11]，转向最近学术研究在这一方面的进展。一个本质性的区别扑面而来，那就是后者深入问题中心，不求解释它，只求透彻理解它。只要我们还是孤立地看待苏格拉底的守护神这一问题，只要我们还是从外表来观察它，那么它就仍然是令人费解的，无论有多少猜测推敲的好手都不管用；倘若我们从内部来观察它，那么本来好像是不可逾越的障碍证明其实是一个必要的边界，这个边界阻止眼睛及思想迅步逃脱，迫使眼睛从外围回到中心，迫使它进行透彻理解。黑格尔②有一个论点很概括地、然而又极为深刻地表达了什么是"理解这个守护神"："苏格拉底把识见和确信作为人类行事的决定者，认为主体能够作最后的决定，同城邦和风俗相对立。于是，他使自己成为了希腊意义上的神谕。他说他自身内有一个保护神，忠告他何去何从，并向他揭示什么有益于他的朋友。"依黑格尔，罗且（第 254 页[12]）也

---

　　① 苏格拉底试图为自己辩护，讲他信奉守护神，故必然也就信奉神。即使我们撇开他的证据所具有的反讽表达方式，即使我们撇开隐藏其中的间接挑衅，这种辩护也是很难站住脚的。即使我们一般地——故在此处——承认从泛神论可以必然地推出有神论，这却决不意味着苏格拉底对城邦是公正的，因为城邦并不是通过推论获得它的神灵的，而苏格拉底对推出的结论——只要需要，他是每时每刻都有能力推出这样的结论的——完全可能持漠然的，即非宗教的态度。

　　② *Vorlesungen über die Philosophie der Geschichte*，第二版，第 328 页。（参看《历史哲学》，王造时译，上海书店出版社 2001 年版，第 268 页。此处依德文原文，对王的译文作了较大的改动。——译注）

对此作了正确的理解："自古以来，对苏格拉底的守护神这一现象就众说纷纭。这一现象的关键是如下原则：精神应该从自己出发、自由作出决定。任何事物都应由思维作出裁决、由思维作出证实：这种伟大意识是这一现象的核心。在这个守护神中，内在决定这个刚刚提出的思想被形象化了。"[13] 黑格尔在法哲学中也提到了这个苏格拉底的保护神。参见第 279 节："以前把自己置于自己身外的意志转入自己身中，并在自己之内认识自己，在苏格拉底的守护神中，我们看到这一过程的起端——自我认知的、故真正的自由的起端。"[14] 黑格尔对这个守护神最详尽的探讨当然是在他的《哲学史讲演录》中（第二卷，第 94 页以下，第 103 页以下[15]）。尽管黑格尔也不免作些类比①，并以此消除这个现象所具有的麻烦之处，但他的整个探讨以透彻理解为准，其结论也是透彻的理解。苏格拉底的立场是自我反思的主观性、内在性的立场，在它与自我的关系之中现存的东西崩溃了，溶解于思维的波涛之中。思维的波涛汹涌澎湃，摧枯拉朽，在把现存的东西冲洗干净之后，自己又退回到了思考之中。主观性的决断和自信取代了那种强有力的、神秘地致使个体亦步亦趋跟随城邦的敬畏（αἰδώς）。黑格尔说（第 96 页[16]）："希腊精神的观点，在道德方面，是具有淳朴伦理的特性的。人还没有达到自己对自己进行反思、自己对自己作出规定的境地。" 在旧希腊文化中，人们的法律是曾得到神灵认可的，对于个体具有传统的威仪。与此传统相应的便是世代因循的习俗。但是法律所规定的是普遍情况，在旧希腊文化中，人们也必须对特定事务，即城邦事务和私人事务中的特殊情况，作出决定。为此希腊人求助于神谕、谶语

---

　　① "在垂死弥留的时候，在大病的状态中，在不省人事的状态中，可以出现一种情形，人会知道一些情况，知道将来或当时的事情，这些事情从常理说他是绝对无法知道的。……因此对苏格拉底守护神的进一步考察，便使我们想起一种发生在梦游症这种双重意识状态中的情况；在苏格拉底那里，也显然可以发现这一类的磁性情况，因为据说他常常（在军营里）陷入麻木、僵直、出神的状态。"（《哲学史讲演录》第二卷，第 86 页及 89 页。原文为德文。译文略有改动。——译注）

（第 97 页^[17]）：“这样的一个环节是很重要的：人民并不是决定者，主体并不能作出决定，而是让另一个外在的东西给自己决定；只要在一个地方人还不知道自己的内心是如此独立、如此自由的，还不知道只消由自己作出决定，那个地方神谕就是必要的，——这是因为缺乏主观自由”。苏格拉底的守护神取代了这个神谕。这个守护神处于从神谕与个体的外在性关系转向自由的彻底内在性的过渡阶段，而正因为它仍处于过渡阶段，所以它还是一种表象。（第 95 页^[18]）：“主体的内在的东西进行认识，由自己作出决定；这个内在的东西，在苏格拉底那里，还具有一种独特的形式。守护神虽是不自觉的、外在的、作决定的东西，然而仍是一个主观的东西。守护神并不是苏格拉底本人，并不是他的意见、信念，而是一个不自觉的东西；苏格拉底为守护神所驱使。神谕同时也不是什么外在的东西，而是他的神谕。神谕具有一种认识的形式，这种认识同时与一种不自觉的状态结合在一起。”（第 96 页^[19]）：“这就是苏格拉底的守护神；这种守护神在苏格拉底身上出现，乃是必然的。”（第 99 页^[20]）：“因此可见，守护神是介于神谕的外在的东西与精神的纯粹内在的东西之间；守护神是内在的东西，不过被表象为一种独特的精灵，一种异于人的意志的东西，——而不是被表象为人的智慧、意志。”由于这个守护神仅仅介入苏格拉底的特殊境况，所以黑格尔也指出，它的启示与苏格拉底的精神、思维的启示相比是微不足道的①，（第 106 页^[21]）：“此外，苏格拉底的这个守护神也并没有涉及真实的、自在自为地存在的东西，而只是涉及特殊

---

① 参见第 98 页：“当一个人在梦游中或弥留中预先知道未来时，我们认为这是一种较高级的识见；进一步加以观察，则只是个人的兴趣、特殊性。如果一个人想要结婚，或者想盖一所房子，等等，结果如何，只是对这个人重要；这种内容只是特殊的。真正神圣的、普遍的东西是农业结构、城邦、婚姻、各种法律制度；与这个比起来，我知道我去航海是否能生还，乃是一件微不足道的事。这是一种轻重倒置，这种倒置的情形在我们的观念中也是很容易出现的；知道什么是公正的，什么是合乎礼法的，比起知道这样一些特殊性的东西来，要高得多了。”（汉译本第 88 页。原文为德文。——译注）

性；因此这些守护神的启示比起他的精神、思维的启示来，是太微不足道了。"

对黑格尔的观点就介绍到这里。像往常一样，只要有了黑格尔（谢天谢地），人就站住了脚跟，我可以心平意静地由此出发，离开本题，瞧瞧有没有什么个别的事物值得注意，然后无论是否找到了任何东西，又可以心平意静地回来。上面我们看到了苏格拉底的立场虽然在许多方面是主观性的立场，但这个主观性仍未能展现其丰厚，理念成为一个边界，苏格拉底在此转头退回到自我之中，不无反讽的欣慰。我们看到了守护神就其与旧希腊文化的关系而言是一种主观性的规定，但这个主观性在此并未完善，它仍有不少外在的东西（黑格尔指出，我们还不能称这个守护神为良知[22]）。其次，鉴于这个守护神只关心特殊的情况，只起到警告的作用，我们这里也可以看到这个主观性止步于向外涌流，拘于特殊的人格。对于苏格拉底，这个守护神已经足够了，他别无多求；可这是一个人格的规定，而且当然无非是一个特殊人格自私的满足罢了。苏格拉底再次证明是一个跃跃欲试、时刻准备跳往某处的人，但从未跳到他处，而只是跳到了一边、跳回了原处。苏格拉底在与其时代的关系中深具论战意识；借助其消极的然而无限的自由，他在由理念这一边界所勾勒的无际地平线下轻松而舒畅地呼吸；他深信，只要托庇于其守护神，在生活纷杂的现实中就不至于误入迷途，如果我们兼顾这一切，那么苏格拉底的立场就再次证明是反讽。人们经常看到反讽被理想性地看待、被指定为体系的一个微不足道的环节，一笔带过就行了；出于这个原因，人们不大能理解，整个生活怎么可能归于反讽，因为这样的话，生活的内容必须被看做是虚无。殊不知，不像在体系里那样，理想的立场在生活中是找不到的；殊不知，反讽像生活中的任何其他立场一样有其诱惑、抗争，有其失败、胜利。怀疑在体系里也是一个微不足道的环节，但在现实中，怀疑在与所有阻拦的冲突中实现自己（"将各样阻拦一概攻破了……又将人所有的心意夺回，使他都顺服"[23]），在另一种意义上是具有丰富的内容的。这就是学术研究一般漠不关心的纯粹个人性的生存，尽管对此稍为了解能使其摆脱同义反复、无可无不可的流弊。无论如何，任学术研究对此置若罔闻，想要理解个人生存的人是不能这样做的。黑格尔也曾在一处说过，苏格拉底的哲学与其说是思辨，毋宁说是个人生活[24]；我大胆把这看做对我在整个探究中所采用的行事方式的认可，只是由于我自己的浅陋，难免有谬误之处。

对苏格拉底的判决

显而易见，我们这里面对的是真情实况，而不是色诺芬、柏拉图、阿里斯托芬所作的那种阐述；对他们来说，苏格拉底的现实无非是作出某种阐述的机会和其中的一个环节，其大旨在于画龙点睛，转化他的人格。城邦的严肃性是与此格格不入的，他的看法无私愤，不偏颇。城邦的看法固然在某种程度上是基于控告者的看法的，但这些控告者不管对苏格拉底如何恨之入骨，他们一定仍是尽可能靠近真理的。此外，控告只是城邦看法中的一个环节，是一个外在因缘，致使城邦在较为特定的意义上意识到了这一独特个体与它自己的关系。① 雅典城邦是否由于判决了苏格拉底而犯了天理难容的过错呢？哭天抹泪的学者、思想贫乏然而泪水横流的博爱主义者总是鼻涕一把泪一把，哭诉这么一个好人，这么一个正直的人，这么一个德高望重的世人之师和世界正义者竟至于成了最为鄙俗的妒忌的牺牲品，千百年来这种哭诉从未休止过；鉴于雅典城邦的过错，我们是否最好应该加入这些哭诉者的行列呢？雅典城邦判决苏格拉底或许是合情合理的吧？最

---

① 苏格拉底也很清楚地意识到了这一点；在《申辩》篇中，苏格拉底置身于审判官的地位来谈人家对他所作所为的控诉。参看20c："也许你们有人会问：'你怎么了，苏格拉底？对你的诬告怎么来的？你如没有哗众骇俗的言行，这类谣传断不至于无端而起。请你原原本本诉说一遍，免得我们对你下鲁莽的判断。'"（《苏格拉底的申辩》，第54页。原文为希腊文。——译注）

近学术研究用大胆、遒劲的笔墨把苏格拉底勾画为既公正又不公正的悲剧性英雄，而把雅典城邦看做人间秩序的代表[25]；我们是否敢于心安理得地庆祝最近学术研究的这种观点呢？对所有这些问题我这里不拟详谈。

对苏格拉底的控诉是一历史记录。① 它有两部分，下面我拟分别对每部分予以深入剖析。

1. 苏格拉底不信奉城邦所信奉的神，并引进了新神

这一控诉显然包含两个要点：其一，他不信奉城邦的神。其二，他引进了新神。至于后一罪状，前边围绕苏格拉底的守护神这一问题已经谈过了。此外，前边也指出了我们可以赋予苏格拉底的辩证运动多大的价值；借助于这种辩证运动，苏格拉底在法庭上为自己申辩时试图从抽象的内在性规定（即守护神）构建出人格规定意义上的客观性的东西。不过最主要的是，我希望在前边的探讨中证明了以下这个论点：守护神标志着苏格拉底和宗教现状之间完全消极的关系，这不是因为他引进了某种新的东西——这样的话，他的消极关系就会越来越表明是跟随着他的积极的影子——而是因为他抛弃了现存的东西，自我封闭，自私地局限于自己。就前一罪状而言，必须强调的是，苏格拉底背离宗教现状并非一种冰冷的、理智的、干巴巴的自然观察的结果，这种自然观察对雅典人并不陌生，他们曾以此为由，将不少有无神论嫌疑的人驱逐出境。苏格拉底对自然观察是不以为然的，他虽然年轻时曾受阿纳克萨哥拉斯的影响，但柏拉图多处提到他后来从这种影响中解放了出来，放弃了观察自然，转而对人进行观察。因此，若有人讲苏格拉底不信奉城邦所信奉的神，从中绝不能推出他是否认神的。其实，他不信奉城邦的神是和他的整个立

---

① 依第欧根尼·拉尔修、法佛利奴斯、普卢塔克的同代人和朋友，曾在雅典城邦的档案馆阅读此控诉书。希腊文原文如下："起诉人为迈雷托士，迈雷托士之子，籍贯皮托斯；被告人是苏格拉底，索弗罗尼斯科斯之子，籍贯阿罗裴克；罪状是苏格拉底不信奉希腊城邦所信奉的神，可引进了新神。他的另一罪状是蛊惑青年。判处死刑。"

场紧紧联系在一起的；从理论上讲，他把这个立场刻画为无知。① 可是无知既是一个哲学立场，同时却又是一个完全消极的立场。也就是说，苏格拉底的无知绝不是一种经验性的无知，恰恰相反，他实际上知识广博，既读过诗人又读过哲学家的书，精通世事，所以在经验的意义上绝不是无知的。可就哲学而言，他却是无知的。他对万物的根基，对永恒的、神圣的东西一无所知，这也就是说，他知道这个东西存在，但不知道它究竟是什么，它在他的意识中，但它又不在他的意识中，因为他就此能够作出的惟一的判断是他对此一无所知。换言之，这和我们前边的刻画是一样的：苏格拉底把理念当作界限。因此，反驳控告者谴责他不信奉城邦所信奉的神对他来说是件极容易的事。对此他可以作出货真价实苏格拉底式的回答：别人怎么可能这样谴责我呢？我什么都不知道，故也不知道我是否信奉城邦所信奉的神。由此可见这是如何和以下问题联系在一起的：在这种无知的背后，到底在什么程度上形成了一种积极的知识呢？在一篇论文中②，施莱尔马赫强调说，当苏格拉底为了证实神谕而四处巡游，以向人们证明他们一无所知之时，他不可能只知道他一无所知，在这背后必定有一种知识，那就是他知道知识是什么。然后施莱尔马赫证明了苏格拉底其实是辩证法的创始人。但这种积极经仔细观察还是一种消极。前边已经说过，苏格拉底到达了辩证法这个理念，但还不具有理念的辩证法。即使依柏拉图的观点，这也是一个消极的立场。在《理想国》里谈到辩证法时，善证明是二分法中与此对应的积极的东西[26]，正如在另一二分法中，

---

① 人们一眼就可以看到控告者的立场是多么的摇摇欲坠；每次他们确立了某个立脚点，苏格拉底就能借助于这种无知轻而易举地把它摧毁。控告者们其实应该控诉这种无知，因为当然有的无知——特别是在希腊城邦中，在某种程度上在任何一个国家中——是必须当作罪状看的。

② *Abhandlungen der Königlichen Academie der Wissenschaften in Berlin，aus den Jahren 1814—1815：Ueber den Werth des Socrates als Philosopher*（《柏林皇家科学院论文，1814—1815：苏格拉底作为哲学家价值》），第51—68页。

爱作为消极的东西出现，而美作为积极的东西与它对应[27]。固然，在这种处处若隐若现的、时刻被设定但在同一时刻又被放弃的消极性中——只要它有机会进行自我反省——是存在这一种丰富而深刻的积极性的，但是苏格拉底使之永远仅仅处于这种可能性之中，它从未成为现实。

如果我们细心通读柏拉图的《申辩》篇，我们也就会坚信事实的确如此。《申辩》篇对苏格拉底的无知的描写是如此确切，我们只需要默默听他讲话就够了。在描绘自己的智慧时，苏格拉底拿叶卫偌士的本事作比较。后者向学生收费五命那。苏格拉底讲他收费这么高，他一定是具有某种积极的东西了，因而祝贺他有福气。问及他自己的智慧，他回答说："何种智慧？也许只不过人的智慧。或者我真有这种智慧。"（20d[28]）对于其他人，他说，一定具有更高的智慧："方才我所提的那些人也许有过人的智慧。我不知道如何形容他们的智慧，因为我对那种智慧一窍不通。"[29]人的智慧与过人的智慧相对立，这里用以形容智慧的词"人的"① 具有极其重要的意义。在实质性的形式中，芸芸众生安居乐业，仿佛被魔力保护。当主观性借助于其否定性的力量解除了这种魔力之后，当它不仅把个体从与城邦的关系中解放出来，而且也把人从与神的关系中解放出来之后，这种自由所具有的最早的形式便是无知。神们逃走了，带走了充足，人作为形式、作为等待接收充足的东西留了下来，在认知领域对这种状况正确的理解便是无知。把这种无知刻画为人的智慧是前后一致的，因为人在这里获得了应得的权力，而这种权力却正是不甘为人的权力。与此相比，别的学者的智

---

① 这可与色诺芬的《申辩》第十五节相比；这一节谈的也是德尔斐神谕对开瑞丰透露的同一谶语。原文为："审判官们听了这番话，就很自然地更加大声抗议。苏格拉底接着说：'先生们，神在其谶语中比我讲得更多的是莱喀古斯、拉克代蒙的立法者；据说莱喀古斯进到庙里后，神对他说：我在考虑是称你神呢，还是称你人。可神从未把我与一个神相比，只是鉴定我与其他人相比要优越多了。'"（原文为希腊文。——译注）

慧要有多得多的内容，但当然在另外一种意义上也要贫乏得多，所以苏格拉底讲他们毫无节制也是不乏反讽的。苏格拉底看到这种看法得到了德尔斐神的谶语的支持；从神的立场来看，谶语持完全相同的观点。① 神谕大致与相应的人的意识是对称的，它在很早的时候曾以神的权威嘱咐、规劝，后来却着重提出科学课题②，与此相应，在关于苏格拉底的德尔斐谶语中我们也看到一种先定和谐（harmonia praestabilita）。有人认为，在他的无知背后藏着知识；苏格拉底意识到了这种误解，的确也把它看做一种误解。他解释道，他的说服他人的活动招惹了不少敌意，然后接着说："在场的人见我揭穿了他人的愚昧，便以为他人所不知我知之。"[30]我们也看到了他如何对这种误解提出了抗议；就因为他向他人证明了他们一无所知，那他自己定有所知：对这种推论他是大不以为然的。

　　在这种无知的背后隐隐约约有一种肯定性，苏格拉底之所以没有深入思辨这种肯定性，当然是因为神委任他向每个人证明他是无知的。他来到世上，不是为了拯救世人，而是为了审判世人[31]。他把生命奉献于此，而他的这种活动阻止了他参与城邦的事务。雅典人要他的命，他无所谓；但是要求他放弃神圣的使命，以此为无罪释放的前提，他是绝不能接受的，因为这无异于企图在精神上谋杀他。他是永恒的公诉人，代表神扣押所有归于

――――――――――

　　① 依苏格拉底的叙述，德尔斐神的谶语称"人的智慧渺小，不算什么。……仿佛是说，'世人啊，你们之中，惟有如苏格拉底这样的人最有智慧，因他自知其智实在不算什么。'"23a（《苏格拉底的申辩》，第 57 页。原文为希腊文。——译注）谶语只不过是为阐释的意识提供一个机会罢了，这里德尔斐谶语获得了苏格拉底的阐释。

　　② 参看黑格尔《哲学史讲演录》第二卷，第 173 页（汉译本第 155 页，原文为德文。——译注）："柏拉图本人在数学里不久就达到很高的成就，据说有神谕提出的德洛或德尔斐问题是他解答的，这问题和毕泰戈拉定理相似，是与立方有关的。那问题是，求作一线段，使其立方等于二立方之和。这需要凭借两条曲线来作图。值得注意的是，神谕那时所提出来的课题是什么样的性质。当人们去求神谕的时候，正当瘟疫流行，而神乃提出一个完全是科学的课题；——神谕的精神所表示出来的变化，是很值得注意的。"

神的东西，不赊一分一文。[32]先前公正神挫俊杰之锐气，以确保世间均衡，现在苏格拉底对全人类彻底、全面地进行了同样的处理。只是他不止步于对此做哲学观照，而是从每个人着手，掠夺一切，然后把他们空手赶走。这就好像是愤怒的神①抛开了凡人，随身带走了一切，然后让他们自找出路。但在另一种意义上，是人背离了神，着意进行自我反思。当然，这只是一个中间环节罢了。在许多方面，人走的是正路，所以借用奥古斯丁形容罪的话来形容人：beata culpa[33]（幸福之罪）。群神们离开人间，直上云霄，消失于凡人的视野之外，而这种消失却正是一种更深切的关系的先决条件。罗且因此很正确地说（第253页[34]）："这很清楚地展示了经常被滥用的苏格拉底的无知到底是怎么回事：人们常常用它来为自己的愚昧作辩护，或借以抵抗真正的知识。他知道自己一无所知，这种对无知的知识不是像世人一般想象的那样纯粹的虚无，而是既存世界中特定内容的虚空。这种对有限内容的消极的知识是他的智慧，此智慧驱使他返归自我，宣布对他内心的探究乃是绝对的目标；这种知识也是无限知识的起端，但也不过是一个起端而已，因为这个意识仍远未得到实现，而无非是对有限的、现存的东西的否定罢了。"黑格尔也指出（第60页[35]）"这样，苏格拉底便使同他谈话的人们认识到他们一无所知；不仅如此，他自己就说过他一无所知；因此也没有什么可以教人。实际上也可以说苏格拉底一无所知，因为他并没有做到建立一种哲学和建立一种科学。这一点他是意识到了，而且他也完全没有建立一种科学的企图"。

　　苏格拉底的确指出了一个新方向，他告诉其时代何去何从（如果我们不在哲学意义上，而是在军事意义上来理解这个词的话），他四处巡游，与各个人亲自交谈，以确保他有正确的立

---

　　①　故后来神又变好了，在《蒂迈欧》篇里柏拉图把世界的起源追溯到神的善意：这种善意不知道妒忌是什么，只求使世界尽可能地公正。（参见《蒂迈欧》篇29a－e。——译注）

场。然而，他活动的主旨与其说在于提醒人们注意将来之事，毋宁说在于掠夺人们现有的东西，只要战斗还在进行，他完成这个任务的手段便是切断与被围者的一切交流，他通过提问耗空了诸如意见、表象、公认的传统等这些迄今仍令个体感到自足的东西。在他对个体这样做的时候，一旦嫉妒（这个词要形而上学地来理解）耗神的火焰熄灭了，一旦消极的毁灭性激情满足了，他就尽情享受反讽的欢乐，他就双重地享受此欢乐，因为他感到自己受神委托，感到自己重任在身。当然，这只是一瞬间，马上他就又上岗了。[①] 居于他的无知之中的否定性对于他来说不是一个结论，也不是进行深入思辨的出发点；但是在这种他用以无限地环航生存的思想中有一种思辨的东西，这种思辨的东西就是授权他在特殊事物的领域进行活动的神的委托。这种无知是战胜现象的永恒优势，不管是单个现象还是现象的总和都无力夺取这种优势，可借助于此优势它却无时无刻不能战胜现象。这样，他把个体从所有前提中解放了出来，使他像他自己一样自由；然而，他以反讽的得意所享受的自由别人却是享受不到的，于是在这些人的心中就产生了向往和企求。他自己的立场自成一体，但这个立场若被纳入他人的意识，就只是一个新立场的条件。苏格拉底之所以能够在这种无知中安闲自得，是因为他没有进行深入思辨的强烈渴望。他非但不以思辨安抚否定性，反倒是以永恒的不安来安抚它：他乐此不疲地与每一个个体重复同一程序。而在这整个过程中使他成为一个独特人格的却正是反讽。

对于理论的无知来说，神永恒的本性是个秘密；与这种理论

---

①　这当然是理想地来看他的事业。在他的生活中，有时这种愤怒（这个词要从形而上学的意义上来理解）的能量会被某种懒惰、某种自我沉湎所取代，这些时候他就预先抽象地（in abstracto）汲取其实需要具体地（in concreto）赢得的享受，直至神的呼唤再次在他的内心响起，他再次跃跃欲试帮助神去说服他人。这样，我们能最好地理解众说纷纭的苏格拉底的呆视，如前所说，这种呆视是一种梦幻状态，在其中他直观到了否定性，仿佛陶醉于它的空空如也。他一般地是四处漫游，和农民及外地人攀谈，可在这些时刻他却静静地站着，两眼发直。

的无知相应当然应该有一种类似的宗教的无知，即对神如何操纵世事、安排人命的无知。宗教的无知在一全面的无知中寻求修身之本、展示虔诚的信仰，例如施莱尔马赫曾在一远为具体的论述里从绝对依赖性的感觉中寻求修身的本源。[36]当然，这里面也隐藏着一种挑衅，使每个想与神建立某种关系并从中获得安宁的人都感到恐怖。前面曾引用过的色诺芬《回忆苏格拉底》里的一段话就提到了这一点，那里苏格拉底讲神们把最重要的事情都为自己保留着，结果是人的追求、劳碌到头来无非是过眼烟云。[37]柏拉图的谈话录《亚尔西巴德之二》[38]也表明了这一点。这里苏格拉底谈到祈祷的意义，他强调说，人在祈祷神满足其某一愿望时应多加小心，因为神不一定听人的请求，即使听了，之后说不定证明对人是毫无好处的。在某些情况下人很可能知道什么对他有用，故也敢于求神帮忙；苏格拉底所说的小心里面似乎的确包含着这种可能性。但是我们首先不得忘记，苏格拉底绝不认为如果人知道什么对他是最好的，并求神帮忙，神就会因此答应帮忙；这意味着对究竟什么对人是最好这个问题在更深层次上是存在着疑问的。其次，这种小心会堕落为担心害怕，这种担心害怕只有在祈祷被完全中和之后才会终止。他对有一句诗的赞赏也表明了这一点。[39]这句诗是：

> 宙斯啊！请对我们行善吧，不管我们是祈祷还是不祈祷；
> 即使我们祈祷，也请驱逐邪恶吧！

　　可见，在宗教方面和在理论方面一样，神明是人所不能及的。无知便是这种状况的表达。①
　　为刻画苏格拉底的立场，人们常常提起众所周知的一句话：

---

　　①　为避免误解，并为了从另一个角度阐明这里所说的，我欲指出在基督教意识中祈祷是有其绝对有效性的；一个基督徒知道他为什么祈祷，他知道如果他为此祈祷，神也绝对会听他的，这之所以如此，是因为他知道他与神有一种绝对的关系。

认识你自己！（$\gamma\nu\tilde{\omega}\theta\iota\ \sigma\alpha\upsilon\tau\acute{o}\nu$[40]）不可否认，这两个词有一种模棱两可的特性，而这也恰恰是它们能派上用场的缘由：它们既能表达理论的又能表达实践的立场，大约和基督教术语中"真理"这个词一样。不过，最近的学术研究经常把这两个词从它们原所属于的思想整体中分割出来，之后便不再理它们，任它们在书刊中四处飘零。这里，我试图把它们带回久别的家园，也就是说，试图表明它们就苏格拉底而言到底有什么含义，或者说表明苏格拉底如何发挥了蕴涵于其中的观念。毋庸讳言，内容充足的主观性、无限丰饶的内在性都可用"认识你自己"一词予以刻画；然而就苏格拉底而言，这种自我认知并无那么丰富的内容，它其实只不过意味着区分，意味着把这之后成为认知对象的东西分化出来。"认识你自己"一词的涵义是：把你自己与他人区分开来。正因为在苏格拉底之前这个自我并不存在，所以又是一个与苏格拉底意识相应的神谕命令他认识他自己。深入思考这种自我认知却是后人的任务。如果我们这样来理解——苏格拉底和希腊文化的实质性的对立迫使我们必须这样来理解——那么我们可以看到，苏格拉底这里又得出了一个完全消极的结论。"认识你自己"这个原则因此和前面描写的无知是一脉相承的。他为什么止步于这个消极立场的缘由和前面也是一模一样的，因为他生活的任务和志趣就在于确立这种消极立场——不是通过思辨，这样的话他就必须更进一步，而是在实践上从每个单独个人着手。他把个体放到他辩证的抽气筒下面，剥夺他们惯于呼吸的空气，然后即扔下他们不管了。对于他们来说，一切都一去不复返了，若他们能够在真空中呼吸也就罢了，可他们不能够。而苏格拉底与他们已经脱离关系，匆匆忙忙地赶去做新的实验了。

　　我们现在暂时停步，回顾这整个探讨的起端，即对苏格拉底的控诉。显而易见，苏格拉底的确与城邦的观点有所争执，其实从城邦的立场来看，他的攻击必须被看做是最具危险性的，被看做是企图吸干城邦的血，使之变成一个影子。其次，他招惹公众注意也是明摆着的事，因为他并不是专心从事静悄悄的、与世无争的学术研究，与此相反，他以世界历史性的立场所具有的可怕的韧性把人一个接着一个从城邦实质性的现实中弹射了出去。等到他被告受审的时候，城邦也就不能满足于他为自己申辩说，他只想利用他的无知，因为对于城邦来说，这种无知当然是必须被看做一种罪行的。

在理论方面，他的立场是消极的；在实践方面他的立场是同样消极的，因为他无力与现存的东西建立某种实在的关系。① 这当然是基于他的理论立场之上的。他走出了他者（依希腊文化的观点，即城邦），然而却找不到返回城邦的路。在《申辩》篇中，他自己讲到他神圣的使命如何使他无时间、无机会参与城邦的事务，并声称他非在野不可。

在我们的国家中，正因为国家经历了远为深刻的中介，所以它给予主观性希腊城邦所不可能给予的自由余地；可即使在我们的国家中，一个特殊个体还总是有双重义务的人。考虑到这一点，我们就可以推断出希腊城邦是以什么样的眼光来看待苏格拉底自行其是、坚持在野的尝试的。佛西哈默曾对苏格拉底的所作所为进行过分析[41]；针对此分析，汉修斯教授先生反问是否有人会赞同他[42]，以为这样把佛西哈默的论点应付过去了；我这里不揣简陋，欲回答汉修斯教授先生说，我认为佛西哈默在他的著作第 6 页对苏格拉底的所作所为描写非常中肯，把它看做颠覆城邦的活动也是正确的[43]："在市场旁边的走廊里、在街头巷尾、在散步途中，他总是抓住雅典的年轻人，一个问题接着一个问题地问，直至他们自感无知而惭愧不堪，或对迄今奉为至圣者产生怀疑，于是仓皇走开，或径直拜他

---

① 他的确曾为城邦服务，参加过三场战役（围攻波提狄亚、在德立昂附近的玻俄提亚战役、安菲波利大战）；后来他曾为元老院成员并任总主席之职，不过此职只为期一天而已。但尽管如此，他是从与城邦的真正公民关系中解放出来了的；在这个方面，色诺芬曾为他辩护，让他说了这样的话："我培养出了许多的好公民，这样我就多倍地尽了我对祖国的义务。"（参见色诺芬《回忆苏格拉底》第一卷第六章第十五节，汉译第 38 页。此处依作者的意译译出。——译注）不过，这只是我们已经很熟悉了的色诺芬狭窄眼光的表现而已。

为师。"我认为，佛西哈默阐述中的独到之处在于他描写了苏格拉底如何徘徊于街头巷尾，消磨时间，而不在城邦中起他应起的作用，即不作希腊意义上的公民，逃避社稷事务，甘愿在野。他在生活中的位置因此也就是毫无称谓的①；我当然不是想尖酸刻毒，说他不是个处长或秘书，我的意思是他和城邦毫无关系，从城邦的立场来看，简直说不出他的所作所为到底是什么名堂。我们清楚地知道后来柏拉图也呼唤哲学家别离现实，他希望理念轻盈的形态会示意哲学家离开摸得着、抓得住的地方，使之在远离尘世喧嚣之处生活。可在苏格拉底那里，情形并非如此。固然，苏格拉底似乎的确像个热衷于认知而忘乎所以的人，没有什么比抽象的东西更能激发人的狂热了，然而这却不使他遁世绝俗，恰恰相反，他与现世生活保持着息息相关的联系。不过，他与现世的联系无非是与个体纯粹私人关系罢了，而他与个体相互影响的关系是通过反讽展现出来的。因此，人对他具有独一无二的重要性②，面对城邦他很倔强，不愿服从，而与人交往时他却机动灵活，随机应变，可谓是搭讪的专家。他和谁都谈得来，无论是和农人、缝纫师、智者、政治家、诗人，

---

①　在《申辩》篇中他甚至自卖自夸，强调说他一生事业卓著，只是不能以城邦的尺度来衡量（这后半句话当然是针对城邦说的，不乏挑衅性质；因为他以深不可测的反讽把一切混在一起，所以初看有些令人迷惑）。他讲他从来不曾费心赚钱，不曾照管家务，不曾觅求武职；他不追求荣誉、官职（这从城邦的立场来看并非值得颂扬），不参与党派之争，不搞阴谋（这有点令人眼花缭乱：不参与党派之争、不搞阴谋活动对城邦来说当然是好事，但他随随便便地把真正的公民义务与阴谋暴动、聚党结派混淆起来，其反讽极为惹眼）；与此不同，他力求私下为单个的人谋求最大的益处，这显然是说，他与个体只有私人关系。参见《申辩》篇 36b‐c。《申辩》篇里还有另外一个混淆黑白之处，那里他慷慨激昂地讲每个人都应坚守岗位，无论此岗位出于自愿选择，或由于受公家委派。可他所称道的自作主张从城邦的立场来看当然是应该受到很大的限制的。之后他又提到他少数几次为城邦服务时曾坚守岗位，当他就此长篇大论之时，事情就更变得乱七八糟了：对他坚守岗位城邦当然是赞赏的，但他自作主张选择岗位却是不可接受的。

②　西塞罗曾说苏格拉底把哲学从天上拉进了房舍（参见 Cicero, *Tusculanae Disputationes* 5，4，10——译注）；其实，毋宁说他把人们从房舍中拉出来，从他们所居住的阴间拉上来。在此他尽管是个行家，可不免有时会出些差错，止步不前，即使在与各色人等攀谈时也不免会丧失反讽，忘却反讽的主线，顿时略微陷入陈词滥调之中。请参阅前边对色诺芬看法的论述。

还是和老的、少的，他一概都谈得来，而且他和这些人什么都能谈，因为他处处发现反讽的任务。① 可这样干时他绝不是个好公民，也未必使他人变成好公民。② 苏格拉底所坚持的立场实际上的确比城邦所采取的立场高出一筹吗？他真正是受神委任的吗？这些问题只能由世界历史来评判；不过，如果世界历史公平评判的话，它也就必须承认城邦是有权判决苏格拉底的。在某种意义上，他是个革命家，不是因为他干了什么，而是因为他疏忽了某些东西。他不拉党结派，不阴谋造反，在这一点上，反讽救了他；因为反讽的确使他缺乏真正的公民对城邦的热爱，缺乏真正的公民的激情，但同时反讽也使他厌弃那种导致党派之争的病态激昂。总的来说，他的立场极为孤立，拘于私人，他所建立的关系极为松散，至多不过是意味深长的面交罢了。面对每种关系，他都是以反讽的态度居高临下，每种关系所遵循的规律是不停的吸引和排斥，与个人的联系总是转瞬即逝，他总是反讽的、洋洋自得的高高盘旋于这一切之上。现代有一种对苏格拉底的谴责是与此紧密相关的：有人（佛西哈默）责备他是个贵族分子。[44] 这当然必须从精神意义上来理解，而在精神意义上，我们的确也不能讲他不是如此。他享受反讽的自由，没有任何一种关系具有束缚他的力量，他总是居高临下，沉溺于逍遥自在、自行其是的快乐——所有这一切都标志着某种贵族性的东西。众所周知，有人曾把第欧根尼[45]与苏格拉底相比，称第欧根尼为"发狂的苏格拉底"；施莱尔马赫认为[46]，我们应该称他为漫画式的苏格拉底，二者的相似性在于他们皆追求挣脱感性享受。这显然是

---

　　① 因此，斐德若（在同名的谈话录里）很惊讶苏格拉底竟对周围环境一无所知，以致他必须像领个生人似地领着他，他简直好像从来没有出过城门似的。苏格拉底回答说："请不要怪我，我的好朋友！我很想学习，风景呀、树木呀可真是什么也教不了我，而城里的人却能教我不少东西。"（《斐德若》篇230d，原文为希腊文。——译注）

　　② 他采用的方法是："劝你们各个对己应注意德与智之求全先于身外之物，对国当求立国之本先于谋国之利。"（《苏格拉底的申辩》36c，汉译第74页。——译注）这与希腊文化当然是恰好相反，具有挑衅性。正如"先顾天下事，然后再操心自己的私事"这句话令人想起我们时代的革命理想一样。重要的不是实际行动，而是思想（这里当然是指单个人的思想）以及它所夺取的主权。

不够的。然而，我们不能忘记，犬儒主义是消极的享受（与伊壁鸠鲁主义相比），它享受失落、缺乏；它并非不识欢乐，但拒不受欢乐所驱使并从中寻求满足，也就是说，它不沉溺于欢乐，而是无时无刻不转回自身，享受享乐之缺乏——这种享受令人想起在理智方面反讽的满足到底是什么——如果我们考虑到这一切，并从精神方面着眼于城邦生活缤纷繁杂的现实对此进行深入彻底的思索，那么苏格拉底和第欧根尼的相似性远非微不足道。真正的自由当然是在于尽情享受，可又不使灵魂受到丝毫损伤。当然城邦生活才是真正自由之所在；在城邦中，人步入了对他具有客观意义的现实生活，从而拯救了他最内在的、最深沉的个人生活——个人生活在客观现实中固然可以动弹，但在某种程度上到底还是与之不大相容的。

让我们现在停下来，回顾致使我们进行这种探讨的起端，即对苏格拉底的控诉。很显然，就城邦和公民的关系而言，苏格拉底不是城邦外围上的一个点，趋向其中心，而是更像一条切线，不停地触及城邦缤纷错杂的外围。其次，很显然的是，在他与城邦的这种关系中，我们不敢赋予他不作恶这个消极的美德（对于希腊文化，这种消极性是必须被看做一种罪行的）；因为他把别人拉入了同样的境况，所以他是的确作了恶的。还有一点不得忘记。他把许多人从他们的自然位置中拉了出来，但并不与他们建立一种深挚的关系（他不拉党结派），而是转瞬间反讽地摆脱了他们。

如果参与城邦繁杂的具体事务对苏格拉底来说是毫不可能的话，很难想象他对一般的雅典公民会产生什么效果，因为春夏秋冬他们的生活都是受城邦所支配的。是在与青年的交往中，苏格拉底最能产生效果。为其未来着想，城邦对青年进行精心培植，而在这个精心培植的花园里，苏格拉底的观点是很可能生根发芽的，因为青年总比成人要更普遍地生活。因此，苏格拉底很自然地主要注目于青年。这便是苏格拉底的第二个罪状。

2. 苏格拉底蛊惑青年

在柏拉图的《申辩》篇（26a[47]）中，苏格拉底为自己辩护说，他蛊惑青年要么是有心的，要么是无心的（ἑκών—ἀκών）；认为他是有心的是个愚蠢至极的想法，因为他自己一定知道他要是有心损害他人，那他是会迟早为此受罪的；因而必须假定他是无意引诱了青年，这样，要求惩罚他就是不合情理的，控告者其实应该设法告诫他、纠正他。我想，谁都看得出这个自我辩护没有多大的意义，因为这样的话，我们可以把每个罪行都解释掉，把它转化成一个过错。①

关于这一罪状，黑格尔已经作了精湛的分析[48]，内行的读者早就从他的书里知道了，我就依他的说法尽量一笔带过，以免使读者讨厌。迈雷托士控告他败坏青年，针对这个一般性的指控，他以他的性命为赌注予以反驳；于是，这个一般性的指控就让位于一个较为专门的指控，即他削弱了孩子对长辈的尊敬。② 之后，通过安匿托士和苏格拉底关于安匿托士的儿子所进行的一场特别会合，这一点得到了进一步的阐明。③ 苏格拉底的申辩从本质上可以归结为一句话，即最有见识的应比不太有见识的获得更大的优先权。依此原则，在选择将军时，不应优先长辈，而应优先懂得军事的人。④ 黑格尔指出，一个第三者介入父母和子女之间的绝对关系，在道德上进行干预，这是苏格拉底行为中不可辩护的成分；就这里所使用的例证而言，第三者的这种干预似乎导致了前边所说的年轻人，即安匿托士的儿子，对他的处境感到很不满。⑤ 至

---

①　我这里之所以特别强调这种推论方式，是因为它使我们注意到苏格拉底的道德理论到底是怎么回事（这在后面将成为其他探究的对象），因为它表明他的道德理论有一个缺陷，即它是建立在一个极为抽象的认识论基础之上的。

②　色诺芬：《回忆苏格拉底》第一卷第二章第四十九节（汉译第 17 页。——译注）；色诺芬：《申辩》第 20 节。阿里斯托芬《云》里斐狄庇得斯对待其父的行为也可与此相比。

③　色诺芬：《申辩》第 29—31 节。

④　色诺芬：《申辩》第 20—21 节；《回忆苏格拉底》第一卷第二章第五十一节。（汉译第 18 页。——译注）

⑤　参看黑格尔，以上所引著作，第 109 页。（汉译《哲学史讲演录》第二卷，第 98 页。——译注）

此，我们赞同黑格尔；黑格尔的这个看法已经使我们走得很远了。然而，我们还可以从另外一面来看这个问题。苏格拉底讲有见识的应比没有见识的获得优先，城邦当然是同意他的这个观点的，然而，从中却决不能推论出城邦可以让每个人自己决定他是否、或者在什么程度上是最有见识的，更不能推论出城邦可以允许个人无视城邦宣传自己的见识，就因为他自以为是最有见识的。作为家庭生息于其中的整体，国家可以在某种程度上暂时取消父母和子女之间的绝对关系，它可以在某种程度上利用其权力对孩子的教育作出规定。国家之所以可以这样做，原因正在于它高于家庭，家庭是包含在国家之中的。可家庭又是高于个人的，特别是就他个人的事情而言。因此，面对家庭，个人也就不能擅自宣传他的见识，就因为他以为他是最有见识的人。对个体来说，孩子和父母的关系是绝对的。① 利用他的反讽，苏格拉底摒弃了实质性的城邦生活的有效性；与此类似，家庭生活对他来说也失去了有效性。在他看来，城邦和家庭不过是个体的总和，因此他就像与个体一样与城邦和家庭的成员建立关系，对任何其他关系他都漠不关心。很显然，"最有见识的应比不太有见识的获得优先"这个命题（实际上，他的意思是：自以为有见识的人应该抢先，站在他认为不太有见识的人的前边；大概除了青年，没有人曾对苏格拉底予以优先，但青年是应受教导的，不能被给予任何说话权），正由于它全面彻底的抽象性，其实是不道德的。至于苏格拉底著名的道德理论到底是怎么回事，我们这里又多了一个例证。毫无疑问，苏格拉底的错误在于他所采取的抽象的认知立场。

苏格拉底授课不收费，他大概想以此补救他由于擅自干预所导致的祸害。他授课不收费，众所周知，这是他不无骄傲的事，

_____

① 我这里谈到一直只是苏格拉底和他想教的青年之间的关系。至于他的教导可能具有的有害作用，根本没有谈到。就此可以说的前面也已经详细地说了。我在这里想强调的是，苏格拉底自作主张，以老师自居，是未被授权的。他声称他所具有的神的委托从城邦的立场来看也不应被认为是有价值的，因为他独断独行，是未受城邦许可的。

曾多次自鸣得意地提到。① 智者们漫天要价，以致他们的教学在相反的意义上和金钱不成比例；不可否认，苏格拉底授课不收费常常深刻地表达了他对智者们的反讽态度。不过，如果我们对此作一深入观察，说不定还可以有别的发现。这说不定是源于他对他自己授课的反讽态度。他自己声称，他的智慧有模棱两可的特点，与此相似。他的教学也是如此。在《高尔吉亚》篇中，他对航海术做了如下的评论："以这种手艺（即航海术）为生的人为我们做了件大好事（即他把我们从一个港口平安地送到另一港口）。他上了岸，在船停泊的岸边谦虚地走来走去。他没让一个乘客中途淹死；我想他很明白，确定这对那些乘客是件好事、对那些乘客是件坏事是非常困难的"。[49] 我们可以对他的教学作出同样的评判；与航海术相似，通过他的教学，他把个人从一个大洲送到了另一个大洲。在同一处，他称赞航海术说，与修辞学相比，虽然它具有同样的效用，但收费却少得多；[50] 以同样的方式，他可以赞扬自己和智者们相比他一分钱也不收。因此，他授课不收费本身根本不能被看做是什么特别可嘉的行为，这也不能被简单地看做是他的课程的绝对价值的绝对标志。固然，所有真正的教学和金钱是不相容的；固然，允许价钱对授课起到决定性的影响——好比说，一个教逻辑的人有三块钱的逻辑课，也有四块钱的逻辑课——会是极为可笑的；但从中绝不能推断出，授课收费本身是不正确的。的确，授课收费这个习惯是由智者们引入的，所以苏格拉底对他们的态度以及反讽的攻击是很容易解释的；但是，如上所述，苏格拉底在这一方面的行为说不定也蕴藏着对他自己的教学的反讽，他仿佛是想说：老实说，这和我的知识是有一种独特的关联的，因为我一无所知，所以大家很容易看出我不能为向别人传授这种智慧而收钱。

　　如果我们现在回顾一下这一探讨的缘由，即对苏格拉底的控

---

　　① 阿里斯托芬持不同意见，他的苏格拉底授课不仅收钱，甚至还接收了一袋面粉。

告，那么我们很轻松地就可以看出，他的罪行（从城邦的立场来看）正在于他瓦解了家庭生活的有效性，消除了单个家庭成员在整个家庭的怀抱中所遵循的自然规律——孝敬。

　　谁要是仅仅想了解对苏格拉底的控诉，他到这里就可以止步了；但谁要是准备对苏格拉底的观点进行认真、深入的探讨，那就必须再进一步。苏格拉底擅自介入家庭生活，从而侵犯了城邦的权力；尽管这是他的一个罪行，可以想象，通过赋予其教学绝对的重要性，通过真心为门徒着想、与他们建立息息相关的师生关系，他仍然能够补救他由于蛮横干预所造成的损害。我们现在来看一看，他和门徒的关系是否具有这种教师所应有的严肃性，他的教学是否具有这种教师应有的激情。可惜的是，我们在苏格拉底的身上完全看不到这样的素质。就师生关系而言，我们心目中的苏格拉底不是在理念的苍穹下使门徒们观照这些永恒的本质，从而使之振奋；不是以直观的富饶丰盛滋润青年；不是肩负沉重的道德义务，给予门徒们父亲似的爱护和栽培，不得不把他们送出家门后，还是朝思暮想；不是——用前边所使用的一个表达方式来说——在理念中爱他们。在与他人的关系中，苏格拉底的人格是彻底消极、自成一体的，这样的关系不可能产生。他的确是个非凡的情爱者，他的确是忘乎所以地热衷于认知，简言之，他具有精神的所有诱惑才能；然而，至于传授知识、丰富他人的思想，他却是不能够的。在这种意义上，我们大抵可以称他为一个勾引者：他对青年施展其魔力，唤醒了他们心中的渴望，却不去满足它；他若即若离，使渴望的火焰愈烧愈烈，可不给予任何强身、营养的食物。如前所述，亚尔西巴德曾说，苏格拉底假装爱者，而所演的却是被爱者的角色[51]；他欺骗了亚尔西巴德，他以同样的办法欺骗所有的人。这不意味着别的，这意味着他把青年吸引到自己身边，可当他们仰望着他，欲在他的怀抱中获得安宁的时候，当他们忘却了一切，在他的爱中寻求温馨恬适的时候，当他们自己停止了存在，而只在他的爱中存在的时候，他突然走掉了，梦幻消失了，他们感到不幸爱情的痛楚，他们感到他们受了骗，他们感到不是苏格拉底爱他们，而是他们爱苏格拉底，可又无力从他的身旁挣脱。对于根底厚实的人来说，这当然不太容易察觉得到，也不至于过分痛苦。他使门徒们的视线转向内心，聪明的门徒感到是由于他，这才变得可能，所以对他感激不尽；他们愈是忽视这种财富本身并非由苏格拉底所给予，他们就愈加感激。由此，他固然对门徒们起到了激发、唤醒的作用，他与他们的关系却绝非是在积极意义上个人性的。而在此阻止了他的又是反讽。如果有人以色诺芬和柏拉图对苏格拉底的深挚爱慕作为例证来反驳我，我的回答是：首先，我清楚地表明了门徒们爱慕他是极为可能的，他们甚至很难挣脱这种爱慕；其次——这是更具体的回答——色诺芬心胸狭隘，根本注意不到这一点，而柏拉图因为思想过于丰富，也注意不到这一点。每当柏拉图感到他是多么的富足，他一定会不由自主地想起苏格拉底；因此，柏拉图在理念上热爱苏格拉底，他的理念并非由苏格拉底所给予，然而是由于苏格拉底的帮助他才获得了它的。所以，在《申辩》篇中，苏格拉底正确地指出："我不曾为任何人之师；如有人，无论老少，愿听我谈论，听我执行我的使命，我不拒绝。"（33a[52]）①

至于苏格拉底与门徒之间较为密切的关系，他和亚尔西巴德的关系是有典型意义的。这个放荡不羁、喜爱感官享受、雄心勃勃而又才华横溢的年轻人当然是一碰到苏格拉底反讽的火星马上就会燃成熊熊的烈火。前面我们看到了二者的关系是如何由于苏格拉底的反讽而永远在原地踏步，如何一直处于一个关系的抽象的、摇摆不定的开始阶段，一直处于零点，既不增强，也不加深，所以虽然双方都投入更大的力量，可双方的投入成正比例，以致他们的关系总是保持原状，亚尔西巴德渐趋激烈，可总被苏

---

① 不过，苏格拉底讲这番话，主要是为了应付人家指责他给门徒们自己讲一种话，有人在场时讲另一种话。在这方面，我们完全愿意承认，苏格拉底是表里如一的；但他的这番话却表明了他和青年的关系是多么松散，因为这种关系是由偶然的认知上的接触而形成的，没有任何根基。

格拉底反讽所制服。就苏格拉底与青年的关系而言，我们可以说精神上他看见他们就动欲念。[53]然而他的欲念并非在于占有青年，故他的行为方式亦非以占有他们起见。他不是动辄高谈阔论，滔滔不绝，不是像街头小贩似的高喊他自己的智慧。与此相反，他静悄悄地四处走动，似乎对青年人漠不关心。他的问题不牵涉他与青年的关系，随便什么对他们个人具有重要性的事情他都予以探讨，可自己却是很客观地置身事外。然而在这种漠不关心的下面他们却能感到比他们所看到的多得多的东西，锐利的一瞥会在顷刻间仿佛一只匕首刺透他们的灵魂。这就好像是他偷听了他们灵魂隐秘的谈话，就好像他强迫他们在他跟前把这些谈话大声说出来。他成了他们的知己，可他们却不清楚这究竟是怎么发生的；他们在这整个过程中脱了胎、换了骨，可他还是老样子，俨然不可动摇。当所有偏见的锁链被解开之时，当精神上的硬化被舒展之时，当他的问题把一切安排就绪、变化一触即发之时，他们之间的关系就达到了那意义重大的一瞬间，一道银光刹那间照亮了他们意识的世界，在一瞬间，他把一切都翻转了过来，他们的整个世界都改变了，"就在一霎时，眨眼之间"。[54]据说有个英国人，周游四方，观赏风景，有一次在一大森林中发现了一高处，若把四周的树木都砍掉，他就能从此处尽情远眺，别有一番情趣。于是，他就雇人来锯断树木。一切就绪，树身全已锯通，他登上此高处，掏出望远镜，给出信号——树木一并倒下，顷刻间，迷人的景观令他倾倒，由于他在同一瞬间也看到了反差，所以这一景观尤为诱人。苏格拉底也是如此。通过他的问题，他锯通了本质性意识的原始森林，当一切完成之时，瞧，形形色色的信念都消失了，灵魂的眼睛享受从未见过的美景。青年人大抵也分享这种快乐，但苏格拉底却俨然一个反讽的旁观者，站在一边，欣赏这些青年人的惊讶。锯断树木这件工作是需要很长时间的。在这一方面，苏格拉底可谓是乐此不疲。在一切完成的那一刻，他和青年的关系也就达到了顶峰。他不再多给，正当青年人感到与他取得了千丝万缕的联系的时候，他们之间产生了那种新的、亚尔西巴德曾精确描述过的关系，即苏格拉底由爱者变成了被爱者。如果我们这样来理解他和青年的关系，那么我们就不禁会想起那个他声称自己所具有的手艺，即接生术。他协助个体在精神上分娩，他割断实质性的脐带。作为助产师，他可谓是出类拔萃，但他也只不过是个助产师而已。因此，他对门徒们后来的生活也不承担任何责任，在此，亚尔西巴德又是一个典型的例子①。

在理智意义上，我们可以称苏格拉底为情爱者，并可利用《斐德若》篇第 249 节中的名言"哲学地爱翩翩少年"[55]来更热诚地表达这个意思。此处，我们大概可以简略提及苏格拉底的被世人所指摘的童爱；这个指摘世世代代总是死灰复燃，因为每一代人中总有那么一两个学者感觉到有义务在这方面挽救苏格拉底的荣誉。我无意对苏格拉底作这样、那样的辩护，因为我根本没有兴趣对这种指摘予以认真思考。若读者愿意对此作形象的理解②，我认为我们从中可以看到苏格拉底反讽的一个新的证据。在《会饮》篇里，泡赛尼阿斯所作的颂辞中有以下一段话："（凡俗女爱神引起的）爱情只限于下等人。它的对象可以是年轻人，也可以是女人；它所眷恋的是肉体而不是心灵。……这种爱情所自起的那位女爱神是年纪较轻的，而她的出身是由于男也由于女的。至于天上女爱神的出身却与女的无关，她只是由男的生出的。……她只鼓舞人们把爱情专注到男性对象上，因为这种对象生来就比较强壮，比较聪明"。[56]这一番话充分地刻画了理智的爱情。在希腊这样一个深具审美意识的民族里，这种爱情是必定存在的。在希腊，个体性不是无限的自我反思，而是黑格尔精辟地称作"美的个体性"的东西；个体性对立还没有很深地分裂，以至于需要真正的爱情作为更高的统一。如果这种理智的

---

① 参看佛西哈默，第 42 页以下。

② 谁要是不能从精神上理解这一问题，请参看 Johann Matthias Gesner 的 *Socrates sanctus Paederasta* （《苏格拉底，神圣的童爱者》），见于 *Commentarii societatis regiae scientiarum Gottingensis*，第二卷，1752 年。

爱情倾向于在青年中寻找其对象，这意味着它喜爱可能性，而逃避现实。而这恰恰表明了它的消极特点。尽管如此，它完全可能具有狂热性；其实正因为如此，它才具有狂热性。狂热不是总和毅力联系在一起的；恰恰相反，狂热是为了可能性而被消耗了的振奋。所以，反讽家总是一个狂热的人，只是他的狂热毫无效果，因为他永远不能超越可能性的规定。苏格拉底在这种意义上是爱恋青年的。但很明显，这是一种消极的爱。固然，他与青年的这种关系并非毫无意义，然而，如前所述，在这种关系正要取得深刻意义之时，它已经过去了，这也就是说，这种关系只不过是一个关系的起始。这种关系当然可能维持一段时间，在苏格拉底离弃了青年之后，他们很可能还感到与他有千丝万缕的联系——这一点我在前边已经尽力作出了论述。苏格拉底从所有其他实在关系中解放了出来，集中精力与青年交往，在这方面，我们对他是可以有所要求的——考虑到这一点，考虑到他和青年的关系是显示积极关系的最后一个可能性，我们很难解释这里描述的否定性，除非我们认为苏格拉底的立场是反讽。[①]

让我们现在回到对苏格拉底的控诉以及由此导致的判决。审判官们判他有罪。如果我们撇开对他的种种指控，用一句话来刻画他的罪行，那么我们可以称之为冷漠、渎职。固然，他并非毫无作为，并非对一切漠不关心，可对于城邦事务他的确如此，而这正是通过他的私人活动。苏格拉底被判有罪，可刑罚还有待确定。依希腊的人道精神，犯人有权确定自己的刑罚——当然在一定的界限之内。黑格尔对苏格拉底行为中的错误之处作了详细的

---

　　① 历史上有记载的还有另一种苏格拉底与他人所建立的关系，即他与赞提普的关系。苏格拉底大抵不曾是个模范丈夫，这种感觉谁都是有的。自从色诺芬以来，大家对苏格拉底夫妻关系的一般理解是，这个泼妇对他的作用，就像野马对骑手的作用一样，即使之学会了驯服的本领。对于他来说，对付她在控制人方面是个很好的练习；如果能把她对付了，那么对付别的人就会不费吹灰之力。这种理解，在我看来，与夫妻之爱没有很大的关联，其实倒是蕴涵着不少的反讽。参看佛西哈默，第49页及注解第43。

剖析；他指出，苏格拉底被判处死刑是罪有应得，他的罪行是不承认人民的主权，面对城邦客观的审判却以自己的主观信念为准。他的拒绝当然可以被看做是一种道德上的伟大，但他的死却是自作自受；苏格拉底有权解放自己，城邦也有权判决他，因此，苏格拉底是个悲剧英雄。① 这是黑格尔的观点。我们将尽量精确地依据《申辩》篇对他的行为进行剖析。可以想象，有自己确定惩罚的自由对苏格拉底来说是件大好事；他的所作所为证明与一般的规定是互不相通的，惩罚也必定如此。当他说他愿意判处自己的惟一刑罚是罚款时，他是前后一致的，因为倘若他有钱的话，失去它对他来说并非什么损失，换言之，因为惩罚在此抵消了自己。因此，他向审判官们建议说法庭应以他所能付的一点点为满足，也是前后一致的，因为鉴于钱对他来说没有任何实在性，不管他给多给少，惩罚都是一样大，也就是说，惩罚在此根本不是什么惩罚。不过，我们还是仔细地看一看《申辩》篇中这一极有教益的段落为好。[57] 首先，他就赞成票与反对票之间相差无几这一事实大做文章；这表明，他并不认为城邦的判决是客观的、有效的，而单个主体的判断是无效的。在某种程度上，城邦对他根本不存在，他抓住数字，斤斤计较。至于量的规定能够突变为质的规定，他似乎是料不到的。他絮絮不休地说，三票之差起了决定性作用，实属怪事，为了强调此事之奇怪，他设想另一极端：他说，安匿托士和吕康要是没有来的话，迈雷托士反倒要被罚款一千都拉马。这里，我们可以再次看到苏格拉底的反讽是如何推翻了对他的生活的任何客观规定。审判官们只是一定数目的个体，他们的判决只有数字价值，当多数人判他有罪之后，苏格拉底认为这只不过意味着特定的人数判决了他，毫无其他意义。他对城邦彻头彻尾消极的理解可谓是昭然若揭。苏格拉底应该自己确定惩罚，这是在反讽的命运里注定的。给予这个处境极度反讽弹性的是一对可

---

① 参看黑格尔，上引著作第 113 页起。（汉译《哲学史讲演录》第二卷，第 101 页起。——译注）

怕的矛盾：法律之剑系于一发，悬在苏格拉底的头上，一个人处于生死之交，人民严肃地、负责地投了票，天色黯黑、云雾翻腾——而苏格拉底却像个老算术家，全神贯注地在计算着怎么使他的生命和城邦全等，这是一道难题，就像使圆和正方形全等一样困难，因为苏格拉底和城邦证明是绝对不同类的数值。苏格拉底依城邦的变位表来使他的生命变位是很滑稽的，因为他的生命是完全不规则的；被迫在不等中找等同，找不到就得送脑袋——这种可怕的必要（dira necessitas[58]）使这个情景更为滑稽。若两个事物之间毫无任何关系可言，而有人却欲在它们之间建立某种联系，这是很滑稽的；然而，如果别人告诉他，你要是找不到一种联系，你就得送命，那就更滑稽了。苏格拉底的生活是完全孤立的，与任何城邦的规定都势不两立。因此，苏格拉底借以建立个人与城邦关系的思维程序以及辩证法也证明是极端的对立。城邦判他有罪。现在的问题是该判处什么刑罚。可是，因为苏格拉底感到他的生活根本得不到城邦的理解，很显然，说他值得奖励也未尝不可。苏格拉底建议，城邦应请他免费在公共食堂进餐。① 由于城邦大抵不会感到自己有义务以这种方式来奖励他，所以他愿意将就，并考虑他应得什么惩罚。迈雷托士是要求处他死刑的。为避免死刑，他可在罚款和流放之间作出选择。可他却决定不了选择哪一个。有什么动因迫使他选择其中之一呢？对死的惧怕吗？这不可能，因为他不知道死是吉是凶。他似乎自己认为，死是最恰当的惩罚，正因为没人知道死是否是坏事，也就是说，这个惩罚，就和前边所谈的罚款一样，这里自己抵消了自己。至于罚款和流放，他两者均不能选择。要是选择罚款，他就必须坐牢，因为他没有足够家产来付罚款；流放也不行，因为他认识到，比起雅典，他更不适于在其他城邦生活，所以过不了

---

① 由于他的生活本身和城邦观念互不相通，所以他既不应得惩罚，也不应得奖励。因此，谈到免费进餐，他辅助性地提出了另外一个理由，即他是个穷人，急需安定、平静。

多长时间，他就会被从那个城邦中驱逐出去，等等。看来，他既不能选择罚款，也不能选择流放。为什么呢？因为这会给他带来痛苦，而痛苦他却是不能接受的，因为这不是他应得的，恰如他自己所说："此外，我也不惯于设想自己应受任何损害。"[59]总而言之，如果在一般意义上来问他应得什么惩罚，他的回答是：不是惩罚的惩罚，即要么是死刑，因为无人知道死是吉是凶，要么是罚款——如果法庭满足于他能缴纳得起的数量的话——因为钱对他来说毫无价值。如果谈到特殊意义上的惩罚，一种他感觉得到的惩罚，那么他认为任何这样的惩罚都是不适当的。

我们看到了苏格拉底如何对城邦采取了消极的立场，他如何与之势不两立；在他因其所作所为而被控告，最可能意识到他和城邦的不相称的那一刻，我们就更清楚地看到这一点。尽管如此，在千钧一发之时，他一如既往地贯彻他的立场。不过，他的演说并非热血沸腾的激情，他的行为并非人格绝对的尊严，他的漠然并非充足内心的恬适安乐。所有这一切均不存在，我们所看到的是彻头彻尾的反讽，它使城邦的客观权力在反讽的坚不可摧的消极性上撞得粉碎。城邦客观的权力、它对个人行动的要求、法律，法庭——所有这一切对他都失去了绝对的有效性，他把所有这些东西都当作不完善的形式抛开，他越来越轻地上升，反讽地鸟瞰世界，万物逐渐消失，他自己盘旋于上空，反讽地超然自得，而维持着这种状态的是他内在的坚定不移的、无穷的消极。这样，对于他所属于的世界（无论他从另外一个角度在多大程度上属于这个世界），他变成了一个陌生人，同时代的人不知道怎么称呼他，不可名状、类属不明，他属于另外一个历史层系。支撑着他的是消极性，是仍未生育任何积极性的消极性。由此也就很容易解释为什么甚至生和死对他也失去了绝对的有效性。然而，在苏格拉底那里，我们的确看到了反讽的现实的而绝非似是而非的高峰，因为苏格拉底首先到达了善、美、真的理念这一边界，也就是说，到达了理念无穷性这一可能性。世世代代之后，这些理念得到了其现实性，人格得到了其绝对的充足，当主观性有意再次孤立自己的时候，当无穷的消极性有意再次张开其无底深渊以吞噬这种精神的现实性的时候，反讽就会以更为可疑的面目出现。[60]

注　释

[1]"使语文学家们大伤脑筋的事"原文为拉丁语 crux philologorum。

[2]原文"hvad hoerer man vel heller end slige eventyr?"是丹麦作家 Adam Oehlenschlaeger 的一句诗。

[3]参见 *Sokratiske Merkvaerdigheder*，(《回忆苏格拉底》，由 Jens Bloch 从希腊原文译出)，哥本哈根，1792，第 35 页起。

[4]指 Ast, *Platons Leben und Schriften*。

[5]见于色诺芬《回忆苏格拉底》第四卷第三章第十四节。参见汉译本，第 160 页。

[6]见于柏拉图《苏格拉底的申辩》31d，参见汉译本，第 68 页。

[7]"加元音符号"原文为 Vocalisation，希伯来语语法术语。希伯来文字只有辅音，需加上元音符号后，才取得特定的发音和涵义。此处暗指《旧约》中上帝的名字 JHWH。这个名字不准加元音符号，以表示上帝是不可言传，不可理喻的。

[8]指色诺芬的《申辩》。

[9]原文为德文。

[10]《苏格拉底的申辩》31c，参见汉译本第 68 页，原文为希腊文。

[11]参见《新约·马太福音》23，24。

[12]指 Rötscher, *Aristophanes und sein Zeitalter*.

[13]原文为德文。

[14]Hegel, *Grundlinien der Philosophie des Rechts oder Naturrecht und Staatswissenschaft im Grundrisse*, *Werke*, 7, Frankfurt 1986, 第 448 页。

[15]参看汉译本第二卷，第 84—89 页，第 92—96 页。

[16]汉译本第二卷，第 86 页，原文为德文。

[17]汉译本第二卷，第 87 页，原文为德文。

[18]汉译本第二卷，第 85—86 页，原文为德文。译文略有改动。

[19]汉译本第二卷，第 86 页，原文为德文。译文略有改动。

[20]汉译本第二卷，第 89 页，原文为德文。译文略有改动。

［21］汉译本第二卷，第 94 页，原文为德文。译文略有改动。

［22］参看黑格尔《哲学史讲演录》第二卷，第 85 页。

［23］参见《新约·哥林多后书》10，4—5。作者在此对《圣经》原文作了缩减、改动。原文为希腊文。

［24］参看黑格尔《哲学史讲演录》第二卷，第 48 页。

［25］暗指黑格尔对苏格拉底命运的评价，参见《哲学史讲演录》第二卷，第 106—107 页。

［26］参看《理想国》531c – 534d，第 297—301 页。

［27］参看《会饮》篇 209e – 212a，第 271—274 页。

［28］《苏格拉底的申辩》，第 54 页，原文为希腊文。

［29］《苏格拉底的申辩》20d – e，第 54—55 页，原文为希腊文。

［30］《苏格拉底的申辩》23a，第 57 页，原文为希腊文。

［31］此处暗指《新约·约翰福音》3，17："神差的他的儿子降世，不是要审判世人，乃是要叫世人因他得救。"苏格拉底的使命与耶稣的使命正好相反。

［32］暗指《新约·马太福音》5，26："我实在告诉你，若有一文钱没有还清，你断不能从那里出来。"

［33］参见 Augustin, *De diligendo Deo*, 6, *Sancti Aurelii Augustini Opera* I – XVIII, Bassano 1797—1807, XVII, 第 1705 栏。原为 felix culpa, beata culpa 是 felix culpa 的别说。

［34］指 Rötscher, *Aristophanes und sein Zeitlalter*。原文为德文。

［35］黑格尔《哲学史讲演录》第二卷，第 54 页。原文为德文。

［36］指 Schleiermacher, *Der christliche Glaube nach den Grundsätzen der evangelischen Kirche*, Berlin 1835—1836, 第一卷，第 182—192 页。

［37］参见色诺芬《回忆苏格拉底》第一卷第一章第八节，第 3 页。

［38］此篇不出自柏拉图之笔，但传统上被认为是柏拉图的作品。

［39］《亚尔西巴德之二》143a。

［40］这句话刻在德尔斐阿波罗神庙上。

［41］指 Peter Wilhelm Forchhammer, *Die Athener und Sokrates · Die Gesetzlichen und der Revolutionaer*（《雅典人和苏格拉底：国家法律和革命家》），Berlin 1837。

［42］参见 Heinsius, *Sokrates nach dem Grade seiner Schuld zum Schutz gegen neuere Verunglimpfung*，第 36 页。

[43] Forchhammer, *Die Athener und Sokrates*，第 6 页，原文为德文。

[44] 参见 Forchhammer, *Die Athener und Sokrates*，第 23 页。

[45] 指西诺卜的第欧根尼，约公元前 400—325 年，犬儒派哲学家。

[46] 参见 Schleiermacher, *Ueber den Werth des Sokrates als Philosophen*，第 52 页。

[47] 汉译本第 61 页。

[48] 参看黑格尔《哲学史讲演录》第二卷，第 95—101 页。

[49] 柏拉图：《高尔吉亚》篇 511e。

[50] 柏拉图：《高尔吉亚》篇 511d。

[51] 柏拉图：《会饮》篇 222b，汉译第 290 页。

[52] 柏拉图：《苏格拉底的申辩》，第 70 页，译文作了改动。原文为希腊文。

[53] 暗指《新约·马太福音》5，28："只是我告诉你们，凡看见妇女就动淫念的，这人心里已经与她犯奸淫了。"

[54]《新约·哥林多前书》15，52，原文为希腊文。

[55] 柏拉图：《斐德若》篇 249a，原文为希腊文。

[56] 柏拉图：《会饮》篇 183b－c，汉译第 225—226 页。

[57] 指柏拉图：《苏格拉底的申辩》35e－38b，汉译第 73—76 页。

[58] 拉丁文，见于贺拉斯，《颂歌》3，24，6。

[59] 柏拉图：　《苏格拉底的申辩》38a，汉译第 76 页，原文为希腊文。

[60] 指浪漫主义的反讽，见此作下卷。

第三章　这种理解的必然性

在一个观察者的眼里，苏格拉底的一生就像历史进程中的一个雄大的间歇：人们根本听不到他讲话，四周沉寂无声，直至门徒的一辈，学派纷呈，百家争鸣，打破了这种沉静，个个试图回溯到这个隐蔽、神秘的源头。历史叙述的河流到了苏格拉底那里恰如瓜达尔克维维尔河[1]一般，一度冲入地下，以便以新的力量汹涌而出。他就像世界历史中的一个破折号；由于缺乏对他进行直接观察的机会，人们对他所知甚少，但是这种无知不意味着我们可以对他避而不谈，其实毋宁说，这种无知邀请我们借助理念把他唤出，使之以理想的形态出现在我们的眼前。换言之，在世界上，他的生存的意义在于思考；在历史上，他生存中的独特之处象征性地标志着世界精神发展中的一个环节；我们对他的生平的无知促使我们意识到这种思考，意识到世界精神发展中的这个环节。正如他自己在某种意义上既在世界历史之中又不在世界历史之中一样，他在世界精神发展中的重要性也是既在又不在，或者说既不在又在：他是无，可一切必须以这个无为起点。他不在，因为他不是直接把握的对象，在精神意义上与此相应的是对实质性的直接性的否定；他在，因为他是可以被思考的，在精神世界与此相应的是理念的显现——不过需要指出的是，所显现的是其抽象形式，是其无限否定性。因此，他在历史上的生存形式并不是对他在精神上的重要性的一个完全恰当的形象表达。在本论文的第一章里，我走了否定之路（via negationis）以求把握苏格拉底，在这最后一章里，我将走理想之路（via eminentiae[2]）来把握他。当然，此处我无意把苏格拉底从他的历史环境中隔离出来，恰恰相反，重要的是把他置于历史环境之中以对他进行正确的观察；我也无意声称苏格拉底是超凡入圣，以致不能在尘世立足——成年了的历史学家用不上这种人，正如成年的印度姑娘用不上那样的恋人一样。① 一位智人曾说："苏格拉底并不是像一棵菌子一样从土壤中生长出来的，他同他的时代有着一定的联系。"[3]尽管苏格拉底和他的时代有着这样的联系，我们必须牢记，只从他的先辈出发，是绝对无法对他作出充分解释的，如果我们在某种意义上把他看做由先辈的前提所引出的结论，那么他作为结论要比前提具有更丰富的内容；要真正地成为一个转折点，原初的东西（Ursprüngliche）是很必要的。柏拉图曾多次讲苏格拉底是神赐的礼物，就是这个意思。在《申辩》篇30d 中，苏格拉底自己也说："我此刻的申辩远不是为我自己，如有人之所想，乃是为你们，使你们不至于因处死我而辜负了神所赐的礼物"。[4]31a："我的确是神赐予此邦的礼物，等等。"[5]"苏格拉底是神赐的礼物"这种说法是极为贴切的，因为它既指出他是与其时代相配的——神怎么会不给好礼物呢？——同时又提醒我们，他高于时代自己所你给予自己的。

既然苏格拉底标志着一个转折点，考察他之前和他之后的时代就是很必要的。

在这里对雅典城邦的衰落进行历史性的阐述，在我看来，是相当多余的。一遍又一遍地讲同一个故事可谓是一种精神上的病症，与其说是喜剧性的，毋宁说是悲剧性的；可许多年轻学者似乎也患了此病。任何一个还没有染上这种病症的人想必都会同意我的意见，也认为再重复一遍雅典的衰落史是没有必要的。正因为这段故事是个历史上的转折点，黑格尔不厌其烦地谈到它，时

---

① "史诗《摩诃婆罗多》里'那拉'一节述及一位二十一岁的处女——女子到了这个年龄，有权自择夫婿——在她的求婚人中进行选择。求婚的一共有五人，但是那个女子发觉其中四人都站立不稳，因此很正确地推断出，他们都是神人。于是，她便选中了第五人，他是个真正的人。"黑格尔，*Philosophie der Geschichte*，第185页。（参见王造时译，《历史哲学》，上海书店出版社2001年版，第150页。此处依德文原文对汉译作了改动。——译注）

而旨在对它进行阐述，时而用它作为例证。每个稍微读过一点黑格尔的书的人必定对他这方面的观点了如指掌，我无意重复他的话，招人讨厌，他的话他自己比谁说得都好。可谓是奇才的伯里克利在世时力挽狂澜，他被罢黜之后，雅典逐日衰落；若有读者希望阅读对此段历史典雅而又翔实的阐述，综观城邦的各个侧面，深入剖析衰落的内在规律，请看罗且的著作，从第 85 页起。[6] 只有一句话我不能不说。很显然，这一时期的雅典在许多方面令人想起后来的罗马。在精神方面，雅典是希腊国家的心脏。当希腊文化趋于解体之时，所有的血液都急剧地流回心室。一切聚集于雅典：财富、奢侈、淫乐、艺术、科学、轻率鲁莽的举止、花天酒地的生活方式①，简言之，所有那些既加快崩溃的速度，又有助于美化崩溃的东西。在精神方面，人们大概想象不出比希腊文化的解体更为辉煌的戏剧了，而雅典使这出戏剧分外耀眼。在雅典生活中有种焦躁不安，有种心跳，标志着解体的时刻已经逼近。这种状况必将导致社稷崩溃，但另一方面事实证明它对一种将要出现的新原则却是具有无限重要的意义的。解体和腐烂成了这一种新原则肥沃的土壤。从今希腊城邦中的邪恶原则就是有限主观性的（即不合理的主观性的）随心所欲。这种随心所欲的表现形式纷杂错落，不一而足。这里，我们将只对其中的一种形式予以探究，这就是智术。智术是居住在思维领域的妖精，它的名字是"群"。[7] 我们需要对付的即这些智者们，他们便是苏格拉底必须摧毁的同代人或前辈。我们需要看一看他们到底是怎么回事，然后思索苏格拉底大概采取了什么行动以彻底摧毁他们。反思起始于智者们；在这种意义上，苏格拉底总是与他们有共同之处的。与苏格拉底相比，我们可以把智者们称作假弥赛亚。

通过渐渐觉醒的反思，一种错杂纷乱的知识从实质性的伦理

---

① "尸首在哪里，鹰也必聚在哪里。"《马太福音》24，28。（原文为希腊文。——译注）

中挣脱了出来，智者们[1]是这种知识的代表。在直接性的魔力消失之后，每个人都感到对零碎修养的渴求，总的来说，智者们所代表的便是这种零碎的修养。他们的智慧是张"随风飞扬的树叶"（ein fliegendes Blatt），一个重要人物阻止不了它飘来飘去，把它纳入系统的知识也不能阻止它。他们的外在行为也与此完全相应。他们无处不在，无空不钻，就像假钱一样。他们走乡串镇，四处飘游，像中世纪的行吟诗人和流浪学者，开办学校，引诱年轻人来上学；听到有人奔走呼号，宣传这些人无所不知并能证明一切，年轻人也就蜂拥而至，向他们求学。[2] 他们意欲传授的无非是一般的修养，而不是某一专门学科的真知灼见；普罗塔哥拉的广告[8]令人想起歌德的《浮士德》中梅非斯托警告学生提防大学专业学习。他保证

---

①　这里，黑格尔又提供了卓绝的阐述。不过，我觉得《哲学史讲演录》中的详细探讨有时不够紧凑，不乏自相矛盾处，不时好像是由分散的言论纂辑而成，而这些言论常常与章节标题相冲突。与此相反，在他的《历史哲学》中有一段梗概性的文字，可谓是言简意赅；与《哲学史讲演录》中的渲染铺叙相比，这段文字的确体现了他曾阐发的一个论点，即精神最能起到钩玄提要的作用。（参见王造时译，《历史哲学》，第5页。——译注）这段文字精辟且生动，我把它转抄在这里。见于第327页。（王造时译，《历史哲学》，第266—267页，此处依德文原文，对王的译文作了较大的改正、变动。——译注）"对于现存局面的反思以及思辨起始于智者们。我们从希腊人实际生活里和精湛技艺里所看到的那种勤劳和积极进取的精神，在他们身上体现为拐弯抹角、故弄玄虚的思维方式；因为这个缘故，如同感性的事物通过人的活动被改变、被加工、被另派用场，精神的内容——所想的和所知的东西——也被推来推去，成了工作的对象，而这种工作本身也成了一种目的。思想的运动及其内在状况，这种毫无目的的游戏，现在自己却成了一种目的。那批有教养的智者们不是学者或科学家，而是聪明诡谲的思想大师，他们使希腊人惊叹不已。他们对于所有问题都有一个答复；对于宗教上的政治上的一切利害，他们都有普遍的观点；不仅如此，他们更进一步，宣称能够证明一切，在一切事物中能够发现可以辩护的一面。在一个民主政体里面，最需要的是能够在人民面前讲话，给他们介绍各种事情；在此很重要的是向人民妥当地说明他们应当重视的观点。这里精神的修养是很必要的，而这种训练希腊人是从智者们那里得来的。不过，这种思想的修养很快变成了把自己的目的和利益强加于人民的手段：老练的智者们深知如何把一个事情颠来倒去，掩盖真相；于是，各种私愤、癖好便放纵而不可遏止。智者们的掩盖主要原则便是：'人是万物的准绳'；这个原则，就像他们所有其他格言一样，都是模棱两可的，即'人'既可以指深刻和真实的精神，也可以指追随自己的好恶和特殊利益的精神。智者们心目中的人只是主观的人，于是，他们就宣布个人好恶是公理的原则，对主体有用的东西是最后的、具有决定性的根据。"

②　《普罗塔哥拉》篇的序言对几个智者的表演作了栩栩如生的描述。

说，青年不必担心他和别的智者一样，违背他们自己的意愿，偏偏教他们正不想学的东西。因此，他无意讲授算术、天文之类的课程；不，他旨在使他们成为有修养的人，他要教他们用得上的知识，以使他日后成为能干的政治家，使他们在私人生活中也变得精明能干。在《高尔吉亚》篇中，我们也看到这种普遍修养是如何神通广大，它在公共事务中使所有学问都相形见绌，谁要是有了这种修养，那他就有了打开所有大门的万能钥匙。这种普遍修养令人想起当代学术领域内销售赦罪券的人[9]以启蒙为名所拍卖的东西；因为智者们的主要目的，除了挣钱，便是对政治产生影响，所以他们的漫游也便令人想起如今政治领域内习以为常的朝圣之旅和虔诚大游行，借助于此，政治贩子们企图在尽可能短的时间内教给人们急需的政治常识，以便使他们能够介入政治活动。生活是充满矛盾的——直接意识根本觉察不到这一点，它只是不假思索、理所当然地以它从前辈因循下来的神圣而宝贵的传统为准。可是，反思马上就发现了这一点。它发现了本应是绝对确定的东西、规定人们行为的东西（法律、章程，等等）使个体与自己相矛盾；它也发现了这一切都是某种外在于人的东西，人不能不假思索地接收它们。反思指出了缺点和错误，但它手头也有医治它们的药方，即它教人对一切提出根据。所以，它教给人们一种把每个特殊情况都归入特定普遍情况的灵活头脑和技能，它送给每个人现成的惯用语句（loci communes），就像一串念珠，只要多念，就总能对特殊事物说长道短，品头论足，就总能提出赞成或反对的根据。一个人拥有越多这样的范畴，他越能熟练地运用它们，他也就越是有修养。智者们教给人们的便是这种修养。尽管他们不教专门的学科，但他们所传授的普遍修养、他们给予人们的训练似乎更有效益，无异于一个课外辅导员，帮助学生举一反三，通过考试。这种普遍修养在某种意义上是极为丰富的，但在另一种意义上却又是极为贫乏的：它自欺欺人，觉察不到它翻来覆去用的总是同一种伎俩。它自欺欺人的方式可与托邓斯骄尔[10]欺骗他人的方式相比拟：他让同一组士兵先在一条街上列队行走，然后马上在另一条街上列队行走。直接意识纯洁地、幼稚地接受既存的事物，与此相比，智者们所传授的普遍修养是消极的，它过于聪明机智，故不可能纯洁；可与思想相比，它却是极具肯定性的。这种修养首先瓦解、动摇一切事物，然后它教每个正直的门徒把一切又重新稳定下来。所以，智者们证明一切皆真。一切皆真：在某种意义上，旧希腊文化所遵循的也是这条原则，因为那时现实具有绝对的有效性。可是在智术中，动摇一切事物的反思觉醒了，不过在反思觉醒之后，智术却又马上以根据麻醉了它：智术这个饥饿的怪物以理智思辨为食，故智者能为一切提出根据，而利用这些根据，他们能把每个时刻偶然存在的事物都说成是真理。跟着智者，思考者便觉得自己有能力证明一切。

　　不可否认，在反思领域之内所建立的命题"一切皆真"在下一个时刻会转变出其反面：无物是真；不过，对于智者来说，这下一个时刻永远不会到来，原因便是他们永远生活在此时此刻之中。智术之所以能安居于此时此刻，是因为它缺乏全面博大的意识，缺乏需要对整体作出解释的永恒的刹那。由于反思动摇了一切，智术就出面解决一时的困难。这样，在智术里，反思初露锋芒便被阻止，无时无刻不被钳制；不过，约束它的固定者是单独的主体。看起来，智术似乎能够镇住它自己所唤出的魂灵（Geist）。在风雨飘摇之时，能够拯救一切的固定者会是什么呢？要么是共相（好比说，善），要么是有限的主体，他的意愿、兴趣，等等。智者们走的是后一条出路。如果反思不被随意阻止，它在某种程度上已经预示着自由思想的存在；可在智术里这种自由思想却过着奴隶的生活，每当它抬起头来，想自由地四处张望的时候，就马上被个体为此时此刻的利益起见捆绑了起来。可以说，智者抽了它的筋，以防它逃跑；反思现在和泥做砖盖房子，做种种奴隶的工作[11]，在三十僭主[12]（智者们）的枷锁下受压迫、受奴役。黑格尔在《哲学史讲演录》第二卷第5页[13]指出："理性在阿纳克萨哥拉斯那里所发现并认为本质的概念，乃是简单的否定，一切特定性、一切存在和个别的东西，都消逝到这个否定里。在概念面前，没有任何东西能够存在；概念正是无任何宾词的绝对，对于概念来说，一切东西都毫无例外地只是一个环节；从概念看来，可以说没有任何东西是钉牢的和固定的。概念正是赫拉克利特的那个流转变迁，那个运动，那个没有任何东西能够抗拒的腐蚀性。于是这自己发现自己的概念发现自己是绝对的威力，在这绝对的威力面前一切都归消逝；———一切事物，一切存在，一切被认为固定的东西，现在都成为流动不居的了。这个固定，不论它是存在物的固定性，或是一定概念、原则、习俗、法律的固定性，现在都陷于动摇，失掉它的稳固了。原则之类的东西，本身是系属于概念的，是被当成有普遍性的；但是普遍性只是它们的形式，它们所具有的内容既是确定的东西，于是就陷于运动了。这种运动，我们将在这里初次遇到的所谓智者们那里看到。"黑格尔似乎对智者派看得有点太高了，他下面对智者派的论述里有些话与此颇有出入，这就更加强了我们对他的阐述的正确性的怀疑；如果这是对智者派的正确看法，那么他对苏格拉底的阐述中有不少言论使我们不得不把苏格拉底和智者们一视同仁。智者派在自己身中无疑滋养着这么一个对它自己极为危险的秘密，然而它不愿意识到这个秘密；智者们招摇过市、自以为是的行为以及他们举世无双的自负（我们从柏拉图那里知道这一切）都充分地证明了他们是自以为有能力满足时代的要求的，当然不是通过动摇一切，而是通过在动摇了一切之后又使之稳定下来。智者们不厌其烦一再重复的命题："人是万物的尺度。"[14]①初看起来包含这一种肯定性，但深入观

---

① 智者们的这个命题很有趣地展示了名句在其漫长坎坷的生活路途上的命运。有的名句就像典型的喜剧人物，只有附带性地随便提到他们的存在，人们马上就知道说的是谁。从杂志、报纸、书籍序跋、书店广告中汲取其智慧的人会获得许多可被称作街头相识的东西。关于街头相识，我们一般是只认识其外表，而对他的出身、生平、处境等等均一无所知。——智者们的这个命题便是当今文学名句世界里的一个典型人物。黑格尔曾径自对此作出解释，讲的它的意思是：人是万物所追求的目标；这的确是肆意歪曲，不过我们完全可以原谅黑格尔，因为他自己也曾不厌其烦地提醒我们这句话在智者们嘴里的含义。许多黑格尔主义者却不然，由于不能与善为伍，他们便宁愿与恶为伍，把这种假币投入了流通。在丹麦语里"Maal"这个字的双重含义（即"尺度"和"目标"——译注）诱惑了不少不知这是智者们的命题的人；因此，我决定引用柏拉图《泰阿泰德》篇152a中的希腊文原文。

察之后我们就可以看到它最终是消极的。其实，智者们自以为是时代的医生。所以在柏拉图那里我们也时时看到，当智者们必须说明他们手里有什么技艺时，他们的回答总是：讲演术。智者们所拥有的肯定性恰恰是在这个领域里表现出来的。讲演者面对的总是个别情况，这里至关重要的是对一个事物从各个角度进行观察，注意轻重缓急。另一方面，讲演者需要应付成群的个体。为此智者们讲授如何操纵人们的偏好和情绪。这里重要的总是个别情况以及在个别情况下取胜，对此智者可谓是运筹帷幄。一个类比大概有助于表明智者派的这种肯定性。决疑论也蕴藏着一个秘密，这个秘密与智术所暗藏着的非常相似。在决疑论中，反思初露端倪，便被阻止。一旦反思得以爆发出来，决疑论顷刻间就垮台了。然而决疑论的确是一种肯定性，尽管深入的观察能够看出它的否定性。决疑论沾沾自喜，自以为不但能帮助自己，而且能帮助他人。如果一个人有疑问，向决疑论者求助，那么他现成的答案和建议不一而足。这可谓是极度的肯定性。这无疑是种幻觉，其实决疑论者助长他要治的病，可他意识不到这一点。通过对《普罗塔哥拉》篇的剖析，我充分地强调了智者的观点和苏格拉底的观点之间的关系。普罗塔哥拉具有许多美德，肯定性的货色应有尽有，可对苏格拉底来说，美德只有一个。与普罗塔哥拉的富足相比，苏格拉底的这个命题固然是否定性的，可它也是思辨性的，它是消极的无穷性，在其中每一个单独的美德都是自由的。固然，普罗塔哥拉的命题"美德可以传授"是肯定性的，它蕴含着对生存以及对智者派的技艺的极度信任，而苏格拉底的命题"美德不可传授"是否定性的，然而苏格拉底的否定性命题也是思辨性的，因为它是对永远以自己为前提的、吸收了所有学问的无穷性的刻画。普罗塔哥拉无时无刻不是肯定性的，但这只不过是似乎如此；苏格拉底无时无刻不是否定性的，但这在某种程度上也不过是似乎如此。无穷的否定性蕴含着一种无穷性，在这种意义上，他是肯定性的；由于对他来说，无穷性不是启示，而是边界，所以他又是否定性的。①

　　希腊必须从这种在理论上淡而无味、在实践上祸害无穷的肯定性中解放出来。为了达到彻底的解放，必须使用极端疗法，这就需要等待病症全面发作，身体内不得留下任何遗患。这些智者是苏格拉底不共戴天的仇敌；苏格拉底该有什么样的素质才能对付这一帮智者呢？提到这个问题，我们就不可能不对世界历史的巧妙构思感到极度的欣慰；苏格拉底和智者们可谓是天配的一对，如此的巧合的确是天下无双。苏格拉底披坚执锐，跃跃欲试，很显然，他要和智者们拼个死活。苏格拉底如果还有一个肯定性不肯放弃的话，那么最后他就不可避免地要和智者们遥相呼应，因为智者们的智慧就和罗马人敬神一样宽容，一点也不反对再多一个智者，有人再多摆一个摊。可情形并非如此。圣洁者不容玷污；庙宇必须被首先清扫干净，然后圣洁者才愿再次搬入。真理首先要求缄默，然后才愿侃侃而谈，而带来这种缄默的是苏格拉底。因此，他仅仅是否定性的。如果他还有丝毫的肯定性，那么他就永远不会如此毫不留情，不会成为吃人妖怪——他的确是个吃人妖怪，他必须是个吃人妖怪，否则，他就耽误了他在世上的使命。为此他也有充分的武装。智者们能回答一切问题，他能提问；智者们无所不知，他一无所知；智者

---

　　①　不愿被称作智者的高尔吉亚在某种程度上也比苏格拉底更具有肯定性，尽管他的辩证法把智者派的怀疑论更推进了一步。他在其谈论自然的著作里提出了三个命题，这三个著名的命题的确包着怀疑论，这种怀疑论不仅仅着力证明存在物的相对性，或者说它并非自在自为的存在、它是为他者的存在，而且还钻研存在物的种种规定；但是，与无限绝对的否定性相比，他理解存在物的方式仍沾染着一种肯定性。关于高尔吉亚辩证法，黑格尔总结说："这种辩证法，对于那种断言（感性）存在物为实在的人，无疑是不可克服的（第41页）。"（汉译第38页，原文为德文。——译注）我所说的智者们都具有的肯定性在这里无疑获得了某种不同的含义，不过我们不得忘记，高尔吉亚在智者派里是出类拔萃的，我们不能否认他具有某些科学性；尽管如此，比起苏格拉底，他还是肯定性的，正因为他有一个前提，与此不同，无限的否定性是赋予主观性韧性的压力，而韧性是理念肯定性的条件。在柏拉图的《高尔吉亚》篇中，由高尔吉亚、坡罗斯、卡里克勒斯"一个比一个无耻地"提出的命题与苏格拉底相比也是肯定性的，这种肯定性属于我所讲的智者们普遍具有的肯定性。与蕴藏着善的内在无穷性的否定性相比，"正义即强者所欲求的东西"这个命题是肯定性的。与神圣的天意安眠于其中的否定性相比，"作不正义之事强于遭受不正义之事"这个命题是肯定性的。

们能滔滔不绝地讲话，他能沉默，即他能对话。① 智者们招摇过市、苛求于人，苏格拉底温文尔雅、与世无争；智者们生活奢靡、追求享受，苏格拉底生活简朴、清心寡欲；智者们的目标是左右国事，苏格拉底无意介入国家事务；智者们的课程是无价的，苏格拉底的课程在相反的意义上也是如此；智者们爱坐上席，苏格拉底很高兴坐在下席[15]；智者们希求举足轻重，苏格拉底恨不得化为无物。把这看做苏格拉底道德力量的例证也未尝不可，不过更为正确的大概是把它看做对智者们的胡作非为的间接挑战，这种挑战是由反讽的内在无限性所支撑着的。在某种意义上，谈苏格拉底的道德力量绝非捕风捉影，然而，他在这方面所达到的那一点其实毋宁说是否定性的规定，即主观性内在的自己规定自己；他缺乏客观性，内在的自由的主观性在客观性里也是自由的，这种客观性是一种约束，但它并不是限制主观性的而是扩充主观性的约束。总而言之，他所达到的是理念无穷性的内在一贯性，此一贯性拘于一种抽象形式，在此抽象形式中，它可能是审美的和道德的规定，但也完全可能是形而上学的规定。苏格拉底经常提出的命题"罪是无知"已经充分地表明了这一点。我们在苏格拉底那里所看到的是主观性无限的、放纵的自由，而这却正是反讽。

在此，我希望很显然的是，反讽具有一种世界历史的有效性；我希望同样很显然的是，通过我的阐述，苏格拉底并未缩小，而是真正地成为了一个英雄，人们可以通过其所作所为观察他，有眼睛的人都能看到他的面貌，有耳朵的人都能听到他的声音。[16] 旧希腊文化已似风中之烛，一个新的原则必须出现；然而，所有误解导致有害的期望，这些期望就像茂盛的杂草，这些杂草必须被彻底铲除，连根拔掉，以便新的原则能够作为真理出现。新的原则必须争斗，世界历史需要一个助产师（Accoucheur）。苏格拉底承担了这个任务。他自己并非是把这个新原则全面推出的人；在他那里，这个新原则仅仅是在暗中（χατὰχρύψιν）存在，他将使它的出现成为可

---

① 智者们的健谈和滔滔不绝的讲演可以说是他们所具有的肯定性的标志。

能。而这种虽不是新原则，但又是新原则（作为可能性，不是现实性"potentia non actu"[17]）的中间阶段正是反讽。反讽就是苏格拉底，仿佛死亡天使一般，在希腊上空挥动的一把巨剑，一把双刃的剑。在《申辩》篇中，他不乏反讽地对此做出了正确的理解；他说他是神赐的礼物，然后对此作了更为精确的规定，说他是希腊城邦这么一个高大、纯种然而懒惰的马所需要的马虻。至于他的实践活动如何与此相对应，前边已经详细探讨过了。反讽催促、推动主观性；在苏格拉底那里，反讽实际上是一种具有世界历史性的激情。发展阶段到苏格拉底那里结束了，他迎来了一个崭新的发展阶段。他是最后一个古典人物，然而在他受神委托、摧毁了古典文化之时，也消耗了他古典的淳厚以及自然的充实。不过，他自己的古典文化使他有可能忍受反讽。这就是我前边所刻画为神圣健康的东西——苏格拉底一定是具有这种神圣健康的。对于反思的个体性①来说，

---

　　①　苏格拉底初看起来似乎是个反思的个体性；在有的人眼里，他的外表表明他有种古怪可疑的气质，而这种气质似乎意味着他并非一直就是他那子，而是变成了他那样子。不过，我们说不定可以把这与他的丑陋相貌相类比；他曾以极大的反讽描绘自己的相貌。众所周知，左皮鲁斯曾给苏格拉底观相。所有观相术的真理都是建立在下面这个命题之上的：本质仅仅存在于外表之中，或者说，外表是本质的真理，本质是外表的真理。本质固然是对外表的否定，但不是对它的绝对否定，因为这样的话，本质实际上也消失了。反讽在某种程度上却是这样的。它否定现象，但不是为了通过这种否定确立某种东西，而是对现象进行全面否定；它逃回，而不是走出；它不是居于现象之中；它力求和现象一起进行欺骗活动；它不利用现象来揭示本质，而是利用现象掩盖本质。我们不得忘记，在希腊，本质和现象是统一的，这是直接的自然规定；所以，这种和谐一旦消逝，本质和现象之间就产生了一条鸿沟，二者必须在更高的层次上获得统一。在这种意义上，苏格拉底极有可能对他的本质和他的外表之间的对立进行了反讽的理解。他的外表和他的内心别若天渊，他认为这没有什么大惊小怪的。即使我们强调他具有否定所有这些自然舛误的道德自由，外表和内心的这种不相称总还留在那里，因为他的道德追求永远不能使他获得另一个外表。由于这个缘故，对于观相师来说，苏格拉底实在是一道大难题；如果人们强调自我规定的环节，那么令人头疼的是，苏格拉底的外表还是不能被彻底改变；如果人们强调遗传的作用，那么苏格拉底就成了整个观相术的绊脚石（Mehring 强调自我规定的环节，但没有强调接踵而来的问题。参看 Mehring : *deen zur wissenschaftlichen Begründung der Physiognomik*《论观相术的科学基础》，见 Immanuel Hartmann Fichte 编，*Zeitschrift für Philosophie und spekulative Theologie*《哲学及思辨神学杂志》II，2，1840，第244 页）。苏格拉底对他天生成那个样子，以至没人能看透他感到一种反讽的兴奋；如果我们注目于他的这种反讽的兴奋，那么我就没必要去考虑那些观相术的高深道理了。

每个自然规定仅仅是任务；通过生活的辩证法以及从生活的辩证法之中，喜悦幸福的个体性会脱颖而出，这种个体性就是总打胜仗然而仍然抗争的人格。反思的个体性永远达不到美的个体性的恬静，因为这种恬静是一种自然产物，它有感性的东西作为一个必要的环节。反讽会打扰美的个体性的这种和谐统一，在苏格拉底那里，它也的确在某种程度上受到了打扰，他的一举一动都毁坏它、否定它。对死亡的观点也可由此得到解释，前面我们对此已作了阐述。在这种和谐统一被摧毁之后，反讽的恬然寡欲（用怀疑论的一个概念来说）在其废墟上升起，越来越高。

犹太人曾受上帝许愿，但律法的怀疑论[18]必须开道辟路，通过其否定性把自然的人耗尽、烧毁，以便不辜负上帝的恩赐。我们可以称希腊人是尘世意义上的受宠民族、一个在和谐与美的土地上出生的幸福的民族、一个在其发展过程中经过了纯粹人性的种种规定的民族、一个自由的民族；在希腊人那里，反讽的缄默是他们无忧无虑的理智世界中的否定性，这种否定性确保主观性不被辜负。就像律法一样，反讽也是一种要求，其实，反讽是一种可怕的要求，因为它蔑视实在性，要求理想性。① 显而易见，理想性已存在于这种欲望之中，尽管只是作为可能性；在精神方面，欲望对象总是已经存在于欲望之中，欲望可被看做欲望对象本身在欲望者身中的搏动。恰如反讽令人想起律法，智者们令人想起法利赛人，他们在意志领域的操作方式和智者们在认知领域的操作方式如出一辙。苏格拉底对付智者们的方法是，他让他们眼看着暂时的真理在一瞬间烟消云散、化为乌有，这也就是说，他使无限性吞噬有限性。但是，苏格拉底的反讽不仅仅是针对智者们的，它针对所有现存事物；他向所有事物要求理想性，而这种要求是审判并判决希腊文化的法庭。不过，反讽不是他为

---

① 正因为这种对时代的要求在世界历史中具有真理性，所以苏格拉底的反讽是世界历史的全权代表，它没有后代的反讽所具有的病态和自私；在后代，理想性已充分发展，应有尽有，反讽所要求的是其不切实际的升华物。

理念起见而使用的工具，反讽是他的立场，除此之外，他一无所有。如果他拥有理念的话，他的摧毁性的活动就不会如此彻底。宣布律法的人并非带来恩赐的人，提出苛刻要求的人并非能够满足要求的人。不过，我们不得忘记，苏格拉底的要求和对它的满足不像律法和恩赐，它们之间不存在一条不可逾越的鸿沟。在苏格拉底的要求之中，其满足已作为可能性（χατὰ δύναμιν）存在。这样，这个世界历史性的层系构造[19]也就获得了很大的完整性。施莱尔马赫在前面已引用过的论文[20]中指出（第54页），柏拉图思想过于完善，不可能是最初的起点；他在此与克鲁格及阿斯特相对立，后二者忽视了苏格拉底，以柏拉图为起点。反讽是起点，但也只不过是起点而已，它既是又不是；它的论战是起点，但也完全是结尾，因为对前一个发展过程的摧毁既是这个发展过程的结束，也是一个新的发展过程的起点——摧毁之所以可能，是因为新的原则已经作为可能性存在。

　　所有历史起点之中都有一种两面性。我们现在向前走一步，对苏格拉底的另一面予以阐明：我们需要对他和起源于他的发展过程之间的关系进行观察。① 众所周知，不仅仅柏拉图，而且有许多学派都声称他们的智慧出自这个源头。② 为了解释这个现象，似乎有必要假定苏格拉底具有很大的肯定性。特别是就他和亚尔西巴德的

---

　　① 柏拉图有句话美妙而诚挚地表达了他和苏格拉底的关系：他说他需要感谢神灵的有四件事，即他是人而非动物，是男人而非女人，是希腊人而非野蛮人，但最主要的是，他是雅典公民和与苏格拉底同时代的人。

　　② 参看 Ch. J. Brandis, *Grundlinien der Lehre des Socrates*（《苏格拉底学说概论》），见于 *Rheinisches Musäum*（指 *Rheinisches Museum für Jurisprudenz, Philologie, Geschichte, und griechische Philosophie*——译注），Bonn, 1827, 第119页：“古代没有一个哲学家像苏格拉底那样为自己以及为追求真理赢得了那么多的才子；没有人像他那样发起了那么多家学派，这些学派各有特色，学说以及教学方法迥异，惟一联系着他们的纽带是他们都坚信自己的主要思想原则来自苏格拉底。有人说有九个，有人说有十个伦理即苏格拉底学派；在这些哲学学派中，除了伊壁鸠鲁派，大概没有一个辜负了这个称号。”（原文为德文。——译注）（学园派、麦加拉派、埃雷特里亚派、埃勒亚派、逍遥派、居勒尼派、犬儒派、斯多葛派、伊壁鸠鲁派）。

关系而言，我在前面已经极力证明了不假定这种肯定性的存在也完全可以解释这个关系，实际上，只有当我们假定他不具有这种肯定性时，这个关系才能够得以解释。我也极力表明了反讽具有什么样的迷惑心灵的魔力。我现在要做的论证与此相似，旨在证明反讽也可以解释这个现象，其实这个现象要求反讽作为其解释。黑格尔指出（《哲学史讲演录》第二卷，第126页[21]），人们曾经谴责苏格拉底，讲从他的学说中之所以产生了这些各色各样的哲学，是由于他的原则本身不确定和抽象的缘故。人们能够对苏格拉底作出这样的谴责，恰恰表明人们希望他不是他实际上所是的那个样子。任何居间调解的肯定性都具有某种局限性，倘若苏格拉底的立场也具有这种局限性，那么后代子孙成群结队、竭尽全力去争长子权就一定是件永远不可能的事。反之，如果他的立场是无穷的否定性，那么这就是很容易解释的，因为这种立场在自身之内蕴含着一切发展的可能性，蕴含着整个主观性的无穷性得以展开的可能性。黑格尔在第127页[22]指出，麦加拉、居勒尼和犬儒这三个苏格拉底学派彼此之间非常不同，然后接着说这已清楚地表明了，苏格拉底是没有任何确定的体系的。他不仅没有任何确定的体系，而且也没有任何肯定性。后面，我将着眼于黑格尔如何认为苏格拉底具有善的理念而对此加以说明；这里，我只想指出，甚至善在他那里也不过是无限的否定性而已。在善之中，主观性合法地占有他行动的绝对有效的目的，可是苏格拉底没有超出善，他达到了善，却也终结于善，所以善对他来说是完全抽象的。① 如果我们这样来限制黑格尔的论述，另一方面我们也必须通过强调存在于这种无限否定性之中的惊人的

---

① 黑格尔在第124页似乎也持这个观点，但他并不始终如一："苏格拉底本人并没有超出下面这个范围：他把自身思维的单纯本质、善宣示为一般的意识，并且研究了善的各个特殊概念，研究这些概念是否充分表达出了它们所应表达的善的本质，是否在事实上规定了善的内容实质。他把善当作行动着的人的目的。因此他便听任整个表象世界、整个客观本质自为地存在着，而不去寻求从善、从被意识到的东西的本质到事物的过渡，不去认识那作为事物本质的本质。"（汉译第111页。原文为德文。——译注）

活力而对黑格尔的论述予以扩充。的确，各个苏格拉底学派之间的差别意味着苏格拉底没有确定的体系，但只讲这一点是不够的；我们还必须补充说，这个无限的否定性通过其压力使整个肯定性成为可能，它是对肯定性无穷无尽的催促与激发。正如苏格拉底在日常生活中能够随处起步一样，他在世界历史发展过程中的重大意义也就在于他是个无穷无尽的起点，在这个起点之中蕴含着许许多多、各色各样的新的起点。作为起点，他是积极的，但仅仅作为起点，他是消极的。他的情形与智者们的正好相反。而二者的统一正是反讽。因此我们也就看到，三个苏格拉底学派的共通之处恰恰在于抽象的普遍性①，尽管它们对这个普遍性的具体理解大相径庭。而这却正好有种模棱两可的特性：一方面，它能够针砭、批判有限的东西，另一方面能够鞭策无限性。在与门徒们（如果我可以用这个词的话）的交往中，苏格拉底是不可或缺的，否则，探讨就要中断；与此相似，在世界历史方面，他的重大意义在于他使思辨之船下了水。而在此很重要的是无休无止的论战，是能够排除所有将会阻挡航程的障碍的力量。他自己并不上船，他只是使船着陆，让人上岸。他自己还属于一个旧的历史层系，可他也是一个新的历史层系的起端②。他在自身之中发现了另一个大陆，就像哥伦布在没有上船、真正发现美洲之前已经发现了一个新大陆一样。他的否定性既阻止后退，又促进真正的发现。在日常交往中，他的精神活力和热情对他的门徒们起到了鼓舞、振奋的作用；同样地，充溢着他的立场的热情是驱动后来的肯定性的能量。

前面的论述表明了苏格拉底和既存的东西的关系是彻底消极的，他以反讽的态度洋洋自得地盘旋于所有实质性生活的规定之上。智者们坚持一种肯定性，并竭力通过种种证据系牢它、使它成为既存的东西；前面的论述也表明了苏格拉底是以同样消极的

---

①　请参考黑格尔对这三个学派的原则的阐述，第 128 及 28 页。（汉译第 113—115 页。——译注）

②　参看本文第二章的结论：对于整个世界他变成了一个陌生人，同时代意识不知道怎么称呼他，不可名状、类属不明，他属于另外一个历史层系。

态度来对待这种肯定性的，并且在其反讽的自由之中知道自己居高临下。可见，他的整个立场归结于无限的否定性，对他之前的发展过程是否定性的，对他之后的发展也是否定性的，尽管在另一种意义上，他的立场在这两种关系之中又是肯定性的，也就是说，是极为模棱两可的。他的一生是对城邦的实质性生活的抗议；智者们试图为既存现实营造代替品，他因此与他们展开论战。智者们的根据、理由抵挡不住他的无限否定性的狂风暴雨，转瞬间所有特殊经验主体所紧紧抓住的珊瑚虫般杂乱无序的救生树枝均被吹走，被刮入了无边的大洋，在这个大洋里，善、真、美等等把自己局限于无限的否定性之中。他的反讽就是在这种状况下出现的。至于反讽的呈现方式，它有时是局部性的，表现为谈话过程中的一个被克制的环节；有时是全面性的，呈现出其整个无限性，最后连苏格拉底也被一起卷走。

注　释

[1] Guadalqvivir，西班牙境内的一条大河。名出阿拉伯语，意为"大河"。

[2] Via negationis 和 via eminentiae 是经院哲学中确定上帝特性的两种方式。前一种方式（否定之路）否定上帝具有任何有限的、不完美的特性，而后一种方式（理想之路）赋予上帝超出凡人的、至善至美的特性。

[3] 黑格尔：《哲学史讲演录》第二卷，第 39 页。原文为德文。

[4] 柏拉图：《苏格拉底的申辩》，第 67 页，原文为希腊文。

[5] 柏拉图：《苏格拉底的申辩》，第 68 页，原文为希腊文。译文作了改动。

[6] 指 Rötscher, *Aristophanes und sein Zeitalter.*

[7] 暗指《圣经新约》，《马可福音》5，9："耶稣问他说：'你名叫什么？'回答说：'我名叫群，因为我们多的缘故'。"

[8] 参看柏拉图《普罗塔哥拉》篇 318d。

[9] "赦罪券"（Afladsbreve）：在天主教会里，信徒若买了赦罪券，便可保证死后不因生前的罪孽而受惩罚。

〔10〕丹麦、挪威海军将领托邓斯骄尔（Peter Tordenskjold 1690—1720）欲智取瑞典重镇 Marstrand，告诉守护此镇的指挥官 Danckwardt 说，他有数千士兵已在城下，还有两万在后方等待。Danckwardt 不信，便派了一个上尉到敌营侦察情形。托邓斯骄尔把此上尉灌醉，然后让他看街上结队行进的士兵。上尉刚看完了一条街，托邓斯骄尔便让士兵在另一条街上列队行进，然后带着上尉去看这另一条街。Danckwardt 听了上尉的报告后，决定投降。

〔11〕暗指《旧约·出埃及记》1，13—14："埃及人严严地使以色列人做工，使他们做苦工觉得命苦；无论是和泥，是做砖，是做田间的工，在一切的工上都严严地待他们。"

〔12〕"三十僭主"指公元前 404—前 403 间雅典的专制政权。

〔13〕汉译本第 5 页，原文为德文。

〔14〕原文为希腊文。

〔15〕暗指《新约·路加福音》14，8—11。此处耶稣以婚筵上的席位为比喻。

〔16〕暗指《新约·马可福音》8，18："你们有眼睛看不见吗？有耳朵听不见吗？"

〔17〕出自亚里士多德《物理学》3，202a，10。

〔18〕关于律法，参看《新约·罗马书》7。

〔19〕"层系构造"为地质学术语。克尔凯郭尔曾深受地质学家斯特芬（1773—1845）的影响。

〔20〕指 Schleiermacher, *Ueber den Werth des Sokrates als Philosophen*。

〔21〕汉译第 112 页。

〔22〕汉译《哲学史讲演录》第二卷，第 113 页。

附录 黑格尔对苏格拉底的理解

　　现在剩下的任务是说明本论文对苏格拉底的理解与以前观点的关系，使之出头露面，展示自己的招数。我的打算绝不是列举所有可能的看法，或者作一历史概观，以某一最新学派的最新弟子的面貌出现。这些弟子们以童话的形式为典范，在每一新部分的开头都把整个故事再重复一遍。回溯很早以前的研究，去谈布路克[1]或图许森[2]等人的看法，或者过分仔细认真，以至把克鲁格的铺叙[3]也包括进来，这大概谁都会觉得没有必要。以施莱尔马赫的著名论文[4]①为起点已经是以一个起点为起点了，尽管布兰

---

　　① 施莱尔马赫为自己提出的任务，即阐述苏格拉底作为哲学家的价值，已经充分表明了我们在这里不能期待发现绝对令人满意的结果。前边曾提到过黑格尔的一句话——这句话出自黑格尔其实是件怪事——大意是：要谈苏格拉底，重要的不是哲学，而是一个人的一生。施莱尔马赫认为，苏格拉底所代表的是知识这个理念；如上所述，依施莱尔马赫的看法，这也是隐藏于他的无知背后的肯定性。施莱尔马赫在第61页指出："他把别人自以为知道的东西称为无知，他之所以能这样做，只能是因为他具有对知识的正确观念以及建立在这个观念基础上的正确行事方法。不论他在何处对无知加以说明，我们都可以看到，他是以下面的两个特征出发的：首先，所有真正思想中的知识都是同样的，故每一个这样的思想都必须具备这同一种知识的独特形式；其次，所有知识构成一个整体。他的论证的基础是：其一，从一个真正思想出发，人不能够与另一个思想产生矛盾；其二，从一个论点引申出来的、通过正确推理发现的知识不准与从另一点以同一方式发现的知识相矛盾。苏格拉底热衷于在人们通常的观念中揭露这样的矛盾，由此他希求在所有稍微有些理解力的甚至仅仅能够预感的人的心中激发那个基本思想。"（原文为德文。——译注）之后，他认为苏格拉底也拥有方法论，并依《斐德若》篇把它理解为具有双重任务的方法论："获知怎么正确地把多元总结为统一，以及怎么把一个大的统一依其本性重新化为各个部分（第63页）。"（原文为德文。——译注）仔细观察一下这到底意味着什么，我们就会看到，这段阐述里面没有一句话和我们的整个看法想龃龉。这里所强调的是一贯性的观念、作为知识王国基础的法规；不过，它得到了如此消极的理解，以至于蕴含于其中的原则——苏格拉底也的确曾使用的原则——是"被排除的第三者原则"（principium exclusi medii inter duo

地斯讲施莱尔马赫是首先作出突破的人，我是不敢苟同的。

黑格尔很显然是对苏格拉底的理解中的一个转折点。所以，我将始于黑格尔，终于黑格尔，既不去关心他之前的人——这些人若是有话可说，也都在他的看法中得到了证实——也不去关心他之后的人，与黑格尔相比，这些人只具有相对的价值。总的来说，没有人能够谴责他对历史的阐述纠缠于细枝末节。他集中其全部精力，描绘单个的决定性战役。黑格尔对历史进行宏观的把握和理解。这样，苏格拉底也没有机会像个物自体（Ding an sich）站在一边，他必须站出来，不管他是愿意还是不愿意。

确切了解苏格拉底的生平事迹是件很不容易的事，可这个困难并不使黑格尔感到不安。他从不为这类小事操心。当忧心忡忡的巫师报告神鸡不愿吃食时，阿皮斯克·劳第斯·普尔克回答说：它们不愿吃食，那就让它们喝水吧，于是把神鸡一并扔入海中[5]。在《哲学史讲演录》讲苏格拉底的那一章里，关于同时代人对苏格拉底的三种不同理解之间的关系，黑格尔一句话也没说①，尽管他自己曾指出，谈到苏格拉底，问题不是哲学，而是

---

contradictoria）。所有知识所应构成的整体也得到了如此消极的理解，以至它归根结底其实是无限的否定性。方法论的两个任务也是消极的；多元性所应归结于的统一是消极的统一，在其中多元性已荡然无存；统一应通过分化而消解为多元性，可这种分化是概念论证的否定性。我们也认为苏格拉底辩证法中本质性的东西是它创立了理念无穷的内在一贯性。施莱尔马赫所欠缺的是对苏格拉底作为人格的重要意义的充分认识。不过，就这一点而言，我们不好求全他，因为他是明确限定了自己的目标的。在这个方面，鲍尔在其本文曾多次引用的著作中做出了很大的贡献；他认为，苏格拉底和基督的相似性主要在于他们作为人格所产生的效果；这个观点是十分有益的。只不过，我们也必须坚持在这种相似性之内还遗留下来的无限的不相似性。反讽是一个人格的规定，这一点我在前面已经多次强调过了。它蕴含着一种自我回归，而这是一个希求返回自我、封闭自我的人格的特性所在。只不过，反讽在这个运动中是空手回归。它与世界的关系不是人格内容里的一个环节；与此相反，它与世界的关系的特点是它在任何时刻都不是与世界的关系；就在这种关系要开始的那一刻，它又以怀疑的矜持（ἐποχή）退了回来，可这种矜持却是人格在自身之中的反射，可以想见，它是抽象的、毫无内容的。由于这个缘故，反讽的人格实际上仅仅是一个人格的轮廓。显而易见，苏格拉底和基督之间存在着一种绝对的不相似性，因为神灵的充足直接地居于基督身中，他和世界的关系是绝对实在的，以至教徒们意识到自己是他的肢体。

①　阿里斯托芬是个例外；详见有关章节。

他个人的生活。他只使用了一个单独的柏拉图对话录①作为苏格拉底方法的例证，但没有解释他为什么正好选择了那一个。他利用了色诺芬的《回忆苏格拉底》以及《申辩》，也利用了柏拉图的《申辩》篇，但都未加说明。总的来说，他不喜欢麻烦；施莱尔马赫努力对柏拉图对话录予以整理，以使一个大的观点逐步通过所有对话录展现出来。甚至这种努力也不受黑格尔的青睐。他说："从语文学的观点去研究柏拉图，如施莱尔马赫先生所作的评注的那样，对这个或另一个次要的对话去作批判的考察，看看它是真的还是伪品（按照古代人的证据，关于大的对话录根本是无可怀疑的），这对于哲学也是多余的，这也是属于我们时代过分琐细挑剔的批判"（第 179 页[6]）。所有这一切都是惹黑格尔讨厌的东西；当多种现象列队受检阅之时，他一是忙得很，同时他也觉得自己作为世界历史的总指挥举足轻重，除了用国王般的眼神瞥它们一眼之外，没有更多的时间去操心别的事。这样，他固然避免了烦琐纷杂，但也未尝不忽视一两个对于全面的阐述来说极为必要的环节。由于这个缘故，一些遭受忽视的东西有时会在另一个地方介入，以强调自己的权力。所以，在他对柏拉图的体系的阐述中有些零散的、随口说出的观点俨然以绝对真理的面目登场，原因便是整体框架被摧毁了；在整体框架中，这些各色各样的观点会展示出其相对的（因此也更有根据的）真理。第 184 页[7]："就对话中所叙述的内容来说，哪一部分属于苏格拉底，哪一部分属于柏拉图，那是用不着多去研究的。我们可以很确定地说，从柏拉图的对话里我们完全能够认识他的体系"。第 222 页[8]："这种辩证法（即其结果仅仅是消极的辩证

---

① 关于这个对话录，他只是泛泛地说了一下；参见第 69 页："有许多色诺芬和柏拉图的对话都是以这种方式结束的，使我们在结果（内容）方面完全得不到满足。《吕希斯》篇就是这样问的：爱情和友谊使人得到什么？在《理想国》中，也是像这样安上一个引子，探究什么是正义。这种困惑有引导人去反思的效果；这就是苏格拉底的目的。这个单纯否定性的方面就是主要之点。"（汉译第二卷，第 61 页，原文为德文，译文稍有改动。——译注）

法）我们在柏拉图那里常常看到：一部分是在那些比较真正属于苏格拉底式的①、道德的对话里，一部分也是在许多涉及智者派关于知识的看法的对话里。"第 226 页[9]："在这种较高意义下的辩证法（即在共相之内消解对立从而这种对于矛盾的消解便是肯定过程的辩证法）就是柏拉图所特有的辩证法。"② 第 230 页[10]："许多对话仅仅包含一些消极的辩证法；这就是苏格拉底的谈话。"这些论点与我在此探究第一章里所坚持的论点是完全一致的。不过，我不能引证它们，因为它们是零零散散、随口说出的。

真正是对苏格拉底的阐述见于《哲学史讲演录》第二卷，第 42—122 页。[11]我现在要谈的就是这一部分。黑格尔的这个阐述的特征是，它起始于并终止于苏格拉底这个人。尽管黑格尔在多处似乎欲赋予他一种肯定性，尽管他认为他具有善的理念，可个体在其与善的关系中证明一直是随意地规定自我的个体，而善本身毫无绝对约束的力量。黑格尔在第 93 页[12]指出："于是主体便成了规定者、决定者。究竟是好的精神还是坏的精神起决定作用，现在由主体来决定了。"（这也就是说，主体自由地居于其实应被看做是规定他的东西之上，他不是在选择的一刻居于其上，而是无时无刻不居于其上，因为随意性不构成任何法律、任何持久性、任何内容。）"在苏格拉底那里，由自己作决定这一点开始萌芽了；这在希腊人那里还是无意识的规定。在苏格拉底那里，这个决定的精神则被挪到了人的主观意识上面。现在问题首先是：这个主观性在苏格拉底本人是怎样表现的。由于个人变成了决定者，所以我们便以这种方式回到作为个人、作为主体的苏格拉底身上；以下便是对他的个人情况的一个发挥。"在苏格拉底那里，主观性是通过其保护神的形式表现出来的；因为黑格

---

① 通过"比较真正属于苏格拉底式的"这个宾词，黑格尔辨别了不同种的对话，但他没有更进一步，暗示他是否对语文学上的探究感到满意。

② 他称这种辩证法为"柏拉图所特有的"，从而把它与并非柏拉图所特有的辩证法对立了起来。

尔曾再三提醒守护神还不是良知，所以我们就可以看到主观性在苏格拉底那里摇摆于有限的和无限的主观性之间；在良知之中有限的主体才使自己无限化。第 95 页[13]："良知是普遍的个体性的观念，是自身确信的精神的观念，这种精神同时也就是普遍的真理。苏格拉底的守护神乃是相对于他的普遍性的另一个完全必要的方面；他既然意识到了普遍性的方面，也同样意识到了精神的特殊性这另一方面。他的纯粹意识超出了这两方面。特殊性方面的缺点，我们将立刻予以规定，即是：普遍性的缺点以一种个别的方式并不足以补救，不能恢复腐败的东西去取代消极的东西"。黑格尔讲，他的纯粹意识超出了这两个方面；我对这一思想是这样表达的：他把善的理念当作无限的否定性。

在黑格尔讨论苏格拉底的这一章里有许多不同凡响的论点，思想之深刻更是为他所独有，但是对此作出连贯一致的发挥却是很困难的，原因便是他的阐述包罗万象，从中很难发现内在的相互联系。本论文第一章已经运用了他的一些零散的见解。不过，在对黑格尔的阐述的整体予以观察，并与我所作的修改相对比之后，我相信要对这一切加以论述，最好是以一个问题为线索：即苏格拉底在什么意义上是道德的创始人？有这一问题为线索，黑格尔的阐述中最重要的环节都将被谈到。

在什么意义上苏格拉底是道德的创始人

黑格尔对苏格拉底在历史发展中意义作了这样的非常一般性的刻画。第 43 页[14]："苏格拉底宣称本质是普遍的'我'，是善，是安息在自身之中的意识；这个善自身不受现实限制，不受意识对现实的关系——个人的感性意识（感情和欲望）的限制——最后不受那在理论上对自然进行思辨的思想的限制，这种思想虽然是思想，却仍然具有存在的形式，'我'在这种思想中是不能确定其为'我'的。这样，苏格拉底达到了自在自为的东西，把它看做是对于思维来说自在自为的东西。这是一个环节，另一个环节是这个善、这个普遍的东西必须被'我'认知"。

为了避免不顾黑格尔的看法，穿凿附会，有必要谈一下苏格拉底的教学活动。依黑格尔的看法，苏格拉底的教学活动是消极的，并以消极为目标，旨在动摇而不在巩固；在苏格拉底那里，消极不是内在于积极，而是以自己为目的。在上面刚刚引用的各个零散论点中，黑格尔的这种看法已经很明显；在专谈苏格拉底的那一章中也有许多论述阐发了这个看法；当黑格尔谈到阿里斯托芬对苏格拉底的理解，这一看法就更为明确了。在第 85 页[15]，黑格尔指出，阿里斯托芬是从消极方面来理解苏格拉底哲学的，通过其消极，所有既存的东西都消失到了不确定的普遍性之中。他说，他没有为阿里斯托芬辩护甚至没有为他辩解的意思。第 89 页[16]："我们可以说，阿里斯托芬过分夸大之处在于把这种辩证法一直推到了非常苛刻的极端；但我们却不能说他这个表现法对苏格拉底不公正。阿里斯托芬绝对没有什么不公正，我们确实应当钦佩他的深刻，他认识到苏格拉底的辩证法的消极方面，并且（当然是以他自己的方式）用这样有力的笔触把它表达了出来。……苏格拉底的普遍性具有扬弃朴素意识中的真理（法律）的消极方面；因而朴素的意识便变成了纯粹的自由，超出了原来对他具有权威的特定内容。"黑格尔还说，苏格拉底哲学实际上不是思辨的哲学，而是"一种个人的行为"（第 53 页[17]）；这是黑格尔对苏格拉底教学的消极性的另一种表达。为了唤起这种个人的行为，他就进行道德说教；"但是这并不是一种讲道、训诫、讲授或枯燥的道德说教，等等"（第 58 页[18]），所有这些东西与希腊的彬彬有礼的处世方式是势不两立的。与此相反，他的道德说教的表现方式是促使每个人都对他的义务予以思考。他和青年们、老人们、鞋匠们、铁匠们、智者们、政治家们、各种公民们谈话，谈话总是从他们感兴趣的东西开始，或者是家务（儿童教育），或者是知识、真理；接着他就引导他们离开这种特殊事例去思索普遍的原则，去思索自在自为的真和美（第 59 页[19]）。

这就是他的道德说教的涵义；这里我们也应该能够清楚地看

到，当黑格尔依随古代传统称苏格拉底为道德的创始人时[20]，他的话到底是什么意思。不过，这里我们不得忽视道德在黑格尔著作中的尽人皆知的涵义。他对道德和伦理作出区分。伦理可以指朴素的伦理，例如像旧希腊文化所具有的伦理；伦理也可以指一种对朴素伦理的更高的规定，即当它在道德之中对自己进行反思之后所再次显现出来的形式。[21]由于这个缘故，他在法哲学中先谈道德，然后才论述伦理。就道德而言，在关于善和良知的章节中[22]，他论述了邪恶、伪善、概然论、目标至上论、信念至上论、反讽等种种道德形式。道德的个体乃是消极自由的个体。他是自由的，因为他不被他者所束缚，但他是消极自由的，正因为他不受他者的约束。只有当个体通过寓于他者之中而寓于自己之中时，他才是真正的即积极的自由的，是肯定的自由的。因此，道德的自由是随意性，它是善与恶的可能性；黑格尔自己在《法哲学》第184页指出："作为纯粹形式上的主观性，良知随时可能转变成邪恶。"在这种意义上，旧希腊文化之中的个体根本不是自由的，他还被囚禁于实质性的伦理之中，还没有把自己从这种直接境况中解放出来、分离出来，他还不认识他自己。苏格拉底使个体达到了这一步，但不是像智者们那样教个体把自己裹入自己的特殊利益之中，而是通过把主观性普遍化使个体达到这一步的；在这种意义上，他是道德的创始人。他不是通过诡辩而是通过思辨来坚持意识的重大意义的。他达到了自在自为的东西，并把它看做对于思考来说自在自为的东西；他达到了知识的规定，这种知识的规定使个体成为了他迄今生活于其中的直接性的陌生人。个体行为不再是循规蹈矩，个体应该清楚地知道他的行为是为了什么。可这很显然是个消极的规定，既对于既存的东西是消极的，对于更深刻的肯定性也是消极的；这种更深刻的肯定性是思辨的，并消极地进行制约。

就对美德概念的规定而言，情形也是这样。关于苏格拉底对美德的定义，亚里士多德曾作出解释；黑格尔剖析了亚里士多德的解释，我们在此就依随他。在第77页[23]，他引述亚里士多德的言论：“苏格拉底关于美德的话说得比普罗塔哥拉好，但是也不是完全正确的，因为他把美德当作一种知识（ἐπιστήμας）。这是不可能的。因为全部知识都与一种理由（λόγος）相结合，而理由只是存在于思维之中；因此他是把一切美德都放在实践（知识）里面。因此我们看到他抛弃了心灵的非逻辑的——感性的——方面，亦即欲望（πάθος）和习惯（ἦθος）。”接着，他说这是个很好的批评：“我们看见，亚里士多德对苏格拉底的美德的定义感到不足的，乃是主观现实性的方面，亦即今天所谓心。”[24] 可见，美德所缺乏的是存在的规定；至于存在的规定，我们既可以从个别主体的角度来理解它，也可以在较高层次上把它看做在国家中得以实现的东西。然而，苏格拉底摧毁了直接的、实质性的国家意识，可没有达到国家的观念，其后果便是美德仅仅是以这种抽象的方式得以规定，它既没有在国家中实现，也没有实现于只有通过国家才能产生的富足的人格。① 第 78 页引证了亚里士多德的另[25]一番言论：“苏格拉底在一个方面是研究得完全正确的，但是另一方面却不正确。说美德就是知识，这是不对的，但是说美德不能没有识见（不能没有知识），他这句话里却有道理。他把

---

① 人们惯于把苏格拉底看做美德的典范；黑格尔也坚持这个观点，并在第 55 页（汉译第 49 页，译文依德文原文作了改动。——译注）指出：“苏格拉底是各类道德上的美德的典范：智慧、谦逊、俭约、有节制、公正、勇敢、坚韧、坚持正义来对抗僭主与平民（δημος），不贪财，不追逐权力。” 这固然是真的，然而黑格尔用以描写美德的宾词“道德上的”已经表明了它们缺乏深沉的严肃性，一个美德只有在被纳入一个总体之后才会获得这种严肃性。可是，由于对于苏格拉底国家丧失了其意义，所以他的美德便不是国民的美德，而是个人的美德；如果我们想透彻地来刻画他，我们甚至可以说它们是试验性的美德。个体自由地高居于这些美德之上；因此，尽管苏格拉底避免了常常显示于严厉道学家身上的古板，尽管我们同意黑格尔的说法——“我们丝毫不能以道德美德的教条来设想苏格拉底”（第 56 页，汉译第 51 页），——但确凿不移的是，这些美德只是作为试验才对个体具有实在性。他高居于它们之上，只要他愿意，就可置之不理，如果他不这样干，那是因为他不想这样干，可他不想这样干，又是因为他不想这样干，这对他来说永远不是什么职责。鉴于此，我们完全可以说，无论个体怎么认真地看待这些美德，他是不把它们当真的；人们大抵不会否认，所有随意的行为归根结底是不当真的，只不过是实践领域内的诡辩而已。

美德当作逻各斯；可是我们说，美德是与逻各斯相连的。"① 就此，黑格尔又说这是一个极为正确的规定。一方面，普遍概念始于思维；但另一方面，作为品格的美德意味着它是人所拥有的，而人的美德包括感情、心态，等等。可见，两个方面都必不可少：普遍概念以及实行的个体性、实在的精神[26]。

我们又来到了前边已经抵达的一个地方，在这个地方，我们将能看到苏格拉底到底在哪种意义上具有肯定性。前边我们在谈他的教学时，已触及这个问题；现在我们又回到了我们所离开的那一点。他的教学的主要目的是使普遍概念在与特殊事例的对立中显现。关于苏格拉底的原则，第一个规定是个伟大的规定，虽然还只是形式的，这个规定是：意识从自身中创造出真实的东西（参看第 71 页[27]）。把意识导向自身，乃是主观自由的原则。由此，普遍概念就呈现出来了。可普遍概念具有一个积极的和一个消极的方面（参看第 79 页[28]）。我们现在应该看一看黑格尔在多大程度上成功地阐明了苏格拉底关于这一问题的看法中的积极方面；说不定我们最好还是回到黑格尔的一段评述（第 70 页[29]），这段评述的类似标题的开头"这就是苏格拉底的方式（和哲学）"已经预示这是一个需要特别重视的论点。然后，他接着说："似乎我们还没有讲多少苏格拉底的哲学，因为我们只

_____

① 就苏格拉底而言，我们也可以从另一面阐明"美德是知识"这个命题，我们只需要回忆起"罪是无知"这个命题就够了；前面我们已经提到过苏格拉底的这个命题。"美德是知识"这个命题不仅意味着我们上面所阐述的，即对朴素天真的、不知自己所作所为的伦理的消极规定，而且也是对善的这种无限的内在一贯性的刻画，由于这种无限一贯性，善在其抽象运动中超越所有有限性的规定。从"罪是无知"这个命题的角度，就可以更清楚地看到这一点；因为这个命题意味着，罪没有一贯性。罪半途而废，掉转方向，不像善那样持之以恒。被规定为知识的美德挣脱了直接的伦理，呈现出一个理念的形态，这相应于善的理念无限性。在实质性的伦理之中，美德无时无刻不被钳制，而在理想性的伦理之中，美德知道自己被纳入了善的无限性、自觉地寓于善所自觉寓于的无限性。然而，只要人们止步于知识的规定，这一切就一直是抽象的消极规定，尽管这是无限绝对的消极性。完全抽象的形而上学立场观察一切是否具有无限的内在一贯性；只有从这个立场出发，"罪是无知和不一贯性"这个命题才是真的。

是老在讲原则；不过苏格拉底的意识第一个达到了这种抽象物，这一点乃是主要之点。善是普遍的共相……善是一个自身具体的原则，不过这个原则的具体规定还没有被表述出来；在这个抽象的态度中，存在着苏格拉底的原则的缺点。积极的东西没有讲出来；因为善没有得到进一步的发展。"与智者们相比，苏格拉底已大进了一步，因为他达到了自在自为的善，而智者们却止步于善在纷杂的功用和利益之中的无穷折射。但我们不能忘记，他达到了这一点，可并不以此为出发点。共相既有一个积极的方面，也有一个消极的方面。伦理的实在性发生了动摇，这一点是苏格拉底意识到了的。他把伦理提高到识见，但是这不是别的，乃是使人意识到礼俗、礼法的确定性和直接性已经发生了动摇，"概念的威力扬弃了礼法的直接的存在和效准，扬弃了自在的礼法的神圣性"[30]。为了证明在苏格拉底那里共相具有积极的一面〔"他在特定的东西中给他们（青年人）指出善和真，他回到了特定的东西，是因为他不愿始终停留在单纯的抽象物中间"[31]〕，黑格尔以苏格拉底和智者希比亚斯的对话为例证（色诺芬的《回忆苏格拉底》第四卷第四章§12—16，§25）。苏格拉底在这里提出一个一般性的论点，即公正的人就是遵守法律的人；当他的对手反驳道：守法不可能是绝对的，因为人民和统治者常常修改法律，苏格拉底打了个比方说，宣战的人也媾和。他又一般地说，在最好的和最幸福的国家里，公民们是万众一心的，都遵守法律的。黑格尔在这里面看到了肯定性的内容（af-firmativt Inhold）。可是，苏格拉底这里之所以具有某种肯定性的东西（affirmativt），是因为他没有彻底贯彻他的立场，没有走到他其实应该达到的地方，即自在自为的善。这里，他让既存的东西继续存在，这不是在无限否定之后产生的肯定性，而是在它之前已经发生了的肯定性。固然，通过这一思考运动他超越了直接的希腊文化，因为他对法律、常规进行反思，从而把它们拉出了直接的既定状态，但是归根结底这只不过是一个虚拟的运动，绝不是真正的苏格拉底式运动。我们此处所关心的问题是：苏格拉底在多大程度上捍卫了肯定性，或者说，在多大程度上共相对于他变成了具体的东西？这里所谓的肯定性对于回答这个问题毫无决定性作用。黑格尔也感觉到了这一点，他在第 79 页中部、第 81 页下部以及第 82 页上部所说的话便是明证。[32] 至于消极方面，黑格尔也引证了不少例子；由于我们已经看到消极方面之消极和积极方面之积极是不能同日而语的，可见苏格拉底所坚持的只是作为消极的东西的共相。黑格尔引用了色诺芬的一个例子，然后接着说（第 83 页[33]）："在这里我们看到了消极的方面：苏格拉底把一向固定的东西弄得动摇起来。不说谎、不欺骗、不抢劫在朴素的观念中是被认为公正的，这在朴素的观念看来是固定的；但是把这个被认为固定的道理与另一个同样坚定地被认为真理的道理比较一下，就显出它们是互相矛盾的，那个固定的东西就动摇了，就不再被认为是固定的了。苏格拉底拿来代替固定者的、部分地与之相对立的那个积极的东西，却又是要人遵守法律："我们全看得到这是一般的、不确定的东西；'遵守法律'，每一个听到这句话的人都会理解它表达了那种一般性的法律观念都意识到的法律，即不说谎、不欺骗；可这些法律一般地把说谎、欺骗、抢劫规定为不公正，而这些规定对于概念来说是站不住脚的。"第 85 页[34]："在这里，我们看到普遍原则是这样被规定的、被实现的：对法律一般性的列举；而事实上，由于法律是消逝着的环节，是不确定的普遍性，而它的不确定性的缺陷仍然没有得到补足"。之后，黑格尔阐明了（从第 90 页起[35]）"在苏格拉底本人看来，那实现普遍概念的东西是怎样的"。这里，主观性证明是有决定性作用的，是随意地自己规定自己的东西。共相所获得的约束是一种由主体随时、随意所设置的约束。只有在现实的总体系统之中，共相的这种限制才可能是固定的、不偶然的，共相才可能在其确定形式中被认识。可是这却是苏格拉底所缺乏的。他否定国家，但他没有在较高的层次上再回到国家之中，在这种较高的层次上，无限性得以肯定（affirmeres），就像他所消极地要求的那样。

　　我们看到，苏格拉底完全可以在黑格尔所理解的意义上被称作道德的创始人，可他的立场仍可能是反讽。与道德的即消极自由的主体相对应的是作为任务的善，此时善被看做是无限消极的东西。道德的主体永远不能实现善，只有积极自由的主体才能把善当作无限积极的东西、当作他的义务，并实现它。黑格尔曾多次强调，反讽把什么都不当真；这种对反讽的定义也可以被运用到消极自由的主体上，因为消极的主体甚至不把他所躬行的美德当真。想必黑格尔也会同意，真正的严肃性只有在一个总体之中才是可能的：在总体之中，主体不再时时刻刻随意地规定自己以继续他的试验，他深感自己肩负的任务，可他不是把它看做自己给予自己的任务，而是别人给予他的任务。①

　　黑格尔片面地使他对苏格拉底的阐述集中于这一点，即证明苏格拉底是道德的创始人。他想着重提出的是苏格拉底拥有善的理念，可在此他陷入了尴尬的境地，因为他需要表明苏格拉底是如何理解善的。在黑格尔对苏格拉底的阐述里，麻烦之处其实就在于他不断地试图证明苏格拉底是怎样来理解善的，依拙见，在此他的偏差便是他对苏格拉底生活的流向没有获得确切的把握。苏格拉底所体现的运动是向善迈进。他在人类发展中的重大意义便是向善迈进（甚至还不是达到了善）。他对其时代的重大意义是，同时代人向善迈进。这绝不是说，他好像是在其生命的结尾才向善迈进，其实他的一生就是不停地向善迈进并使他人向善迈进。在这种意义上，他也向真理，即自在自为的真理迈进；向美，即自在自为的美迈进；一言以蔽之，他向自在自为的东西——作为对于思维自在自为的东西——迈进。他迈进，他不停地迈进。因此，他不仅仅进行道德说教，而且他根本上使自在自为的东西从纷杂现实的规定中显现出来。他与艺术家谈论美，使

---

　　①　在柏拉图的《理想国》中，与善相对应的是辩证法（正如与美相对应的是爱）。因此，亚里士多德称苏格拉底不具有辩证法便是无可厚非的。他缺乏允许对立面存在的辩证法，可如果善要成为无限肯定性的东西，恰恰这种辩证法是必不可少的。

自在自为的美从人们迄今对它所作的种种存在规定中解脱出来（由否定之路，via negationis）。对于真理，他也是如此行事。他不是干了一次就置之不顾了，而是对每一个人都这样干。他随时随处着手，转眼间已经在全力以赴地对人一个一个进行检验。他刚把一个人处理掉，却马上又回来了。没有什么现实能够抵抗他；这里出现在人们眼前的是若隐若现、捉摸不定的理想性，即作为无限抽象物的理想性。卡隆[36]把人从丰茂的人世送往影影绰绰的阴间，为了使他轻巧的船不至于超重，他便让旅客抛掉具体生活所有的各色各样的规定，如头衔、威严、紫袍、大话、忧伤、顾虑，等等，只剩下纯粹的人；苏格拉底也是这样，他也划船把个体从实在性送往理想性，而理念的无限性，作为无限的否定性，是虚无，他让实在性的缤纷繁复都消失在这个虚无之中。由于苏格拉底坚持不懈地使自在自为的东西显现出来，他似乎至少把这当真；但是正因为他只向此迈进，只把自在自为的东西当作无限的抽象物，他所具有的绝对物的形式也就是虚无。通过绝对物，实在性变成了虚无，可绝对物也是个虚无。为了能够把他固定在这一点上，为了永远不忘记他生活的内容便是时时刻刻从事这个运动，我们必须强调他作为神圣使者的重大意义。他的这个神圣使命没有得到黑格尔的重视，尽管苏格拉底自己对此极为注重。至于人们还总是不由自主地强加于他更多的东西，这种努力的原因在于人们忽视了有世界历史意义的个体之所以伟大，是由于他们的整个生命都属于世界，他们自己可以说是一无所有。因此，世界也更应该感谢他们。

在黑格尔对苏格拉底方法的阐述中，特别有其两种形式成为探讨的对象：他的反讽和他的接生术。黑格尔给反讽所安排的位置已经充分地表明了他把苏格拉底的反讽看做一个被克制的环节、一种与人交往的方式，明确细致的论述进一步加强了这种看法。应该怎么来理解他的这个看法呢？在多大程度上黑格尔是有道理的呢？我们将对此予以探讨。在此我就转向本论文的第二部分，亦即：论反讽概念。

注　释

［1］指 Johann Jakob Brucker, *Historia critica philosophiae a mundi incunabilis ad nostram usque aetatem deducta*, Leipzig 1767.

［2］指 Thomas Christian Tychsen, "*Ueber den Process des Sokrates*", *Bibliothek der alten Litteratur und Kunst*, 1, Goettingen 1786, 第1—60页。

［3］指 Krug, *Geschichte er Philosophie alter Zeiten* 及其 *Allgemeines Handwörterbuch der philosophischen Wissenschaften nebst ihrer Litteratur und Geschichte*, Leipzig 1827—1829, 第3卷, 第711—729页。

［4］指 Schleiermacher, "*Ueber den Werth des Sokrates als Philosophen*".

［5］据罗马历史学家 Livius 记载, 公元前249年, Publius Claudius Pulcher（即 Appius Claudius Pulcher 的儿子, 而非 Appius 自己, 此处为克尔凯郭尔为用典错误）, 罗马执政官及海军领袖, 欲攻迦太基的舰队, 巫师讲神鸡不愿吃食, 他回答说: "它们要是不愿吃食, 就让它们喝水吧!" 然后让人把神鸡扔入海中。结果, 他大败而归。

［6］汉译第二卷, 第160—161页, 原文为德文。此处对汉译的错误作了纠正。

［7］汉译第二卷, 第165页, 原文为德文。

［8］汉译第二卷, 第199—200页, 原文为德文。

［9］汉译第二卷, 第202—203页, 原文为德文。

［10］汉译第二卷, 第206页, 原文为德文。

［11］汉译第二卷, 第39—109页。

［12］汉译第二卷, 第83—84页, 原文为德文。译文略有变动。

［13］汉译第二卷, 第85页, 原文为德文。此处对王太庆、贺麟译文中的错误作了纠正（王、贺把"特殊性方面的缺点"误译为"普遍性方面的缺点", 把"恢复腐败的东西去取代否定性的东西"误译为"被破坏者不能用否定者去恢复"）。

［14］汉译第二卷, 第39—40页, 原文为德文。

［15］汉译第二卷, 第76页。

［16］汉译第二卷, 第79页, 原文为德文。

［17］汉译第二卷, 第48页。

〔18〕汉译第二卷，第 52 页。原文为德文。

〔19〕汉译第二卷，第 53 页。

〔20〕依第欧根尼·拉尔修，黑格尔讲苏格拉底建立了伦理学。参见《哲学史讲演录》第二卷，第 42 页。

〔21〕参见《哲学史讲演录》第二卷，第 42—43 页。

〔22〕参看黑格尔，*Grundlinien der Philosophie des Rechts*，§ 129—141。

〔23〕汉译第二卷，第 68 页，原文为德文。

〔24〕汉译第二卷，第 69 页，原文为德文。

〔25〕汉译第二卷，第 70 页，原文为德文。

〔26〕参见黑格尔，《哲学史讲演录》第二卷，第 70 页。

〔27〕汉译第二卷，第 63 页。

〔28〕汉译第二卷，第 70 页。

〔29〕汉译第二卷，第 62 页。

〔30〕黑格尔，《哲学史讲演录》第二卷，第 70 页，原文为德文。

〔31〕黑格尔，《哲学史讲演录》第二卷，第 72 页，原文为德文。

〔32〕参见黑格尔《哲学史讲演录》第二卷，第 70、72—73 页。

〔33〕汉译第二卷，第 74 页，原文为德文。此处对译文中的错误略作了纠正。

〔34〕汉译第二卷，第 75—76 页，原文为德文。译文略有改动。

〔35〕汉译第二卷，第 80 页。

〔36〕卡隆为古希腊神话中把死人送过冥河的船夫。

下　　卷
论反讽概念

导　言

　　这一部分所要探讨的对象其实在某种程度上已经存在于前一部分了，因为前一部分以静观的形式使这个概念的一个侧面显现了出来。在本论文的前一部分，我并没有一开始就把此概念当作前提，而是在我力求侦察现象时使之逐步产生。在这个过程中，我发现了一个未知数、一个立场，这个立场证明是苏格拉底所特有的。我称此立场为反讽；但在本论文的第一部分里，名称是不大重要的：主要任务是不忽视任何一个环节、任何一个特征，并且使所有环节、所有特征井井有条地构成一个总体。至于这个立场究竟是不是反讽，现在才能作出决断，因为我在对此概念的阐发中也将涉及能够测试苏格拉底的环节，这个环节将能够确定他的立场是否真的是反讽。在论文的第一部分里，我谈的只是苏格拉底一个人；对此概念的阐发将表明在什么意义上他是这个概念发展过程中的一个环节，换言之，这一阐发将表明反讽概念是否在苏格拉底那里已经绝对竭尽，它是否还有其他表现形式——我们必须对这些表现形式予以重视，之后，我们才能说这个概念已得到充分的把握。如果说在论文的第一部分里概念一直悬浮在幕后，持之以恒地企求在现象中体现出来，在论文的这一部分里概念的现象上的表现，亦即它来住在我们中间[1]的持之以恒的可能性，将跟随对概念的阐发。这两个环节是不可分割的。在下面这两种情况下，所有认知都是不可能的：其一，倘若概念不寓于现象，或者更确切地说，倘若现象不是只在概念之中、只与概念一起才可以理解、才是现实的话；其二，倘若现象不寓于概念，或者更确切地说，倘若概念不是只在现象之中、只与现象一起才可以理解、才是现实的话；在前一情况下，我会缺乏真理，而在后一情况下，我会缺乏现实性。如果反讽的确是一种主观性的规定，那么显而易见这个概念必然有两种表现形式，事实上它们也与不同的名字联系在一起。第一个表现形式当然是出现于主观性首次在世界历史中出头露面之时。这里我们有苏格拉底，也就是说，这里我们得知到哪里去寻找这个概念的历史表现形式。然而，当主观性在世界上露面之后，它并不是无踪无影地又消失了，世界并不是又陷入了以前的发展形式，恰恰相反，旧事已过，都变成新的了。[2] 反讽的新的表现形式要能够出现，很显然主观性就需要以一种更高的形式产生效果。这必须是主观性的第二个因次[3]，一种相应于反思之反思的主观性之主观性。这里我们需要再次以世界历史为准，亦即我们需要着眼于现代哲学在康德那里所达到的、在费希特那里所完结的发展过程，也更需要着眼于在费希特之后极力宣扬第二个因次的主观性的立场。现实也证明了情形的确如此，因为这里我们再次遇到了反讽。不过，由于这个立场是个强化了的、高层次的主观意识，自然而然地它就清晰而确切地意识到了反讽，它把反讽公开称作自己的立场。弗里德里希·施雷格尔、蒂克和佐尔格的情形就是如此：施雷格尔着重谈论反讽和现实的关系，蒂克通过文学来刻画它，而佐尔格在美学上和哲学上意识到了它。在黑格尔那里，反讽也终于碰到了个高手。反讽的第一种形式未遭批驳，而是在主观性受到应有的重视之后镇静了下来，反讽的第二种形式却遭到了批驳，并被摧毁；由于它是不合理的，扬弃便是它应得的下场。

　　这些观察大抵已使我们对这个概念的历史有了充分的了解，但这绝不意味着对这个概念的把握在从以前的发展过程中寻求立足之地、寻求支持之时不会遇到棘手的问题。说破了，如果有人寻找一个对这个概念完整的、融会贯通的阐发，那么他很快就会确凿无疑地发现它有个很奇怪的历史，或者更确切地说，它根本没有什么历史。费希特之后的一段时间是反讽概念最走红的时候，我们发现它屡次三番地被提及、被影射、被假定。但若有人想找到一个明确的阐述，那却是徒劳的。佐尔格①抱怨说，人们原以为能在奥古斯特·威廉·施雷格尔的《戏剧艺术和文学讲演录》（*Vorlesungen üeber dramatische Kunst und Litteratur*[4]）中找到对这个概念的详细论述，但作者只是在一处一笔带过而已。黑格尔②抱怨说，佐尔格也是如此，蒂克也好不到那里去。既然大家都抱怨，我为什么不也抱怨呢？我的抱怨是，黑格尔正好相反。在他的体系里，在所有该对反讽予以阐发的地方，人们都会看到他对此进行了论述，不过，如果有人要是让这一切都印出来，我们就不得不承认关于反讽所说的话的确不少，但在另一种意义上倒也不多；原因便是他在所有地方说的话差不多都是一样的。除此之外，许多思想家都与反讽这个词有瓜葛，黑格尔对这些常常相差甚远的思想家一一进行了攻击，结果便是，由于对言词的用法变幻不定，他的论争也不总是清晰易解。不过话又说回来，黑格尔尽可抱怨他的先行者，我却远不能同样地对他大加抱怨。特别是在他对佐尔格遗著的评论中——见于他的著作全集第十六卷[5]——有许多卓越

---

　　① *Solgers Nachgelassene Schriften und Briefwechsel*（《佐尔格遗著与通信》），Tieck 和 Frau von Raumer 编，第二卷第514页（在对施雷格尔讲演录的评论中）："本书评的作者认为反讽是整个戏剧艺术的真正核心，甚至对于哲学对话——如果它要稍微有些戏剧性的话——也必不可少，所以他便觉得很奇怪，反讽在这个著作中只被提到了一次，即第二部分第二章，第72页，不仅如此，反讽甚至根本不准介入名正言顺的悲剧；不过，本人倒是还记得，此书的作者以前曾说过一些话，至少表面上和这些观念是很相近的。作者所推崇的庄严和诙谐扎根于一种特定的生活观，可反讽与这种生活观恰恰是背道而驰的。"（原文为德文。——译注）

　　② *Hegels Werke*（《黑格尔著作集》）第十六卷，第492页（在对佐尔格遗著的评论中）："佐尔格的情形也是如此；在上述论著中，他以深沉的思想、严肃的态度对最高的理念作了思辨的阐述，可这里他根本没有提到反讽——与振奋息息相关的反讽，在其深处融会艺术、哲学和宗教的反讽。反讽——这个不同凡响的秘密，这个庞大的陌生物——在哲学上到底是怎么回事呢？人们本以为这里正是找到这个问题的答案的地方。"（新版黑格尔全集 Werke 11, Berliner Schriften 1818—1831, Frankfurt am Main: Suhrkamp, 1986, 第259—260页，原文为德文。——译注）关于蒂克，见同处。

的见地。虽然他对消极立场的阐述和描绘（就这些立场而言，特别是描绘极为重要，其原理便是："说话，以使我能看到你"（loquere, ut videam te）[6] 不如我们所希望的那样详尽彻底，那样内容丰富，但对黑格尔来说，对付这些立场可谓是易如反掌，因而他所强调的肯定性对这种描绘具有间接的效用。施雷格尔兄弟以及蒂克的最重要的意义在于他们口诛笔伐、摧毁了以前的发展过程，而正由于这个缘故，他们的立场有些分散，因为他们所赢的不是主要战役，而是许多小规模的交战；与此相反，黑格尔的绝对意义却在于他通过其积极的总体观点征服了论战的唐突。论战的这种唐突就像布吕恩西尔女王的贞洁，一般的男人都对付不了，需要一个西古尔德来制服。[7] 让·保罗也曾谈到反讽[8]，他的美学著作里对此有不少议论，但皆无哲学的、或真正美学的说服力。总的来说，他作为美学家主要是从丰富的美学经验出发侃侃而谈，其实没有对他的美学立场作出论证。对他来说，反讽、幽默、玩弄情绪可谓是不同的语言，他的描述的界限便是反讽地、幽默地以及以玩弄情绪的语言来表达同一个思想，这有点像弗兰茨·巴德，巴德有时先对一些零散的神话性命题予以阐述，然后把它们翻译成神话。[9]

由于反讽概念以这种方式常常具有不同的含义，重要的是我们不能有意无意地随便运用这个概念，重要的是我们以语言惯用法为准，观察它在历史过程中所获得的不同含义如何均有异曲同工之妙。

定位性的思考

从前，其实不久之前，人们在这里也可以借助于一点点反讽蒙混过关，这一点点反讽能够补救所有其他方面的缺陷，帮助一个人道貌岸然地度过一生一世，使一个人看起来很有教养，头脑清醒，老于世故，标志着一个人是一个范围广大的精神共济会的核心成员。我们不时还可以碰到一两个这样一去不复返的时代的代言人，他的脸上挂着那种高贵的、意味深长的、模棱两可的然而又泄露真情的微笑，说起话来便流露出那种精神贵人的口吻，他年轻时靠这种微笑和口吻走了运，并把他的整个未来建立在这个基础之上，希望他已经胜了世界。[10] 哎，可这只不过是个幻觉！他四处窥望，寻找志趣相投的灵魂，可一切都是徒劳；如果没有一两个人对他的黄金时代还记忆犹新的话，那么他的挤眉弄眼对于当代就只不过是谜一般的象形文字，在当代他就是个外人和旅客。[11] 我们时代所要求的要多得多，它的要求是：若没有高昂的激情；至少得有高嗓门的激情；若没有思辨，至少得有结果；若没有真理，至少得有信念；若没有诚实，至少得保证自己诚实；若没有感情，至少得能大谈感情。由于这个缘故，我们的时代也塑造了另外一种大家爱用的面部表情。它不允许嘴倔强地闭着，或上嘴唇放纵地颤动，它要求嘴应该大大张开：一个人要是一言不发，谁知道他是个货真价实的爱国者呢？谁能想象一个深沉思想家面孔布满教条，但没有一个能够吞下整个世界的大嘴呢？要是不张嘴，怎么可能口若悬河、说得天花乱坠呢？我们的时代不允许人静静地站着，深思冥想，走得慢一点已经够可疑的了，在我们所生活的这个激动人心的时刻，在这个决定命运的、人人认为孕育着非凡事物的多事之秋，人怎么可能会有心思静静地站着、慢慢地走路呢？我们的时代仇恨孤立，这个手拉手、臂挽臂（就像走南闯北的手工徒弟和大兵）为了集体观念而生活的时代怎么可能会容忍一个人鬼迷心窍、想独个度过一生呢?①

尽管反讽远不是我们时代的特色，这绝不意味着反讽完全销声匿迹了。打个比方说，我们的时代也不是怀疑的时代，人们还是有许多疑问，通过这些疑问，人们可以说能够学习怀疑，只不过在思辨的怀疑和对这件事、那件事的粗俗疑问之间存在着质的差别。例如，在公众演说中就经常出现一个名为反讽的修辞格，它的特点是嘴所说的和意所指的正好相反。这里我们已经能够看到一个贯穿所有反讽的规定，即现象不是本质，而是和本质相反。在我说话之时，思想、意思是本质，而词语是现象。这两个环节都是绝对必要的，正是在这种意义上，柏拉图指出思考就是讲话。[12]真理要求这种同一性；倘若我不用言词进行思考，那么我根本就没有思考，倘若我说话却不进行思考，那么我也根本没有说话，因此我们也不认为小孩和疯子真能讲话。其次，看一眼谈话的主体，我就发现了另一个贯穿所有反讽的规定，即主体是消极自由的。如果我说话之时意识到我自己，我说的话是我的意思，言辞是我的意思的确切表达，我假定听我说话的人在我的言辞中能全面而确切地把握我的意思，那么我就被我的言辞所约束，这也就是说，我在其中是积极自由的。有句古诗所说的就是这个道理："一句话一旦出口，它就飞走，追不回来了。"[13]（semel emissum volat irrevocabile verbum）就我自己而言，我也是被约束的，不能随时从中解脱出来。反之，倘若我的言词不是我的意思，或者和我的意思正好相反，那么对于他人和我自己我就是不负责任的。

可是，反讽的修辞格自己扬弃自己，因为讲话者假定听众能够理解他，这样，通过对直接现象的否定，本质还是达到了与现

---

① 本人绝对无意对这个时代的严肃追求视而不见，也无意小看它，不过但愿这种严肃追求变得更为严肃。

象的同一。如果偶尔发生了这种反讽之言得到误解的情况，那么这并非讲话者的过错，只怪他和反讽这么一个诡计多端的家伙交朋友，这个家伙既喜欢捉弄敌人也同样喜欢捉弄朋友。关于谈话中这种反讽的措词，人们也总是说：他是不把这种严肃性当真的。言辞极为严肃，令人悚然，但知情的听众了解暗藏其后的秘密。可正因为如此，反讽就又被扬弃了。反讽最流行的形式是，说严肃的话，但并不把它当真。另一种形式，即说开玩笑的话、开玩笑地说话，但把它当真，是不太常见的①。但如上所说，反讽的修辞格自己推翻自己，就像一个谜，一旦猜破，就没意思了。不过，反讽的修辞格具有一种亦为所有反讽的特色的性质，即某种高贵，这种高贵源于它愿被理解但不愿被直截了当地理解；结果是，这个修辞格不大瞧得起谁都能马上理解的直来直去的言谈；它就像个贵人隐匿姓名身份出外旅行，居高临下，以怜悯的眼光观察一般常人的言谈。在日常交往中，反讽的修辞格特别是在上层社会很流行，在那里它是一种特权，和贵人口吻（bonton）属同一个范畴，这种特权要求人们对于天真一笑置之，把美德看做头脑狭隘，尽管这些人在某种程度上认为天真、美德这类东西还是有其价值的。

上层社会（这当然需要理解为一种精神上的等级）反讽地说话，就像王侯将相讲法语一样，旨在让外人听不懂，在这种意义上，反讽有将自己孤立起来的倾向，一般地不希望自己被理解。这里，反讽并不自我扬弃。这也只不过是反讽虚荣心的一种下属形式，它总是希望有人在场，以确保并证实自己的价值。反讽骨子里是孤立，但力求构成一个社会，由于它不能把自己提高到集体的观念，于是在地下团体中实现自己，这也只不过是反讽与所有其他消极立场所共有的不一贯性。因此，在

---

① 这种反讽要是大量出现，就大致总和某种绝望联系在一起，因而我们常常在幽默家那里发现它们，例如海涅曾以极为开玩笑的口吻考虑是牙疼还是内疚更难受。然后声称还是前者更难受。（参见 Heinrich Heine, "*Über die französische Bühne* [1837]", *Sämtliche Werke*, München 1978, 第三卷，第 287 页。——译注）

一小撮反讽者中间也根本没有什么社会的凝聚力，就像在贼窝里实际上不会有诚实一样。如果我们现在离开反讽在圈内人中间的运作，而去观察它和圈外人的关系、它和它的矛头所指向的人的关系、它和它所反讽地把握的生存的关系，那么我们就会看到它有两种表现方式。反讽者要么与他所攻击的坏事相认同，要么采取与之相对立的态度，但当然无时无刻不意识到他的表面行为与他自己的真相是截然对立的，并享受由这种反差所产生的快乐。

有的人自高自大，自以为无所不知，面对这种愚蠢行为，真正的反讽是随声附和，对这一切智慧惊叹不已，吹捧喝彩，从而鼓励此人越来越狂妄荒诞，越来越高地往上爬，尽管反讽者无时无刻不意识到这一切是空洞的、毫无内容的。面对空乏无聊的热情，真正的反讽不以响彻云霄的欢呼、颂歌为足，而是争先恐后、更进一步，尽管反讽者知道这种热情是世界上最大的愚蠢。反讽者越是装得像，他的伪作越是有长足的进步，他就越是欣喜。可这种欣喜他是独自享受，因为对他至关重要的恰恰是别人看不透他在蒙骗人。这是一种极为罕见的反讽的形式，尽管比起以相反的形式出现的反讽，它是同样地深刻，而且更容易实行。它倒是不时被运用到下列人物的身上：眼看要患某种偏执狂的人；自以为漂亮特别是有漂亮连鬓胡子的人；自以为风趣、或者自以为至少曾讲过大家想一听再听的风趣话的人；其生活可以说只曾有过惟一的一件大事，不厌其烦地重复这件事，只要有人按了正确的按钮就马上能使他陈述此事的人，等等。在所有这些情形中，反讽者的欣喜本身颇似他人之沾沾自喜，有陷入同一泥沼之嫌。反讽者所乐此不疲的就是处处发现这样的弱点；具有这些弱点的人越是与众不同，反讽者就越是高兴能够愚弄他、操纵他，尽管他自己对此一无所知，结果是甚至超群出众的个体也会在某些时刻成为反讽者手里的玩偶，成为一个木偶，只要反讽者一提系在他身上的操纵线，就能使他作他所想让他作的运动；真奇怪，比起人的强处，人的弱点更近似于音响的振动图形，只要振动得正确，它们就马上出现，就好像里面有个自然必然性似的，而至于强处，它们却很少前后一致，这个事实常常难免使人痛心。

然而另一方面，反讽常常通过一种对立关系出现，这也是它的重要特色。在用之不竭、取之不尽的智慧面前，无知、迟钝，简直像个最大的大傻瓜，可又总是虚心好学，脾气温顺，以至智慧的租用者很高兴地让他也挤到他们肥沃的草地上；在多愁善感的激情面前，傻头傻脑，不知使他人动情的到底是什么高深的东西，可又总诚心诚意地想了解迄今对自己一直是谜团的事物——这些情形也是反讽极为正常的表现形式。反讽者的愚蠢越是显得真诚，他诚实正直的追求看起来越不像伪装，他就越是高兴。可见，尽管自己知道自己是知道的，但装作自己不知道，这是反讽的；同样反讽的是，尽管自己知道自己并不知道，但装作自己知道。反讽也可能以一种较为间接的方式通过对立关系出现，例如，反讽选择单纯、头脑简单的人，不是为了嘲笑他们，而是为了嘲笑有智慧的人。[14]

在所有这些情形中，反讽主要是作为把握世界的反讽出现，它故意迷惑周围的世界，与其说是为了把自己隐藏起来，毋宁说是为了使他人显出真相。然而，若反讽者为了自己而误导周围的人，这其中也不乏反讽。在我们这个时代，民间及公众社会的状况使秘密的恋爱几乎成了不可能的事，在牧师首次祝福新郎新娘之前，邻里乡亲早就多次从教堂得知了这对年轻人的喜事[15]；在我们的时代，如果公众没有决定恋爱关系成败的绝对权力——联结爱情的纽带并依自己的（不是牧师的）看法对此予以反对——它就会认为有人剥夺了自己最喜爱的特权，这意味着只有公众的赞同才给予一个恋爱关系其有效性，隐瞒着邻里而结成的姻缘几乎被看做是无效的，或至少是对公众权力的可耻的侵犯，就像承办丧葬者把自杀看做是未经允许逃出了世界一样。我想，在我们这样的一个时代，大抵有人不时会觉得有弄虚作假的必要，除非他希望邻里承担为他求婚这么一个值得尊敬的职务，而他自己只需要出面作出通常的求婚者的模样，就像（ad modum）彼德·爱里克·马得森[16]一样，戴着白手套，手里拿着描写自己光明前途的书面材料，并且随身带着其他用于最后冲击的迷醉人心的魔法、符咒（不得忘记一个恭敬的备忘录）。如果主要是外在因素使得保密极为必要，那么迷惑他人的行为就只不过是纯粹的伪装。然而，个体越是把这种对他人的迷惑看做他自己恋爱史中的章节，他越是由于把别人的注意力误引到不相干的地方而乐不可支，那么反讽就越是明显。反讽者享受爱情的整个无限性，别的恋人总把自己的恋情告诉知心朋友，以扩展自己的爱情，反讽者扩展自己爱情的方式是，让知己的朋友什么也不知道。同样的故弄玄虚有时在文学里也是很必要的；在文学里，到处都是警觉的文人，忙碌着发现新作家，就像牵线搭桥的媒婆做媒一般。越不是外在的理由（养家糊口、升官发财、怯懦胆小，等等）致使一个人来玩捉迷藏，越是某种内在的无限性希望把自己的著作从一切与自己的有限关系中解放出来、希望把自己从难友们的安慰中以及从温情脉脉的作家盟友们的祝贺中解脱出来，反讽就越是明显。如果反讽者能找到某个咯咯叫着、急不可待地想下蛋的母鸡，以便把父亲的角色推到自己的身上，对大家的错觉故意躲躲闪闪，半逃避、半证实——如果事情发展到了这个地步，那么反讽者的把戏就成功了。每个人依其在社会中的地位必须按照等级规章[17]毕恭毕敬地穿着自己该穿的衣服；在我们的时代有人大抵很容易有脱掉自己特定衣着的欲望，如果一个人有时的确想这么做，如果他至少一时心血来潮，想知道自己比起罪犯来到底还是优势的，那就是他敢于穿着与狱服不同的衣服出面：这里，某种故弄玄虚也是很必要的。致使这种故弄玄虚的一般是某个有限的目的，譬如一个商人隐姓埋名外出旅行以促使他的投机买卖有个好结果，一个国王隐匿身份以当场逮住掌管银财的官员，一个警察官为了消遣自己夜里做贼[18]，国家的一个低级官员由于害怕上司而求助于伪装，等等。越是有限的目的致使一个人故弄玄虚，这就越接近于简单的伪装。与此相反，一种不想时时刻刻、一生一世地做职员而且也想偶尔做一会儿人的内在渴望越是占主导地位，这里面有越多的诗意无限性，迷惑他人的手法越具有艺术性，反讽也就越是明显。如果反讽者甚至成功地把别人引入歧途，说不定涉嫌被捕，或者介入有趣的家庭纠纷，那么他就达到了自己的目的。

在这些以及类似的情形中，反讽里最突出的是主观的自由，这种主观自由掌握着随时从头开始的可能性，不受过去事情的牵挂。从头开始总有某种诱惑力，因为主体还是自由的，反讽者所渴求的就是这种享受。在这些时刻中，现实对他失去了其有效性，他自由地居于其上。罗马天主教会也时而意识到这一点，因此，在中世纪它常常在特定的时节推翻自己绝对的实在性而反讽地看待自己，驴子节、愚人节、复活节玩笑等等便是很好的例证。古罗马士兵可以肆无忌惮地唱戏谑小曲，嘲弄凯旋而归的将军也是基于同一种感觉。这里，人们一时间意识到了今生今世的辉煌以及荣誉的实在，但同一瞬间却又反讽地超越了这一切。同样地，即使没有卢基安的嘲讽[19]，希腊神话中也隐藏着许多反讽，神们天上的现实也逃脱不了反讽刺骨的寒风。不可否认，有许多生存并不是现实，在人格中有某种东西至少在短时间内会与现实毫不相通，因此同样不可否认的是，反讽蕴涵着一丝真理。此外，就我们至今对反讽所作的理解而言，它主要是被看做一种转瞬即逝的现象，所以我们在所有这些情形中还没有能谈到纯粹的反讽，或者说作为立场的反讽。不过，这里也间或对现实和主体之间的关系做了观察和思考，如果把这种观察和思考推而广之，我们就会慢慢接近另一番天地：这里，反讽在其篡夺的总体性中展现出来。

一个外交家对世界的看法在许多方面是反讽的；塔莱郎有句名言，大意是人有语言不是为了揭示思想，而是为了掩盖思想[20]，这句话蕴涵着对世界的深沉的反讽，就治国之术而言与另外一个真正的外交箴言遥相呼应：世界想要受骗，那就让它受骗吧（mundus vult decipi, decipiatur ergo）。不过，这还绝不意味着外交家们反讽地看待生存，正好相反，有许许多多的事情他们是极为当真的。——这里所勾画的反讽的不同表现形式之间的差别只不过是量的差别，只是个多一点和少一点的问题；与此相反，根本意义上（sensu eminentori）的反讽与这里所描绘的反讽有质的区别，正如思辨的怀疑与庸俗的和经验的怀疑之间有质的区别一样。根本意义上（sensu eminentori）的反讽的矛头不是指向这个或那个单个的存在物，而是指向某个时代或某种状况下的整个现实。因此，它蕴藏着一种先天性，它不是通过陆续摧毁一小块一小块的现实而达到总体直观的，而是凭借总体直观而来摧毁局部现实的。它不是对这个或那个现象，而是对存在的总体从反讽的角度（sub specie ironiæ）予以观察。由此可见，黑格尔把反讽刻画为无限绝对的否定性是正确的。

在我们对此进行进一步发挥之前，看来最好还是先了解一下反讽者家乡四周的概念环境。为了这个目的，我们需要区分两种不同形式的反讽，我们可以把它们分别称作执行的反讽①和静观

---

① 执行的反讽亦可称作戏剧性的反讽，这种执行的或戏剧性的反讽也包括自然界的反讽。自然界中是没有有意的反讽的，只对于长着能得到反讽的耳朵的人，自然界才像个人似的和他开玩笑，或者向他倾诉它的忧愁和痛苦。这种反差不存在于自然界之中，因为自然界过于自然、过于天真，只有对于反讽感充分发达的人，它才会在自然界中展现出来。舒伯特在他的 *Symbolik des Traumes* （《梦的象征》，Bamberg 1821）中便列举了许许多多这种自然界中的反讽特征，任他选择。他指出，大自然以深刻的讥讽"把哀诉与乐趣、欣喜与悲伤紧密结合起来，恰如锡兰的空中音乐那样的自然的声音以哀痛欲绝、令人心碎的声调唱着欢天喜地的小步舞曲（第38页）"。（原文为德文。——译注）他强调说，自然界把最遥远的极端反讽地安排在一起，参看第41页："在自然界的联想中，紧接着理性的、温和的人类的是乖张狂放的猴子，紧接着智慧的、纯洁的大象的是龌龊的猪，紧接着马的是驴，紧接着丑陋的骆驼的是身材修长的鹿子、狍子，而在许多方面紧接着不甘为哺乳动物、模仿鸟类的蝙蝠的是不敢把头探出洞外的老鼠"（原文为德文——译注）。然而，这一类事物并不在自然界之中，只是反讽的主体无中生有罢了。以这种方式，人们也可以把感官上的错觉看做自然界的反讽。不过要意识到这一点，需要一个反讽的意识。一个个体越是具有发达的论战意识，他也就能在自然界中发现越多的反讽。可见，这种自然观主要属于浪漫主义思想，而不属于古典的思想。希腊的和谐很难在自然界中发现挖苦讽刺的东西。我想举一个例子以对此予以说明。在幸福的希腊，自然界里不会有别的，只可能有和谐的灵魂的婉转悠扬的歌声，甚至希腊的忧伤也是美的，因此回音是个友好的仙女。与此相反，在北欧神话中，哀嚎悲歌响彻自然界，夜不是明亮、晴朗的，而是黯黑的、雾茫

的反讽。

我们首先谈我们大胆地称作执行反讽的反讽。由于反讽强调对立关系的种种细微的差别，人们大概会觉得反讽和伪装没有什么两样。[1]为简洁起见，人们一般地也把反讽翻译为伪装。然而，伪装主要是指实现本质与现象之间不一致的客观行为，而反讽除此之外也指一种主观的享受，因为主体通过反讽把自己从日常生活的连续性对他的束缚中解脱了出来，因此我们也可以说反讽者是无所顾忌一身轻。此外，就其与主体的关系而言，伪装是有目的的，可这个目的是个外在的目的，与伪装本身没有什么关系；与此相反，反讽是没有目的的，它的目的就在自身之中，这是一种形而上学的目的。这个目的不是别的，乃是反讽自身。当一个反讽者弄虚作假、不以自己真正的面貌出现之时，他的目的似乎的确是想让他人受骗上当；但他真正的目的是想感觉到自由，可他恰恰是通过反讽才感到自由的，所以反讽没有其他目的，它自己就是目的。显而易见，反讽与"目的是正确的，手段也就是正确的"这种信条是不同的，因为在这个信条中，主体固然可以自由地选择不同的手段以达到他的目的，但绝不是在与反讽相同的意义上自由，原因便是在反讽中，主体根本没有目的。

对于反讽来说，至关重要的是内外不一，由于这个缘故，它看起来似乎和虚伪无别。在丹麦语里，反讽也时而被译作"油

茫的，阴森可怕的，忧伤不能通过静静的回忆而只能通过深深的叹息和永远的遗忘得到缓解，在这里，回音是个怪妖。因此，在北欧民间信仰中回音叫做 Dvergmâ 或 Bergmâ（冰岛语，意为"侏儒话"，"山话"。——译注），参看 Grimm, *Irisches Elfenmärchen*（格林，《爱尔兰童话》）Leipzig 1826，第 78 页。*Færøiske Qvæder*（《法罗群岛史诗》），Randers 1822，第464 页。这里只用一个脚注来谈自然界中的反讽，是因为其实只有对于幽默的个体这个问题才存在；其实对自然界的反讽理解只有通过思考世上的罪孽才会真正出现。

① 德奥弗拉斯特就是这样来理解反讽的，参看 *Theophrasti Characteres*, ed. Astius（阿斯特编：德奥弗拉斯特的《人的性格》），Leipzig 1815，第 4 页，第一章："论反讽"（περὶ εἰρωνείαϛ）。这里对反讽的定义是："προσποίησίϛ επι χειρον πραξεων χαὶ λόγων"（simulatio dissimulatioque fallax et fraudulentia）（希腊文及拉丁文，大意为：假装、掩饰以达到误导、欺骗他人的目的。——译注）

滑"，虚伪者常常被称作"滑头"。然而，虚伪其实是个道德领域之内的问题。虚伪者假装是个好人，其实是个坏人。与此相反，反讽是个形而上学领域里面的问题，反讽者时时刻刻所关心的是不以自己真正的面貌出现，正如他的严肃中隐藏着玩笑，他的玩笑里也隐藏着严肃（就像锡兰的自然声音一样[21]），这样，他也会故意装作是坏人，尽管他其实是个好人。我们不得忘记，对于反讽来说，道德的规定其实是太具体了。

　　反讽也有理论的，或者说静观的一面。如果我们把反讽看做一个从属性的环节，那么它就是能看透生存中的乖戾、谬误以及虚荣的锐利眼光。由于反讽的矛头是指向这些东西的，所以它看起来似乎和讥嘲、讽刺、揶揄等无别。它与此当然是不乏相似之处的，因为它也看得到虚荣；但就其做观察的方式而言，它却与此大相径庭，即它并不摧毁虚荣，不像正义惩罚并摧毁罪恶那样，它也不像喜剧那样具有和解的因素，它强化虚荣，使虚荣者更虚荣，使疯狂者更疯狂。这就可以说是反讽对离散环节进行中介的尝试，这种中介所达到的不是更高的统一，而是更高的疯狂。

　　反讽的矛头也可能指向整个生存，就此而言，它也坚持本质和现象之间的对立、内在和外在之间的对立。作为绝对的否定性，它似乎与怀疑无别。但是，我们首先不得忘记，怀疑是一种概念的规定，而反讽是主观性的自为的存在；其次，反讽本质上是实践性的，它如果是理论性的，那也是为了再次成为实践性的，换言之，反讽所关心的不是事物，而是自己。如果反讽发现了在现象背后藏着的东西和居于现象之中的东西大不一样，那么对于反讽最关键的是主体感到逍遥自在、现象不得对主体有任何实在性。因此，反讽和怀疑可谓是南辕北辙。在怀疑之中，主体坚持不懈地想进入对象，他的厄运是对象总是逃避他。在反讽之中，主体坚持不懈地想走出对象，他也能达到这个目标，因为他无时无刻不意识到对象是毫无实在性的。在怀疑之中，主体目睹一场掠夺战争，所有现象都被摧毁，因为本质必定藏在一层层现象的背后。在反讽之中，主体一步步地往后退，否认任何现象具有实在性，以便拯救它自己，也就是说，以便超脱万物，保持自己的独立。

最后，反讽意识到生存是毫无实在性的，从而提出了和虔敬的心灵同样的命题，由于这个缘故，反讽似乎是一种虔诚。在虔诚之中，可谓是低级的现实，也就是说尘世，也的确丧失了其有效性，可这之所以能发生，是因为神的境界在同一瞬间获得了绝对的实在性。虔诚的神志也讲凡事都是虚空[22]，但这无非是说，这种否定将驱除所有搅扰人心的东西，永恒实在的东西将显现出来。此外，当虔诚的神志认为凡事皆虚空之时，它并不是对自身另眼相看，不去摒弃它，恰恰相反，它也驱除自身，以便神圣的东西不被自身抵挡回去，而是径直灌注到由虔诚所打开的神志中去。实际上，在深刻彻底的修身读物中我们也看到，虔敬的神志恰恰把自身的人格看做万物中最可恶的东西。与此相反，在反讽之中，万物被看做虚空，但主观性是自由的。万物越是虚空，主观性也就越是轻盈、越是无所牵挂、越是轻快矫健。当万物皆成虚空之时，反讽的主体却不感到自己是虚空，其实他拯救了自己的虚空。对于反讽来说，万物皆为无，但是"无"可被这样看，也可被那样看。思辨的无是时时刻刻逃避具体化的东西，因为它自己是具体物的冲动，是具体物的创造冲动（nisus formativus）；神秘的无是对于表象来说的无，虽是无，却又有丰富的内容，就像黑夜的缄默对于有耳可听的人来说[23]是高声的呼唤；最后，反讽的无是死寂，反讽在这种死寂之中徘徊，像个幽灵，开着玩笑。[24]

反讽在世界历史中的有效性,苏格拉底的反讽

让我们还是转回到前边对反讽所做的一般性刻画,即它是无限绝对的否定性;这个刻画充分展示了反讽的矛头不再是指向这个或那个单独的现象、单独的存在者,其实反讽的主体对整个存在感到陌生,而他对于存在也成了陌生人,由于现实对他失去了其有效性,他自己在某种程度上也变得不现实了。这里,"现实"这个词应首先被理解为历史的现实,这也就是说,在某一时代中、某种状况下既存的现实。亦即这个词既可以在形而上学的意义上来理解,也可以在历史的意义上来理解。当我们谈论理念与现实的关系这个形而上学的问题时,我们所谈的不是这个或那个现实,而是理念的具体化,即它的现实;但是,"现实"这个词也可以指实现于历史的理念。这后一种现实在不同的时代是不同的。这绝不意味着历史现实作为所有存在的总体本身不具有永恒的内在联系,但是对于生活于不同时间与空间的族类来说,既存的现实也是不同的。尽管世界精神在其每个发展阶段中一直是自己,对于生活于某一特定时代的族类以及对于同一族类中在某一特定时代所存在的个体,情形却并非如此。呈现在族类与个体面前的是一个既存的现实,他们无力对它弃置不顾;世事运转不息,领着愿意一起走的人,托着不愿意一起走的人。[25]然而,由于理念在自身之内是具体的,它就必须始终不懈地实现自己,即变得具体。而这只有通过族类和个体才是可能的。

世界的发展所经由的矛盾由此展现了出来。在某一时代既存的现实是对族类以及对族类之中的个体有效的现实,然而,只要人们不愿讲发展已经到了头,这个现实就必须被另一个现实排

斥，而这也必须通过个体和族类进行。对于宗教改革时代的人们来说，天主教是既存的现实，但同时它也是一个不再具有有效性的现实。这里，一个现实与另一个现实发生了冲突。世界历史的深沉的悲剧性就在于此。从世界历史的角度来看，一个个体可能既是顺应时代潮流的，又可能是背逆时代潮流的。如果他是后者，那么他就必须成为牺牲品，而如果他是前者，他就必然取胜，这也就是说，他必须通过成为牺牲品而取胜。这里我们可以看到，世界的发展自身是多么的前后一致；在一个更具真理性的现实将要出现之时，它已经把自己看做过去；这不是革命，而是进化；过去的现实要求牺牲品，从而证明自己仍是合理的，而新的现实作出牺牲，从而证明自己是合理的。无论如何，牺牲是必要的，因为一个新的环节的确需要出现，因为新的现实不仅仅是过去现实的结果，它蕴涵着新的内容，它不仅仅是对过去的更正，而且也是一个新的起点。

在所有这样的历史转折点上都有两个值得注意的运动。一方面，新的事物必须出现，另一方面，旧的事物必须被排斥。由于新的事物要出现，所以这里我们首先会遇到在远处隐隐约约地瞥见了新的事物的预言家。预言家并不占有未来，他只不过是预感到未来。他不能够实现未来，但他也不再为他所属于的现实效力。他与这个现实的关系是和睦的，因为既存的现实并不感到任何对立。接着，真正的悲剧性英雄就会出现。他为新的事物而奋斗，他竭尽全力摧毁对于他来说即将消逝的事物，不过他的任务与其说是摧毁，毋宁说是实现新的事物，从而间接地摧毁过去。但是另一方面，旧的事物将被排挤，旧的事物的缺陷必须被彻底揭露。这里，我们遇到了反讽的主体。对于反讽的主体来说，既存的现实完全失去了其有效性，它成了处处碍手碍脚的不完善的形式。但是另一方面，他并不占有新的事物。他仅仅知道面前的事物与理念有极大的差距。他是作出判决的人。在某种意义上，反讽者是先知的，因为他不停地指向将来的事物，但他并不知道这将来的事物究竟是什么。他是先知的，但他的位置和处境却和预言家正好相反。预言家和他的时代携手并肩，从这个立场出发，他瞥见了将要来临的事物。上面已经指出，预言家不再为他的时代效力，但他之所以如此，其实只是因为他沉醉于他所看见的景象。与此相反，反讽者逃离了同时代的队伍，并与之作对。将来的事物对他来说隐而不现，藏在他的背后，而对于他所严阵以待的现实，他却非摧毁不可，他以锋利的目光逼视着这个现实。圣经中的一句话可以运用到他和现实的关系之上：瞧他们的脚已到门口，他们也要把你抬出去。[26]反讽者也是世界发展所要求的牺牲品，这并不是说反讽者在严格意义上总需要成为牺牲品，而是他为世界精神服务而心力交瘁。[27]

这里我们看到反讽是无限绝对的否定性。它是否定性，因为它除否定之外，一无所为；它是无限的，因为它不是否定这个或那个现象；它是绝对的，因为它借助于一种更高的事物进行否定，但这个更高的事物其实并非更高的事物。它是一种神圣的疯狂[28]，像铁木尔[29]一样肆无忌惮，不把一块石头留在石头上。[30]这就是反讽。在某种程度上，每个世界历史性的转折点都必定具有这种思想潮流。综观世界历史、对这种思想潮流一一予以探讨不无历史意义。不过，我这里不拟对此予以详述，只想提及宗教改革时期的几个思想家作为例证：卡达诺、康装内拉、布鲁诺。鹿特丹的埃拉斯谟在某种程度上也是反讽。我认为，这种思想潮流的重要意义迄今未曾得到足够的重视；鉴于黑格尔如此喜欢谈论否定性的东西，这的确是件怪事。与哲学体系中的否定性的东西遥相呼应的是历史现实中的反讽。在历史现实中存在着否定性的东西，可在体系中它却从来不存在。

反讽是主观性的一种规定。在反讽之中，主体是消极自由的；能够给予他内容的现实还不存在，而他却挣脱了既存现实对主体的束缚，可他是消极自由的。作为消极自由的主体，他摇摆不定地飘浮着，因为没有任何东西支撑着他。然而正是这种自由、这种飘浮给予反讽者某种激情，因为他陶醉于无穷无尽的可能性之中，因为倘若他眼看一切覆没、灭亡而需要慰藉的话，他总可以去投靠取之不尽、用之不竭的可能性。不过，他并不沉迷于这种激情，这种激情只不过是激发、滋养他毁灭的渴望而已。——由于反讽者无力支配新事物，人们大概会问他是如何毁灭旧事物的；对这个问题的回答是：他以既存现实本身来摧毁既存的现实，不过我们不得忘记新的原则已作为可能性（χατα δνναμν）存在于他的身体中。① 在反讽者以现实自身摧毁现实之时，他就开始为世界反讽（Verdens-Ironien）服务了。黑格尔在他的《哲学史讲演录》第二卷第 62 页[31]指出："所有的辩证法都承认人所承认的东西，好像真是如此似的，然后让它的内部解体自行发展，——这可说是世界的普遍反讽"，这是对世界反讽极确切的理解。正因为每个历史现实总不过是理念现实化过程中的一个环节，它在自身之中已经蕴含着覆灭的萌芽。犹太教特别明显地表明了这一点，即它作为中间环节的地位尤为引人注目。在摩西律法公布了戒忌[32]之后，预告幸福之日终将到来，这已经是一种对世界的深沉的反讽：倘若你达到这些要求，那么你就会获得幸福，由于事实上人是不能够满足所有律法的要求的，所以以此为条件的幸福至多不过是假设性的。可是，真正证明了犹太教是自己毁灭了自己这一事实的是它与基督教的历史关系。我们不能对基督来到世上的重大意义深入探讨，只要我们不忘这是世界历史的一个转折点，那么我们也就不可能不注意到这里反讽的局面。在施洗的约翰那里，这个反讽的局面已经形成了。他不是将要来的那个人，他不知道将要来的是谁[33]，然而他却毁灭了犹太教。他不是借助于新的事物毁灭了它，而是以它自身毁灭了它。他对犹太教的要求是：犹太教提供正义；但这却是它所无力提供的，因而它覆没了。可见，他让犹太教继续存在，可同时却培育它自身中覆灭的萌芽。不过，在施洗的约翰那

---

① 就像水与倒映在水中的东西之间的关系一样，否定性的特征是：它把它所产生的事物高举在自己之上，而把它所反对的事物压在自己之下；不过，和水一样，否定性并不知道这一点。

里，他的人格根本不占主导地位，我们在他的身上所看到可以说是世界反讽的客观形态，所以，他只不过是世界反讽手中的工具。然而，要使反讽的局面得到尽善尽美的发展，主体也必须意识到他的反讽；他必须通过谴责既存的现实、消极的自由并享受这种消极的自由而感觉到自己的存在。要使这成为可能，主观性必须得到充分的发展，或者更确切地说，一旦主观性脱颖而出，反讽也就出现了。面对既存的现实，主观性感觉到自己的存在，感觉到自己的活力、自己的效用以及重大意义。一旦他感觉到了这一点，他也就可以说把自己从既存现实所强加于他的相对性中拯救了出来。倘若这种反讽在世界历史上是合理的，那么主观性的解放就起到了为理念服务的作用，尽管反讽的主体并没有清楚地意识到这一点。这就是合理的反讽的天才所在。就不合理的反讽而言，凡要救自己灵魂的，必丧失灵魂。[34]至于反讽是合理的还是不合理，只有历史才能判断。

但是，就因为主体反讽地来看待现实，这决不意味着他在坚持这种对现实的看法时也反讽地行动。在现代谈反讽、谈对现实的反讽看法的人多了，但是这种看法很少表现为反讽的行为。然而，人们越是把现实的反讽看法付诸实施，现实的覆灭也就越是大势所趋、不可回避，反讽的主体与他欲摧毁的现实相比也就越会拥有优势，他也就越是自由。这里，反讽的主体静悄悄地采取了与世界反讽相同的行动。他让既存的事物继续存在，但这对他已不再有效；不过，他假装这对他继续有效，在这个面具之下他让既存事物走向其确定无疑的灭亡。倘若反讽主体在世界历史上是合理的，那么这里就有一种天才与艺术家的慎重之间的统一。

如果反讽是主观性的规定，那么主观性首次在世界历史上出现之时它也就必然会显现出来。亦即反讽是主观性最初的和最抽象的规定。这使我们的视线转向主观性首次出现的那个历史转折点，这样我们就遇到了苏格拉底。

本论文的前一部分已经对苏格拉底的反讽穷原竟委，进行了深入的探讨。整个既存现实对他失去了其有效性，对于整个实质性现实来说，他成了一个陌生人。这是反讽的一个方面；但另一方面，他使用反讽来摧毁希腊文化；他对希腊文化的态度一直是反讽的；他是无知的，什么也不知道，而是总求他人开导，可通过这样使既存的事物继续存在，既存的事物覆灭了。他总采用这种策略，精益求精，特别是在他受到控告之时，这尤为明显。他为此效劳的热情毁灭了他，最后他自己落入了反讽的罗网，他头晕目眩，一切都失去了其实在性。对苏格拉底以及对他的立场在世界历史中的重大意义的这种看法在我看来是自然而然、自成一体的，我希望它能得到某些读者的赞同。不过，由于黑格尔反对把苏格拉底的立场看做反讽，讨论他在其著作中不止一处所提出的反对意见是极有必要的。

　　黑格尔对反讽概念的整个看法有一个弱点，首先我想对这个弱点力所能及地予以阐明。谈到反讽，黑格尔总是持蔑视、拒斥的态度，在他的眼里，反讽是个令人憎恶的东西。在施雷格尔最辉煌的时期[35]，黑格尔初出茅庐。如果说施雷格尔兄弟的反讽在美学中对四处蔓延的感伤情调作出了判决，那么黑格尔是对反讽之中的偏差予以纠正的人。总的说来，黑格尔的重大贡献之一就是他阻止了，至少他曾希望阻止思辨的浪子在迷途上径直走下去。不过，在此他并不总是使用最为柔软的手段，当他呼唤他们之时，他的声音并非柔和的、充满父爱的声音，而常常有某种严厉的调子，仿佛老师教训学生似的。最令他头疼的是反讽的追随者，很快他就放弃了拯救他们的希望，而把他们当作本性难移的、顽固不化的罪人来对待。每当黑格尔谈到这些反讽者，他总摆脱不了最为蔑视、拒斥的口吻，他常常称他们是"傲慢的贵人"，但他自己居高临下，其讥嘲与傲慢更为惊人。这样，黑格尔对与他最接近的反讽形式作出了错误的判断。这个事实当然损害了他对这个概念的理解。他一般不作什么阐述，可施雷格尔受到了不少的责骂。这绝不是说，黑格尔批评施雷格尔兄弟是没有道理的，也不是说，这两个施雷格尔的反讽不是极为危险的歧途。黑格尔以严肃的态度出面反对任何孤立。不可否认的是，这种严肃态度是大有裨益的，它使人从许多阐述之中汲取不少的教益和滋养。然而毋庸讳言的是，黑格尔片面地把矛头指向费希特之后的反讽，从而忽视了反讽的真谛，由于他把反讽与这种费希特之后的反讽等同了起来，他错怪了反讽。黑格尔一提到反讽这个词，他就会马上想起施雷格尔和蒂克，他的写作风格也就转眼间带上了某种愤世嫉俗的色调。至于施雷格尔反讽的谬误与不合情理之处到底何在，以及黑格尔在这个方面的功劳，后边会详加说明。这里我们转回到他对苏格拉底反讽的考察方式。

　　前面我们曾指出，黑格尔在他对苏格拉底方法的阐述中特别强调了两种形式，即他的反讽和他的接生术。他对此所做的阐述见于《哲学史讲演录》第二卷，第59—67页。[36] 对苏格拉底反讽的阐述一共没有几句话，不过黑格尔利用这个机会对反讽作为普遍原则大放厥词，然后在第62页[37]补充说："弗里德里希·封·施雷格尔是第一个表示这种想法的，阿斯特也跟着他说"，紧接着的就是黑格尔在这种场合惯于陈述的分量极重的话。苏格拉底假装一无所知，在向人求教的假象之下，他实际上是好为人师。第60页[38]："这就是著名的苏格拉底反讽。他的这种方法是辩证法的主观形态，是社交的谦虚方式；辩证法是事物的本质，而反讽是人对人的特殊往来方式。"但是由于前边刚刚指出，"当苏格拉底要使智者们的态度受到指责时"[39]，他也使用同样的反讽，这里马上就产生了一个麻烦；即他在一种情形下指教他人，而在另一种情形下只不过羞辱他人。黑格尔首先指出，这种苏格拉底反讽似乎蕴藏着某种似是而非的东西，然后却证明了他的行为的正确性。最后，他表明了苏格拉底反讽的根本意义，即它的伟大之处。这个伟大之处就是它有助于使抽象的观念具体化，使之得以充分地展开。然后他在第62页[40]补充说："如果我说我知道理性是什么，信仰是什么，这不过只是抽象的观念；要使它们具体化，就得经过解释，就得假定它们的本质还未被认识。苏格拉底要人解释这些观念，这就是苏格拉底反讽的本质。"这样一说，一切都被搞得乱七八糟，对苏格拉底反讽的阐述完全丧失了其历史的分量，这里所引用的一段话极具现代性，和苏格拉底没有多大的关系。苏格拉底根本不关心使抽象的东西具体化，黑格尔的例证选得都不大妥帖；我认为，黑格尔不能够引证类比，除非他拿来整个柏拉图的著作，讲苏格拉底的名字在柏拉图那里还一直被使用，并以此为论证的根据，可这样一来，他就将既与自己也与他人相冲突。苏格拉底所关心的不是使抽象的东西具体化，而是通过直接具体的东西使抽象的东西显现出来。为批驳黑格尔的观点，只要指出下面这两点就足够了：其一，我们在柏拉图那里所发现的双重的反讽（黑格尔所指的显然是我们称作柏拉图反讽的反讽，在第64页他也把苏格拉底反讽与柏拉图反讽混为一谈[41]），其二，苏格拉底一生中的运动规律，即他不是从抽象东西向具体的东西迈进，而是从具体的东西向抽象的东西迈进，而且是无休无止地向抽象的东西迈进。黑格尔对苏格拉底反讽的探讨的结果是苏格拉底反讽与柏拉图反讽完全相同，苏格拉底反讽和柏拉图反讽都是"一种谈话的方式，一种愉快的社交，而不能被了解为那种纯粹的否定，那种否定的态度"（第64页[42]）。前边所说的也是对这个看法的一个答复。

黑格尔对苏格拉底接生术的阐述也好不到哪里去。这里他对苏格拉底提问题的重大意义进行了阐发，这个阐发很漂亮，也很正确；然而他忽视了我们前边所做的旨在获得答案的提问与旨在使人丢脸的提问之间的区别。他最终所选的关于生成概念的例子[43]也是完全非苏格拉底式的，除非他拟在巴门尼得斯那里找到一个苏格拉底式的思想发展。至于他最后谈到苏格拉底的悲剧性的反讽，我们必须指出，这不是苏格拉底的反讽，而是世界对苏格拉底的反讽。因此，就苏格拉底反讽而言，这根本不能说明问题。

在《佐尔格著作评论》第488页[44]，黑格尔再次强调了施雷格尔反讽与苏格拉底反讽之间的差别。我们大家都承认这二者之间存在着差别，后面还将对此详加证明，但这决不意味着苏格拉底的立场不是反讽。他谴责弗里德里希·施雷格尔说，他对思辨的东西不甚了了、置之不顾，使费希特的关于自我的建构性作用的命题脱离了其形而上学的内在联系，使它脱离了思维的领域而把它直接运用到现实上，"以否定理性与真理的活力，以把理性与真理贬低为主体之中的假象、迷惑他人的烟幕"。[45]黑格尔强调说，为了刻画这种把真理扭曲成假象的伎俩，人们擅自使用反讽这个名字，从而歪曲了无辜的苏格拉底反讽。人们大抵认为这种伎俩与苏格拉底方法的相似之处主要在于苏格拉底在进行探讨之时总是向人保证说他一无所知，以达到使智者们丢脸的效果，可这种行为的结果总是某种消极的东西，根本不是科学性的结果。由于这个缘故，苏格拉底向人保证说他一无所知其实是当真的，也就是说不是反讽的。这里黑格尔证明苏格拉底的教导说到底是毫无结果的，可前边他却长篇大论地讲苏格拉底通过其反讽的教导使抽象的事物变得具体，如果我们把这两个论点放到一起，前后不一致之处在所难免。不过，这里我不拟对此予以深究，而只想稍微详细地探讨一下苏格拉底讲他一无所知到底在多大程度上是当真的。

前边的论述清楚地表明了苏格拉底讲他一无所知，可其实是有所知的，因为他知道自己是无知的，而另一方面，这种知识并非关于某种事物的知识，也就是说，这种知识没有任何积极的内容，由于这个缘故，他的无知是反讽的；由于在我看来黑格尔试图从苏格拉底身上开掘出积极内容纯属徒劳，因此我认为读者应该同意我的论点。倘若他的知识的确是对某种事物的知识的话，那么他的无知也就不过是一种谈话形式而已。可事实上，他的反讽是达到了尽善尽美的发展的。这也就是说，他的无知既是当真的，可又是不当真的，我们应该从这种微妙的平衡着手来把握苏格拉底。知道自己一无所知是知识的起点，但是如果某人除此之外别无所知，那么这也不过是一个起点而已。维持着苏格拉底反讽的活力的正是这种知识。黑格尔强调苏格拉底讲他一无所知是当真的，从而相信能够证明他的无知不是反讽。这里黑格尔似乎也不是始终如一的。亦即如果反讽需要提出一个最高命题，那么和任何一种消极立场一样，它会说出某种积极的东西，这就是它对它所说的是当真的。对于反讽来说，没有什么是永存不变的，它随心所欲地（ad libitum）支配一切；但是如果它想说出这一点，它就会说某种积极的东西，这样一来，他的最高统治权也就到头了。因此，当施雷格尔或佐尔格讲：形式只不过是虚假表象，是虚空，是无物，他显然是当真的，可尽管如此，黑格尔却以为这是反讽。这里所出现的棘手问题其实是：在严格意义上，反讽永远只能够提出一个命题，因为反讽是自为地存在着的主体的一种规定，它时时刻刻敏捷灵活，不让任何东西存在，而正因为这种敏捷灵活它也不能够聚精会神、达到"它不让任何东西存在"这个总体直观。施雷格尔和佐尔格意识到，有限性是虚空无物，很显然，这种意识和苏格拉底的无知一样是当真的。归根结底，反讽者必须设定某种东西，但是他所设定的东西却是无物。把无物当真却是件不可能的事，人们要么达到某物（如果人们在思辨上把无物当真，这就会发生），要么绝望（如果人们在个人生存上把无物当真）。不过，反讽者既不达到某物，也不绝望，因此我们也可以说，他是不把无物当真的。反讽是与无物无限轻松的游戏，无物却对此毫不惧怕，一次接着一次地伸出头来。如果有人既不把无物思辨地当真，也不在个人生存上把它当真，那么他显然是很轻率地来对待它，因此他是不把它当真的。黑格尔认为，施雷格尔不是当真讲生存是毫无实在性的无物，这意味着一定存在着某种对他具有有效性的事物，可这样的话，他的反讽就只不过是形式而已。因此，我们可以说反讽是把无物当真，因为它不把某物当真。它总是把无物当作某物的对立面来理解，为了不至于把某物当真，它就抓住了无物。然而，无物它也不当真，除非这不是对某物当真。苏格拉底的无知也是如此，他的无知是他借以摧毁所有知识的无物。从他对死亡的看法中，我们特别能看到这一点。他不知道死亡是什么，不知道死后有什么，不知道死后是有某种东西呢，还是什么也没有，可见他是无知的；然而，他并不由于这种无知而忧心忡忡，恰恰相反，他由于这种无知而感到真正的自由，这也就是说，他并不把这种无知当真，然而他讲他是无知的，这却是再当真不过了的。因此，黑格尔的这些考虑并不阻止我们认为苏格拉底的立场是反讽，我相信大家都是会同意我的这个看法的。

本论文第一部分特别强调了苏格拉底立场所具有的以下特点：希腊文化中的实质性生活对他失去了有效性，也就是说，既存现实对他来说是不现实的，不仅仅是在这一方面或那一方面是不现实的，而是作为整体是不现实的；面对这个不再有效的现实，他让既存现实表面上还继续存在，并由此使之覆没；在这整个过程中，他变得越来越轻，越来越消极自由；如果我们把这些特点做一总结，那么我们就会看到，依以上所作的阐述，苏格拉底的这种立场，作为无限绝对的否定性，是反讽。不过，他所否定的不是所有现实，而只是在某一时代既存的现实，即在希腊所存在着的实质性的现实；他的反讽所要求的是主观性的、理想性的现实。历史对此作出了判决，从世界历史的角度来看，苏格拉底是合理的。他成了牺牲品。这固然是个悲剧性的命运，然而苏格拉底之死其实却并不是悲剧性的；在判处他死刑之后，希腊城邦覆没了，而另一方面，执行死刑也并未起到儆戒的作用，因为死对苏格拉底来说毫无实在性。死对悲剧英雄是具有效用的，对于他来说，死实际上是最后的抗争、最后的苦难。通过他的死，他所极力毁灭的时代满足了其报复的欲望、发泄了其愤恨。然而，通过苏格拉底之死，希腊城邦却显然并不能获得这种满足，因为借助于他的无知，苏格拉底阻止了对死进行有意义的思考和谈论。悲剧英雄固然不怕死，但他知道这是一种痛苦、一段沉重而艰难的路途，因此若他被判处死刑，这是有其效用的；然而苏格拉底什么也不知道，因此当城邦判处他死刑、以为这样对他进行了惩罚，这是对城邦的反讽。

费希特之后的反讽

众所周知，在康德那里现代的思辨觉得自己长大了，成了人，对迄今教条主义对他的管教和支配甚为不满，就像那个浪子一样，到父亲那里要求把他应得的家业分给他。[46]至于分家的后果，大家都是知道的，而且思辨还不需要往远方去，在那里任意放荡，浪费资产，因为起先就没有什么资产可言。在批判主义之中，自我越是沉迷于对自我的观照，这个自我也就变得越来越瘦，直到最后他变成了一个幽灵，就像曙光女神的丈夫一样长生不死。[47]自我就像那只乌鸦一样，听了狐狸对她的赞颂，得意忘形，丢了嘴里的奶酪。[48]反思不厌其烦地对反思进行反思，这样思维就误入歧途，越是向前走，也就自然而然地越是远离任何内容。这里我们可以很清楚地看到，一个人要是想进行思辨，特别重要的是需要有正确的立脚点，这是自古以来彰明较著的事情。他根本没有注意到，他所寻找的东西就在寻找本身之中，如果他不愿在那里寻找这个东西，那么他是永远找不到它的。哲学恰似一个戴着眼镜去找眼镜的人，他寻找近在眼前的东西，但不到眼前去找，因此永远找不到它。

居于经验之外的那个东西就像一个坚硬的物体与感性经验的主体迎头相撞，借助于碰撞的冲力，二者各奔前程，——物自体（das Ding an sich）无时无刻不对感性经验的主体具有诱惑力（正如中世纪的某个学派认为[49]，圣餐之所以有眼睛看得见的迹象，是为了达到诱惑信仰的目的）——这个居于经验之外的东西，这个物自体是康德哲学体系的弱点所在。问题是，自我本身是否也是个物自体。费希特提出并回答了这个问题。他铲除了这个"自体"（dette an sich）的棘手之处，通过把它置于思维之内，他把自我转变成了自我—自我，从而使之无限化了。创造的自我与被创造的自我完全相同。自我—自我是抽象的同一性。由此他无限地解放了思维。然而，费希特的这种思维的无限性就像费希特的所有其他无限性一样（他的道德无限性是为追求而不断追求；他的审美无限性是为创造而不断创造；上帝的无限性是为发展而不断发展），是消极的无限性，一种毫不具有有限性的无限性，一种毫无内容的无限性。费希特使自我无限化了，由此他阐发了一种理想主义，在这种理想主义面前，整个现实黯然失色。他阐发了一种无世界论，在这种无世界论面前，他的理想主义成了现实，尽管它其实是无肉体论。[50] 在费希特那里，思维被无限化了，主观性成了无限的、绝对的否定性，成了无限的张力和渴求。这就是费希特在学术上的重大意义。他的知识学（Wissenschaftslehre）使知识无限化了。然而，他消极地使之无限化，这样，他所得到的不是真理，而是确信，不是积极的无限性，而是自我的无限的自身同一这种消极的无限性；他所得到的不是积极的追求，即幸福，而是消极的追求，即一种应该。可正因为费希特所拥有的是消极的东西，他的立场也就具有一种无限的激情、一种无限的弹性。康德缺乏消极的无限性，而费希特缺乏积极的无限性。因此，在方法上，费希特具有绝对的功绩，在他那里，知识、学问成了一气呵成的整体。然而，由于费希特在自我—自我中来把握绝对的同一性，由于在他的理想主义王国里没有任何东西愿与现实有所瓜葛，他获得了绝对的起始，由此出发，他欲建构世界。关于这一点，谈论甚多。自我成了建构者。然而，由于费希特仅仅是在形式上，也就是说消极地来理解自我的，所以他其实止步于跃跃欲试、活力十足地为起始而作努力（molimina）。他具有消极事物的无限渴求以及创造欲望（nisus formativus），然而这种强烈的渴求和欲望是无力起步的激昂情绪，是神圣的、绝对的焦躁，是一种无限的活力，可这种活力一事无成，因为没有任何东西能够用得上它。这是一种深化与扩充，是一种高昂情绪，像上帝一样强大，可以举起整个世界，但没有任何地方可以立脚，以举起整个世界。在此，哲学问题的起点成了一个值得注意的问题。起始之处是毫无前提的东西，可是这种起始的惊人的能量根本迈不开步。为了取得充实内容和真理，思维、主观性必须让自己生出来，必须陷入实质性生活的深处，让自己隐藏在那里，就像教会隐藏在基督身中一样；必须 —— 既惧怕又充满同感地、既毛骨悚然又把一切置之度外地——让实质性生活的海洋淹没自己，恰如主体在振奋的瞬间几乎忘却了自己，魂魄消散，融入使之振奋的事物之中，然而难免感觉到一丝轻微的战栗，因为这是生死攸关的事情。在此必不可少的是勇气，可这是极为必要的，因为凡要救自己灵魂的，必丧掉灵魂。[51] 不过，这不是绝望的勇气；陶勒所描述的一种更为具体的境界把这一点说得很到家：

Doch dieses Verlieren, dies Entschwinden
Ist eben das echte und rechte Finden. [52]
可这种丧失、这种消逝，才是真正的发现。

崇拜费希特的立场的人很多，可追随者却甚少。众所周知，费希特后来放弃了这个立场，在不同著作中以较为训诲的笔触竭力平静下来，减轻早期自以为是、不容置疑的口吻（πληϱοφοϱία）。另一方面，他竭力通过深入探究意识本身的本质而控制住那种消极的无限性，由他儿子所编辑的遗著很清楚地表明了这一点。不过，他后期思想的发展与本文关系不大，这里我将探讨与早期费希特联系在一起的一个立场，这就是施雷格尔和蒂克的反讽。

在费希特那里，主观性变得自由、无限、消极。它在无限的抽象之中运转，为了摆脱这种毫无内容的运动，它必须被否定；思维必须变得具体，以便能够变得现实。这样，关于形而上学现实的问题就出现了。费希特讲，主观性、自我具有建构性的效用，是唯一无所不能的东西；施雷格尔和蒂克抓住了这个费希特主义的原则，并由此出发在世界中进行运作。由此产生了一个双重的麻烦问题。首先，他们把经验的、有限的自我与永恒的自我混为一谈；其次，他们把形而上学的现实与历史的现实混为一谈。这样，他们就把一个早产的形而上学立场径直运用到了现实之上。费希特想建构世界；可他的意思是系统的建构。施雷格尔和蒂克想无中生有地创造一个世界。①

由此可见，这种反讽是不为世界精神服务的。我们所看到的并非既定现实的一个环节被一个新的环节所否定、所排挤；这种反讽所否定的是所有历史现实，以便为自我创造的现实腾出地方。这里出头露面的并非主观性，因为主观性在世界状况中已经存在了；这里所出现的是一种过分的主观性，是主观性的第二个因次。由此我们也可以看到，这种反讽是完全不合理的，黑格尔对它的态度是理所当然的。

现在登台的反讽②性格独特，对于它来说根本没有什么既存的事物，它把一切东西都处理掉了，而且它拥有随心所欲、为所欲为的绝对权利。如果它让某个事物继续存在，那它知道自己有摧毁这个事物的力量，它在让这个事物继续存在的那一时刻就知道这一点。如果它设定某个事物，那么它知道自己有扬弃这个事物的权利，它在设定这个事物的那一时刻就知道这一点。总的来说，它知道自己具有绝对的捆绑、释放的权利。[53]它既支配理念又支配现象，并用一个来摧毁另一个。它摧毁现象的方式是证明它与理念不相对应；它摧毁理念的方式是证明它与现象不相对应。这两个证明都很正确，因为理念和现象只存在于对方、只有和对方一起存在。在这整个过程中，反讽拯救了自己无忧无虑的生命；因为主体是个大男子汉，有能力干所有这些事；因为谁比安拉[54]更强大，谁能在他的面前存在呢？

然而现实（历史现实）以双重方式与主体取得联系：要么

---

① 这个反讽的事业绝非终止于施雷格尔和蒂克，它在"青年德国"运动中有众多的苗圃。在对这个立场的一般阐述中也经常提到"青年德国"运动。

② 我在这整个阐述中使用"反讽"和"反讽者"这个表达方式，我也完全可以说："浪漫主义"和"浪漫主义者"。这两个表达方式所指称的实质上是同一个东西，一个是这帮人自己给予自己的名字，而另一个是黑格尔给予他们的名字。

作为不可回绝的礼物，要么作为需要完成的任务。就反讽与现实的关系而言，反讽的趋向在本质上是批判性的，这已经充分表明了反讽与现实之间互不相称的关系。反讽的哲学家（施雷格尔）和它的诗人（蒂克）都喜欢批判。因此，人们不在第七日——在我们的时代，人们在许多方面都希望这一日终于该到来了——歇了历史的工，休息一下[55]，而是进行批判。一般来说，批判与同情势不两立，有一种批判，对它来说没有什么永存不变、不可移易的东西，就像对于警察的疑心，没有什么无辜一样。现在人们不是批判久经时代考验的经典作家，不是像康德一样批判意识，而是批判现实本身。现实中很可能有许多亟待批判的东西，费希特意义上的邪恶，即浑浑噩噩、疲软无力，很可能占了上风，这种邪恶的惰性（vis inertiæ）很可能亟待责罚，换言之，很可能有许多存在着的东西，正因为它们不是现实，所以急需被铲除；但是，因此把批判的锋芒指向整个现实却是绝非说得过去的。施雷格尔喜欢批判，这一点我提醒一下就够了；但是蒂克也很喜欢批判，只要大家不否认，蒂克在他的剧作中对世界展开了论战，只有善于论战的个体才能理解这些剧作，那么想必大家都会赞成我的意见的。蒂克剧作的论战色彩也导致了它们相对不大受欢迎，尽管它们才华横溢，理应招人喜爱。

我在前面讲现实在某种意义上是献给人们的一个礼物，这句话所表达的是个体与一个过去的关系。这个过去对于个体具有重大的意义，不容忽视、不容置若罔闻。与此相反，对于反讽来说，根本没有什么过去。原因是它来自形而上学的探讨。它把尘世的自我与永恒的自我混淆了起来。可永恒的自我没有过去，因此尘世的自我也没有过去。倘若反讽一时大发慈悲，愿意接收过去，那么这个过去必须百依百顺，反讽要求具有充分的自由，随意玩它的把戏。因此，神话性的历史，传说和童话，特别受反讽的青睐。对真正的历史——在真正的历史中真的个体才具有其积极的自由，因为他在那里占有他的前提——它却置之不顾。为了达到这个目的，反讽采取了与赫库勒斯相似的行动。赫库勒斯与安泰巫斯作战，但安泰巫斯只要站在地上，就不可征服。众所周知，赫库勒斯把安泰巫斯从地面举起，从而战胜了他。[56]反讽对历史现实作了同样的处理。他手脚灵快，转眼之间，所有历史都变成了神话—传说—童话。这样一来，反讽又逍遥自由了。于是，它又作出选择，随心所欲地玩弄它的手技。特别是希腊和中世纪招它喜爱。可它从不为做历史性的理解而费心劳神，它所知道的是诗与真（*Dichtung und Wahrheit*）。[57]转眼间，它生活在希腊，在美丽的希腊穹苍之下，沉醉于希腊人的恬适和谐、安居乐业，它生活于其中，在那里获得其现实。可一旦它厌倦了这种生活，它就把这个随意设定的现实甩得远远的，甩到看不见的地方。反讽对作为世界历史的一个环节的希腊文化根本没有什么兴趣，然而，希腊文化对它却很重要、具有绝对的重要性，因为这是反讽的兴致所在。过了一会儿，它又藏到了中世纪的大森林之中，倾听大树神秘地窃窃私语，在叶子茂盛的树梢搭窝，要么就是躲到阴暗的洞里，简言之，它在中世纪寻找其现实，与骑士和浪游诗人为伍，爱上一个贵族小姐，骑着打着响鼻的马，伸出的右臂上站着一只猎鹰。然而，一旦这个恋爱故事失去了其效用，中世纪就退到了无穷的远处，渐渐消逝，其愈来愈朦胧的轮廓融入了意识的背景后面。反讽对作为世界历史的一个环节的中世纪根本没有什么兴趣，然而，中世纪对它却很重要、具有绝对的重要性，因为这是反讽的兴致所在。同一过程在所有理论领域内一再重复。不时反讽会把某一个宗教看做绝对的东西，但是它很明白，这个宗教之所以是绝对的，是因为反讽自己想让它是绝对的，此外没有什么好多说的。过一会儿它又会有别的愿望。因此，就像《智慧的那坦》[58]一样，它自以为是地教导说，所有宗教都一样好，基督教大概是最坏的，但为图个新鲜，它自己倒是喜欢作基督徒。在学术方面也是如此。它评判、谴责所有学术立场，总是坐在审判官的位置上，指手画脚，可自己从来不作研究。面对研究对象，它总是居高临下，这也是再自然不过的事情，因为现在现实才将开始。反讽来自理念与现实之间的关系这个形而上学问题；可是，形而上学的现实居于时间之外，因此反讽所想要的现实也不可能存在于时间之中。在弗里德里希·施雷格尔思想中，黑格尔深恶痛绝之处便是这种评判、谴责的行为（全集第 16 卷，第 465 页[59]）。在这一方面，黑格尔对过去作出了真正历史性的理解，这是卓越的功绩，对此无论如何赞颂都是不过分的。反讽者们总是讲世界历史即将开始，口气就好像是它将四点正开始，或者至少五点以前开始，黑格尔终于阻止了这种没完没了的无稽之谈。倘若有那么一两个黑格尔主义者进行惊天动地的世界历史性冲击，越跑越快，根本停不下来，一不小心，把世界弄得天昏地暗，那么这绝不是黑格尔的错；就静观而言，人们大抵可以比黑格尔更进一步，但必定没有一个理解现实的重大意义的人会不知好歹，马上超出黑格尔，以致忘记了他欠黑格尔多少债，忘记了他曾在黑格尔思想之中。如果我们需要说出究竟是什么致使反讽具有以上所谈的行为，那么我们大概必须说，这是因为反讽知道现象不是本质。理念是具体的，因此必须变得具体，而理念的这种变得具体正是历史现实。在这个历史现实中，每个单独的环节都具有其重要性。然而，反讽不承认这种相对的重要性。对它来说，历史现实一会儿具有绝对的重要性，一会儿根本没有任何重要性；因为它自告奋勇去完成创造现实的大业。

对于个体来说，现实也是需要完成的任务。人们大概会想，这里是反讽大显身手的地方；由于它超出了既存的现实，人们大概会想，它一定会有更好的东西来取代既存的现实。可事实并非如此；通过使历史现实飘浮起来，反讽成功地超越了历史现实，但在这个过程中，反讽本身也飘浮了起来。它的现实只不过是可能性而已。一个行动的个体为了有能力完成实现现实的任务，他必须感到自己是一个大事业的一部分，必须感到责任的沉重，感到并尊重每一个合乎情理的后果。反讽却不受这些东西的约束。它知道自己具有随心所欲地从头开始的力量；每一个先在的东西都不是具有约束力的先在的东西。在理论方面，反讽具有无限的自由，享受批判的快乐，同样，在实践方面，它享受一种相似的神圣自由，这种自由不顾任何羁绊、锁链，而是肆无忌惮、无忧无虑地游戏，仿佛海中的大鱼上下翻腾。[60]的确，反讽是自由的，没有现实的忧虑，但也没有现实的欢乐，没有现实的祝福。由于没有比它自己更高的东西，所以它不能接收任何祝福，因为从来都是位分大的给位分小的祝福。[61]反讽所追求的就是这种自由。它总是小心翼翼，惟恐有什么印象令它倾倒；只有当人如此逍遥自在之时，他才能诗意地生活，众所周知，反讽所提出的最高要求便是人应该诗意地生活。谈到诗意地生活，每一个有理智的人，每一个尊重人的价值、能感觉到人身中原初的东西的人都会知道这指的是什么，然而反讽对此的理解却迥然不同，而且包含着多得多的东西。反讽不把诗意地生活理解为艺术家的严肃态度。艺术家的严肃态度协助人身中神圣的东西，一声不响地倾听个体性中的独特之物的声音，窥测它的动向，以便使之真正为个体起到作用，以便使整个个体性和谐地发展，形成一个生动的、圆满的形象。反讽也不像虔诚的基督徒那样来理解诗意地生活。当一个基督徒意识到生活是一种管教[62]，一种教育之时，他就会想到诗意地生活。对于基督徒来说，管教、教育当然不是为了把他塑造成某种完全不同的东西（基督徒的上帝不像伊斯兰教徒的上帝那样具有消极的无限威力，对于伊斯兰教徒的上帝来说，像一座山一样大的人，像一头大象一样大的苍蝇是完全可能的，正如像一个人一样小的山，像一只苍蝇一样小的大象也是完全可能的，因为一切事物完全可能是与自己不同的事物），而恰恰是为了培植上帝自己在人身中所种下的芽，因为基督徒知道自己是对上帝具有实在性的人。这里，基督徒也对上帝起到了帮助的作用，他可以说成了完成由上帝自己所发起的好事的帮工。[63]这样，他不仅仅对人间的悲惨与平庸之辈进行抗议——悲惨不是别的，乃是周围环境可悲的产物，而平庸之辈在世界上确实也真不少见——而且有更高的要求。诗意地创造自己是一回事，而让自己被诗意地创造出来是另一回事。基督徒让自己被诗意地创造出来，在这一方面，一个单纯的基督徒要比许许多多聪明人生活得有诗意得多。

在希腊意义上诗意地创造自己的人也承认他有一个任务需要完成。因此，对于他至关重要的是意识到寓于他身中的原初的东西，这个原初的东西是一个界限，他在这个界限之内诗意地创造，在这个界限之内他具有诗意的自由。这样，个体性有一个目标，这是它的绝对目标，而它的所作所为都是为了实现这个目标，它在这种实现之中自得其乐，这也就是说，他的所作所为是使自在（an sich）的东西变得自为（fuer sich）。平庸之辈没有自在的东西，然而能够变成他应该变成的东西，同样地，反讽者也没有自在的东西。不过，这不是因为他仅仅是周围环境的产物，恰恰相反，他居于一切周围环境之上；可是为了能够诗意地生活、为了能够彻底诗意地创造自己，反讽者不得具有任何自在的东西。这样一来，反讽就堕入了它所竭力克服的东西；反讽者获得了某种与庸碌之辈颇为相似的地方，只不过反讽者借助于消极的自由诗意地创造着，居于自己之上。由于这个缘故，反讽者常常化为虚无。有一个原则不适用于上帝，但适用于人，那就是：从无中产生的是无。然而，反讽者自始至终保持自己的创作自由，当他注意到他变成了虚无的时候，他就把这也包容到诗意创作之中。变得空空如也：众所周知，这属于反讽所倡导的诗意谋生方式，这甚至是所有诗意谋生方式中最高贵的一种。因此，在浪漫主义派的诗文创作里，无用之人（Taugenichts[64]）总是最具诗意的人物；特别是在动荡的时代，基督徒总讲要在这世界变得愚拙[65]，这在反讽者那里以他独特的方式实现了，只不过他毫不感到这是殉教，对他来说，这是最高的诗意享受。变得空空如也成了诗意创作的一个组成部分：反讽无限的创作自由由此可见一斑。这种自由也以一种更为积极的方式表现出来，因为反讽的个体通常在可能性的形式中穿越各色各样的规定，诗意地使自己适应于所有这些规定，然后才终结于虚无。依普塔哥拉斯的学说，灵魂在世界上游荡，与此相似，在反讽中灵魂四处漂泊，只不过它不需要那么长的时间。可是倘若它久经沧桑，那么说不定它会具有更为缤纷多彩的规定。一定有许多反讽者在达到虚无、安息于其中之前，经历过比卢基安所提到的那只公鸡远为不同寻常的命运（fata）。卢基安的那只公鸡讲他开始是普塔哥拉斯本人，然后是阿斯菔霞、米莱的那个赅人口实的美女，然后是犬儒派哲学家克拉特斯，然后是一个国王，然后是一个乞丐、一个波斯帝国的总督，一匹马、一只寒鸦、一只青蛙，然后是成千上万说不完的东西，最后是一只公鸡，而且他作了好几次公鸡，因为他觉得这最舒服。对于反讽者来说，一切事物都是可能的。[66] 我们的神在天上，都随自己的意旨行事[67]；反讽者在地上，都随自己的意欲行事。不过，我们不能责怪反讽者如此难成器，因为面前摆着如此令人眼花缭乱的可能性，的确不容易作出选择。为了图个新鲜，反讽者认为还是让命运和偶然事件来决定为好。因此，他就像小孩子们一样伸出指头，数着自己的命运：贵人（Edelmann）、乞丐（Bettelmann），等等。[68] 由于这样的规定对他只不过是可能性而已，所以他几乎能以与小孩子们同样快的速度从头到尾，一气数完。真正花费反讽者时间的，是精心打扮自己，穿上与他所创造的诗意人物相称的服装。在这一方面，反讽者造诣极深，有一系列化装舞会服装可供挑选。一会儿他是个古罗马的贵族，面色傲慢，全身裹着镶边的长袍，走来走去，或者神色庄严，坐在高椅（sella curulis）上商谈罗马国事；一会儿又把自己藏在决心悔过自新的朝圣者的褴褛衣衫之中；一会儿他像个土耳其的总督，双腿交叉坐在他的后宫之中；一会儿又像个温柔的琴手，小鸟般地轻松自在，飘忽不定。当反讽者讲人应该诗意地生活，他说的就是这个意思，这就是他通过诗意地创造自己所达到的境界。

前边说过，让自己被诗意地创造出来是一回事，而诗意地创造自己是另一回事。我们现在转回到这个论点。谁要是让自己被诗意地创造出来，他也就需要适应于一个特定的、内在相互关联的总体，在这个总体中，一个词不因为单独使用就失去了其意义。然而，这个内在相互关联的总体对反讽者毫无效用，他说不定会称之为外在的附属物。[69] 由于他无意为适应周围环境起见而塑造自己，所以周围环境必须被塑造得适应他的要求，这也就是说，他不仅仅诗意地创造自己，而且也诗意地创造他的周围环境。他傲慢地把自己封闭起来，让各色人等在自己面前走过，就像亚当让各类飞禽走兽在面前通过一样[70]，可自己找不到伴侣。于是，他总是与他所属于的现实发生冲突。因此，对他很重要的便是摒弃现实的根基构架、摒弃支撑着现实以及维持着现实秩序的东西，即道德和伦理。曾遭黑格尔猛烈攻击的正是这一点。所有在既定现实中存在的东西对反讽者只有诗意的效用，因为他诗意地生活着。如果既定现实对反讽者丧失了其有效性，这不是因为它是过时了的现实，需要被一个更具真理性的现实所取代，而是因为反讽者是永恒的自我，没有一个现实对他来说是适当的。这里我们也可以看到反讽者如何把道德和伦理置之脑后、为什么把道德和伦理置之脑后。这一点甚至佐尔格也极力反对，并特别强调，这不是他所讲的反讽。其实，人们不能说反讽者把道德和伦理置之脑后，事实是他过于抽象地生活着，过于形而上学地、过于美学地生活着，以致无暇顾及道德与伦理的具体境况。对他来说，生活是场戏，他所感兴趣的是这场戏的错综复杂的情节。他自己以观众的眼光看着这场戏，即使他自己是剧中人物。他使他的自我无限化了，使之形而上学地、美学地挥发了，尽管这个自我有时惟我独尊，尽可能紧紧地收缩起来，另外一些时候它却极为博大宽松、没有边际，以至整个世界都装得进来。富有牺牲精神的美德使他振奋，就像观众在剧院里受这种美德振奋一样；他是个严格的批评家，很清楚地知道这种美德在什么地方变得无聊、虚假。他甚至会懊悔，但他不是在道德上懊悔，而是在美学上懊悔。在懊悔的那一瞬间，他已经在美学上超出了他的懊悔，试探这是否具有诗意的正确性，试探这作为一个诗意人物嘴中的答对是否妥当。

由于反讽者以大得不能再大的创作自由诗意地创造自己以及周围环境，由于他完全假设性地、虚拟生活着，他的生活丧失了所有的持续性。于是他的生活完全堕入了情绪之中。他的生活纯粹由情绪构成。不可否认，受情绪左右很可能有其真谛，没有什么尘世生活会那么绝对，以至从未体验过寓于生活之中的对立。然而，在一个健康的生活中，情绪只不过是在人身中蠕动着的、运行着的生命的强化。一个严肃的基督徒很清楚地知道，在有些时刻基督教的生活方式比往常更深刻地、更强烈地使他心潮澎湃；然而，当这个情绪过去之后，他并不因此而变成一个异教徒。他越是健康地、越是严肃地生活着，他也就越是能够控制他的情绪，这也就是说，他就越会恭顺地置身于情绪，从而拯救自己的灵魂。可是由于在反讽者那里根本没有什么持续性，所以相互对立的情绪一个接着一个，一个取代一个。他一会儿是一个世界的主宰，一会儿是一粒沙。他的种种情绪就像梵天的化身一样偶然。[71]这样，自以为自由的反讽者就陷入了世界反讽令人恐怖的规律之中，成了牛马不如的奴隶，受尽最为可怕的煎熬。然而，反讽者是个诗人，由于这个缘故，尽管他是世界反讽手中的玩物，可表面上看来却并非总是如此。他诗意地创造一切，也诗意地创造种种情绪。要是想真正地自由，他必须能够支配情绪，因此一个情绪必须飞速地被另一个情绪所取代。倘若有时种种情绪拼死似的相互取代，他觉得这有点不太对头，那么他就开始做诗。在他的诗里，他想象唤起这些情绪的是他自己，他不停地做诗，直至他精神上患了痛风病似的，动弹不得，不能再继续做诗了。因此，情绪本身对他毫无实在性，只在极为罕见的情形下他不以对立的形式倾诉他的情绪。他的忧伤隐藏在装腔作势的戏谑的表面之下，他的欢乐裹在悲鸣之中。一会儿他要去修道院，中途寻访爱神之山[72]，一会儿他要去爱神之山，中途到修道院里祈祷。反讽在学术上的追求归根到底也为情绪所左右。黑格尔对蒂克的指责主要集中在这一点[73]，在他与佐尔格的通信里这一点也很明显：他一会儿了如指掌，一会儿又去寻求，一会儿是个教条主义者，一会儿是个怀疑论者，一会儿是雅可布·波默，一会儿是希腊人，不一而足，一切全是情绪。然而，总会有一个纽带联系着这些对立，各种情绪的这些惊人的不和谐音总会消融于一种统一，经仔细察看，我们也的确可以在反讽者那里发现这种统一。无聊是反讽者所具有的惟一的一个连续性。无聊，这种空洞的永恒，这种毫无乐趣的幸福，这种浅薄的深刻，这种饥饿的饮食过度，然而无聊却正是纳入了一个个人意识中的消极统一，在这种统一中，所有对立都烟消云散了。大概没人会否认，目前在德国和法国，这种反讽者多如牛毛，不再需要什么英国的贵族老爷[74]、一个周游列国的怪僻俱乐部成员来向他们泄露无聊的秘密。同样不可否认的是，对于青年德国[75]和青年法国[76]的年轻追随者来说，要不是他们各国政府父亲般地对待他们，把他们逮了起来，以便使他们有事可想，他们大概早就无聊死了。反讽者恰恰由于他们生存中的双重性而缺乏生存，如果有人想要一个能够卓越地表达反讽者的这种特性的形象，那么劳克神[77]便是一个。

这里我们看到反讽如何一直是完全消极的：在理论方面，它建立了一种理念和现实、现实和理念之间互不相称的关系；在实践方面，它建立了一种可能性和现实、现实和可能性之间互不相称的关系。为了进一步证实在反讽的历史表现形式中情形的确如此，我将对反讽的最重要的代言人予以较为详细的评述。

弗里德里希·施雷格尔

这里要谈的是弗里德里希·施雷格尔尽人皆知的小说《卢琴德》。①[78]这部小说是"青年德国"的作家们的福音书，是他们为肉体平反（Rehabilitation des Fleisches）的纲领，而黑格尔对它却深恶痛绝。[79]要对此书予以评述，棘手的问题很不少；大家都知道，《卢琴德》是本很不正经的书，我现在要是随便摘取一些段落，予以仔细考察，便难免冒很大的危险，连最纯洁的读者也不可能完全不受损害、侥幸逃脱。因此，我将尽可能谨慎从事。

为了避免对施雷格尔不公平，我们必须指出，有许多乖谬的

---

① *Lucinde. Ein Roman von Fr. v. Schlegel.* Zweite unveraenderte Ausgabe. Stuttgart 1835.

东西潜入、渗透了丰富多彩的实际生活，这些东西永不厌倦地运作着，使爱情变得温顺驯服、疲软无力、有益实用，就像另外一个家畜，简言之，这些东西使爱情变得没有一丝一毫的情欲。因此，施雷格尔要是能够成功地找到一条出路，我们就必须衷心感谢他，然而很不幸的是，与我们北国的气候相比，他所发现的能使爱情蓬勃生长的气候并非充满南国气息的环境，而是一种不存在于任何国度的理想气候。因此，不仅仅是炉灶爱情的鹅和鸭，一听到爱情的野鸟在他们头顶上嗖的一声展翅飞过，就会马上拍着翅膀，发出刺耳的狂叫；而每一个具有更为深沉的诗意的人在这里也必须为诗意着想而对此提出抗议。具有深沉诗意的人的向往极为强壮，是浪漫主义的蜘蛛网所束缚不住的，他对生活的要求很高，不是写篇小说就满足得了的，他需要表明弗·施雷格尔所发现的不是一条出路，而是一条歧途，他需要表明，生活与梦想是迥然不同的。如果我们仔细地看一看，施雷格尔以其反讽所拒斥的到底是什么，那么想必谁都不会否认，就婚姻关系的起始、进展、结局而言，不管是在过去还是在现在，需要这样的纠正的地方甚多，主体想从中解放出来，是极为自然的。许多人把一种狭隘的严肃性、一种功用观念、一种可悲的目的论当作偶像来崇拜，不惜牺牲所有无限的追求。于是，爱情本身是毫无价值的，只有通过一个目的才获得某种价值，这样一来，爱情就成了家庭私人舞台上的庸俗琐碎的把戏的一部分。"具有目的、为目的起见而行动、把种种目的精心交织成新的目的；人有与神相似的面貌，可在他的乖戾本性中，这种坏习气却根深蒂固；因此，他要是想有时候毫无目的地在永恒流动的图像和感觉的内在河流上自由浮动的话，他就必须全力以赴，以此为目的"。（第153页）。[80] "当然，人们那样来恋爱完全是另外一回事。男人所爱的只不过是女人繁衍族类的本性，女人所爱的只不过是男人天生的性质以及他的社会地位，而二者把孩子当作他们的制品和财产来爱"（第55页）。"啊！我的恋人！的的确确，人天生是个严肃的畜生"（第57页）。一种道德上的拘谨、一种桎梏使每一个有理智的人都动弹不得。老天爷，打破这些东西吧！与此相对立的是一种过火的浪漫主义的风花雪月式的舞台婚姻，这至少是不合乎自然的，这种婚姻不具生育力的阵痛，疲软无力的拥抱不管对基督教的国家还是对异教的国家都是毫无用处的。为了对付这一切，只需要让反讽大显身手。然而，施雷格尔所攻击的不仅仅是这一切违背真理的东西。

有一种基督教的婚姻观厚颜无耻，在结婚仪式上为新人祝福之前，首先进行诅咒。[81] 有一种基督教的婚姻观把一切当作罪来看待[82]，毫无例外，毫不留情，连母亲腹中的生命、连最美丽的女人也不饶过。这种观念中有一种严肃性，对于为尘世生活日夜操劳的人来说，这种严肃性高不可及，而且它也极为严厉，不容婚姻上随兴致行事的人嘲笑。曾经有个时代，人幸福地、无忧无虑地生活着，幼稚无辜，一切都是人性的，神灵们以身作则，不时放下天大的架子，以求骗取尘世女子的爱情；曾经有个时代，一个人轻轻地、神秘地去赴约会，害怕看到神是自己的情敌之一，同时也为此感到很光荣；曾经有个时代，美好的苍穹高远无际，像个友善的见证人，瞧着幸福的爱情，或者爱情静静地、庄严地隐藏在黑夜肃穆的静寂之中；曾经有个时代，一切都为爱情而活着，而对于幸福的情人来说，一切又只是关于爱情的神话。所有这些时代都一去不复返了。这就是麻烦所在，我们也必须从这个角度来判断施雷格尔的以及整个新、老浪漫主义的追求。那些时代一去不复返了，然而浪漫主义却向往这些时代，为了抵达那里，他走上的不是神圣的旅程（peregrinationes sacras），而是尘世的（profanas）旅程。倘若重建一个逝去的时代是可能的话，那么人们必须重建它的纯净状态，重建的希腊文化必须具有它所有的天真幼稚。可是，浪漫主义并不这样做。其实，它并没有重建希腊文化，而是发现了一个前所未知的新大陆。不仅仅如此，它的享受也是极为精巧的；它不仅想幼稚地享受，而且想在享受中意识到既定伦理的毁灭；它认为别人在伦理的重担下呻吟，它的享受的关键便是取笑这个伦理，而反讽随意性的自由游戏就以此为中心。基督教用精神把肉体和精神分裂了开来①，要么精神必须否定肉体，要么肉体必须否定精神。浪漫主义想要后者，它与希腊文化的区别在于它在肉体的享受之外还享受精神的否定。它以为这就是在诗意地生活着，然而我希望表明，它恰恰丢失了诗意，因为只有通过死心，真正的内在无限性才能显现出来，而只有这种内在的无限性才是真正无限的、真正诗意的。

施雷格尔的《卢琴德》力求摒弃所有的伦理，厄德曼不无妥帖地说道："所有伦理的规定只不过是游戏而已，至于婚姻是一夫一妻制，还是四人同室，这一切对于情人来说都是随意的。"②[83]倘若整个《卢琴德》只不过是任意的狂想，只不过是随意性的产物，像小威尔海米娜一样踢着小腿儿，不顾虑自己的裙子，不顾虑世人的评判[84]；倘若它只不过是忘乎所以的放纵，取乐于颠倒一切，把一切翻过来、倒过去；倘若它只不过是对所有等同于风俗习惯的伦理的机智反讽；倘若这一切是可以想象的话，谁会那样地可笑，以至于不对此放声大笑，谁会那样地乖张，以至于不觉得这开心好玩呢？可情形并非如此，与此相反，《卢琴德》具有一种极为教条性的特点，某种忧郁的庄严贯穿全文，这似乎是来源于主人公很迟才认识到这个伟大的真理，因而他觉得生命的一部分白白地度过了。这部小说屡次三番地谈"放肆"，甚至可以说呼唤"放肆"，这种"放肆"不仅仅是对客观有效的东西任性的、暂时的摒弃，好像为此所使用的"放肆"这个词本身只是淘气，由于淘气得忘乎所以，故乐此不疲

---

①　基督教决不因此而取消感性，它教导说，人只在从死里复活之时，才既不娶也不嫁。（参见《新约·马可福音》12，25 以及《路加福音》20，35。——译注）；此外，它也特别指出有个人，没有时间参加大婚礼，因为他自己要举行婚礼（此处为《新约·马太福音》22，1—14 和《路加福音》14，15—24 两个故事的混合。——译注）

②　*Vorlesungen über Glauben und Wissen*（《信仰与知识讲演录》），Berlin 1837（第 86 页）。

地使用这么一个很强的表达方式，不，这种放肆是货真价实的放肆，然而它却是如此地令人喜爱、如此地有趣，以至伦理、谦虚、体面虽初看不乏吸引力，但在它的面前却相形见绌，微不足道。任何一个通读了《卢琴德》的人想必都会承认它的确具有这样的一种教条性的特点。倘若有人有意否认这一点，那么我想请他解释一下为什么青年德国会完全误解了这本书。倘若他也能够成功地对此作出解释，那么我想向他指出，大家都知道施雷格尔后来改信天主教，这意味着他发现宗教改革是第二个原罪，而这充分地显示了他在《卢琴德》中的观点是当真的。

《卢琴德》所欲达到的目的是摒弃所有伦理，不仅仅是在风俗习惯这个意义上的伦理，而且是所有作为精神有效性的伦理，它欲摒弃精神对肉体的控制。这也证明与反讽所特有的追求是完全相一致的。前面我们把反讽所特有的追求刻画为扬弃所有的现实，并以一种并非现实的现实来取代它；因此，毫不奇怪，于柳斯在其怀抱里获得安宁的那个少女，或者更确切地说，那个妇女，即卢琴德"也是一个具有明确浪漫倾向的人，这些具有浪漫倾向的人不生活在一般的世界里，而是生活在一个自己创造的、自己臆想出来的世界里（第 96 页）"。[85] 这也就是说，她也是一个其实只有感性现实而没有任何别的现实的人。同样毫不奇怪的是，于柳斯的重大任务之一便是想象一种永恒的拥抱，大抵把这当作惟一真实的现实。

如果我们把《卢琴德》看做这么一部爱情的问答手册，那么它要求其弟子具有一种"狄德罗称作肉体感觉的东西"，"一种不同寻常的才能"，它的义务是促进这种才能，使之发展为很高的对肉欲的鉴赏力（第 29—30 页）。[86] 于柳斯以这种礼拜的祭司的面貌出现，"并非没有被涂圣油"；"从张开的天空，机智自己通过一个声音向下对他说到：你是我的亲爱的儿子，我很喜欢你"（第 35 页）；他既向自己又向他人喊到："把你自己立为祭司，并庄严地宣布只有自然是可尊的，只有健康是可爱的（第 27 页）。"他所希求的是赤裸裸的感性，在这种感性里，精神是一个被否定的环节；他所反对的是把感性作为一个环节纳入了自身的精神性。由于这个缘故，他把两岁大的小威尔海米娜——"她的时代或她的年代中最有才智的人"（第 15 页）——推崇为他的理想是不正确的，因为在她的感性中精神没有被否定，由于精神还不存在。总的来说，他喜爱赤身露体，因此他仇恨北国的寒冷；他嘲笑不能忍受赤身露体的狭隘心胸。不能忍受赤身露体的确是一种狭隘心胸吗？衣着的面纱是不是感性的本质的美好象征呢？因为感性若是为精神所控制，它也就不是赤裸裸的了——这些问题我不拟深究。我只想指出，大家甚至原谅阿基米德一丝不挂地跑过希拉库斯的大街，这必定不是由于南国温暖的气候，而是因为他精神的欢乐、他的"我发现了！我发现了！（εὕρηκα，εὕρηκα）"[87] 是足够的衣着。

　　《卢琴德》着力通过其自身布局上彻头彻尾的混乱来形象地表达它所欲再现的既存事物的杂乱无章的状态。于柳斯在开头就说，与理性和伦理的其他条条框框一起，他也放弃了计时（第 3 页）；在第 5 页上，他说："我想一开始就把我们称作秩序的东西彻底摧毁，远远地离开这个秩序，明确地争取沉醉于迷人的混乱的权力，并通过实际行动来坚持这个权力，为了我自己、为了这个著作、为了我对它的爱、为了它自身的成长，没有什么目的比这个目的更为合乎目的了。"他希望这样一来就能达到真正诗意的东西，由于他放弃了理智，让幻想为所欲为①，他很可能成功地以想象力来把握扑朔迷离、永恒移动的图像。如

---

　　① 总的来说，让幻想为所欲为是件在《卢琴德》里重复再三的事。谁要是丝毫不喜欢幻想的轻松愉快的游戏，他大概根本不是人，但这决不意味着这个生活应化为幻想直观（Phantasie-Anskuelse）。若幻想为所欲为，它就会使灵魂感到疲乏，就会麻醉灵魂，麻醉所有道德的张力，使生活变成梦幻。可归根结底，这就是《卢琴德》所希求达到的，下面的一段话其实刻画了它的这个立场（第 153 页）："理智的顶峰是自愿沉默，把灵魂还给幻想，不打扰年轻的母亲与她膝间幼儿温馨的嬉耍"；这里所表达的意思显然是，在理智达到了其高峰之后，它的活动就应让位于幻想，现在幻想应该独据天下，不应是生活中的一个插曲。

果读者愿意同样行事，他也很可能达到这一点。不管这是多么的混乱，我将尽量在我的阐述中建立某种秩序，并对这一切作出一定的总结。

这部小说的主人公，于柳斯，不是一个唐璜（唐璜像个巫师一样，以他感性的天才使一切着魔；他的面貌具有一种直接的权威，他颐指气使，表示自己是主子、是老爷，这种权威不可言传，而莫扎特寥寥几个令人倾倒的琴音却能使之生动地展现在我们的眼前[88]；他并不勾引，而是所有女人都想被他勾引，倘若把她们的纯洁还给她们，那么她们只想再次被勾引；他是一个魔鬼，没有过去，没有发展历史，就像密涅瓦一般，出生时就满身甲胄[89]），而是一个囿于反思的人格，陆陆续续地才成长起来。在"男性的训练时期"[90]里，我们得知了他的这个发展过程。"表面上满腔热情地装作法老，而实际上却心不在焉；在某个时刻热血沸腾，孤注一掷，可一旦失败，却毫不在乎地置之脑后：于柳斯受许多坏习惯支配，蹉跎了青春，这就是他的坏习惯之一（第59页）。"[91]作者以为，用这一个特征就充分地描绘了于柳斯的一生。我们完全同意他的这种看法。于柳斯是个内心分裂的年轻人，正由于这种内心分裂，他能生动地想象巫师的那种能够使人转瞬间老好多好多年的魔术；正由于这种内心分裂，这个年轻人似乎具有一种惊人的、用之不竭的力量，恰如绝望的激情给予独擅胜场的力量；这个年轻人早就进入了终场[92]，然而还是彬彬有礼、讨人喜爱，精神上潇洒自如地在世间高举着酒杯，闭着气、集中全力，以便在炫目的退场式中使毫无价值、无人会怀念的一生显得辉煌灿烂；这个年轻人早就抱有自尽的思想，但他灵魂的风暴使他没有时间作出决定。他需要爱情，只有爱情才能拯救他。他首先差一点勾引了一个年轻纯洁的少女（这一冒险行为对他毫无深远的意义；因为她显然过于纯洁，不能满足他的好奇心），然后找到了莉色特这个师傅，她是个早就精通爱情夜间的秘密仪式的情爱能手，于柳斯徒劳地试图限制她指导众人的活动，以便把她据为己有，让她为自己进行私人指导。

　　在整个小说中，莉色特的形象大概是最为丰满的，作者明显偏爱这个形象，费尽心机给予它一种诗意的光环。还是孩子的时候，她根本不轻佻，而是很忧郁，可在那时候她已经着了魔似的酷爱感性的东西（第 78 页）。后来她曾是女演员，但为时不长，她总是嘲笑自己毫无才能、曾遭遇不少无聊的事。最后，她终于全力以赴地献身于感性。除了独立之外，她极端爱钱，但她却知道如何极有鉴赏力地来化钱。她的宠爱时而需要用高价来买，时而以满足对某个男人任性的偏爱为价钱。她的闺房装饰简单，没有通常的家具，只是四壁挂着昂贵的大镜子，镜子之间是科莱吉奥和提香挑逗肉欲的绘画。她没有椅子，可有不少真正的东方地毯，还有几组大理石的半身雕像。她常常一天到晚土耳其式地坐在这间屋里，单独一个人，手放在膝间，无所事事，讨厌所有女人的工作。她吃得不多，饿的时候，吃的是山珍海味，进餐时让她的男仆朗读历史故事、游记、童话，她的男仆是个风流倜傥的少年，十四岁的时候就被她勾引了。在男仆朗读的时候，她总是漫不经心，除非里面有什么可笑的东西，或者有些她也认可的观点；她只关心实在性，除此之外，她什么也不注意，什么也不欣赏，她认为舞文弄墨是最可笑的事。这就是施雷格尔对一种生活的描述，这种生活不管多么堕落，可总以诗意自居。特别引人注目的是那种高贵的懒惰，好逸恶劳，蔑视所有女人的活，不爱使用精神，而只爱让精神受刺激，这种懒惰使灵魂疲软无力，安逸享乐，使意识本身在令人恶心的朦胧夜色中慢慢挥发。然而，这说到底是一种享乐，而享乐着便是诗意地生活着。作者似乎认为她宠幸男人的方式也不无诗意的因素，因为她不总是只看钱，在不是钱决定她的选择的那些时刻，作者似乎有意美化她的可鄙的爱情，给予它那种只有纯洁的爱情才具有的无私献身的光环，就好像作乖张脾气的奴隶要比作金钱的奴隶更具有诗意似的。她就这样坐在她淫逸的屋子里，浑浑噩噩，大镜子从各个角度反射着她的形象，由此所产生的外在意识是她惟一还保存下来的意识。因此，谈到自己的时候，她也惯于称自己莉色特，常常讲她能写下、她想写下自己的历史，就好像这是别人似的。总的来说，她最喜欢以第三人称来谈自己。不过，这不是因为她在世上的作为像凯撒的一生，具有世界历史性的意义，以至她的生命不属于她自己，而是属于整个世界，不，这是因为这个过去的生活（vita ante acta）过于沉重，以至她忍受不了它的重压。对这个过去进行反省，让它的令人惧怕的各种形态来评判她，这将会过于阴森，不太可能是诗意的。然而，让她的可悲可鄙的生活融入朦朦胧胧的大轮廓，把它当作与她自己毫无关联的东西瞧着，这是她所想干的事情。她愿意关心这个不幸的、沦落天涯的女孩，她愿意说不定为她牺牲一滴泪水，但至于这个女孩就是她自己，这却是她想极力忘却的。希求忘却是一种软弱，但在这种希求中很可能蕴藏着一种能量，预示着某种好事。可是，以这样的一种方式来诗意地重新体验自己的过去，以至悔恨不会取得任何尖刺，因为所谈的是与自己不相关的东西，而详知内情却又使享受的强度大大增高：这是一种可怕的、疲软的怯懦。然而，在整个《卢琴德》里，这种陷入审美的麻木状态①实际上却标志着诗意地生活到底是怎么回事，通过为深刻的自我催眠、使之进入梦游似的状态，这给予随意的自我很大

① 特别是"无所事事的乐园"这一章对此作了极力的鼓吹，在这一章里，纯粹的、货真价实的消极被看做尽善尽美的状态。"气候越好，人也就越消极。只有意大利人知道怎么走路，只有身居东方的人们懂得如何躺着；精神在什么地方比在印度更婉柔多姿、楚楚动人呢？东西南北，不管在哪里，无所事事的权力是把高贵与低微区分开来的东西，是真正的贵族的原则"（第42页）。最高的、最完美的生活不是别的，乃是像植物一样活着；总的来说，植物生活是所追求的理想，因此，于柳斯在给卢琴德的信中写到："我们两个还将以同一种精神看到，我们是同一个植物的花朵、同一朵花的花瓣，我们将脸上带着微笑，了解到我们现在称作希望的东西其实是回忆"（第11页）。因此，向往本身获得了植物静存的形态。"于柳斯，卢琴德问到，为什么我在如此欢欣的安宁之中感到一种深沉的渴望？只有在渴望之中我们才能找到安宁，于柳斯答道。安宁其实就是我们的精神不受任何干扰地渴望、寻求，这里，精神找不到比自己的渴望更高的东西了"（第148页）。"于柳斯：只在那种渴望之中我才找得到神圣的安宁，我的朋友。卢琴德：而我在这种美好的安宁之中找到了那种神圣的渴望"（第150页）。（所有引文原文均为德文。——译注）

的自由活动的余地，使之能够沾沾自喜、沉醉于反讽。

　　我们需要对这一点进行进一步的探讨。人们曾不厌其烦地说过，《卢琴德》这类黑书是不道德的，人们曾不厌其烦地对此发出感慨万分的叹息：可是只要人们允许作者明目张胆地声称这是诗意的、允许读者暗中相信这是诗意的，那么我们还根本没有什么很大的收获，这尤其是因为人对诗意的东西有很高的要求，正如道德对他有很高的要求一样。因此，我们必须大声讲而且我们也将证明这类书不仅是不道德的，而且是非诗意的，因为它们是非宗教的；我们必须自始至终强调，每一个真正想诗意地生活的人都能够诗意地生活。亦即如果我们问诗到底是什么，那么我们可以笼统概括地讲它是对世界的征服；通过对不完美的现实的否定，诗打开了一种更高的现实，把不完美的东西扩展、净化为完美的东西，从而减轻那种必将使一切暗淡失色的深沉的痛苦。在这种意义上，诗是一种和解，然而它不是真正的和解；因为它并不使我与我生活于其中的现实和解，这种和解并不带来既定现实的化体[93]，它是通过给予我另一个现实、一个更高的和更完美的现实而把我和既定现实和解的。这种对立越大，和解其实也就越不完善，以至这常常根本不是什么和解，而毋宁说是一种敌对。因此，归根结底只有宗教才能够带来真正的和解；因为它为我使现实无限化了。诗意的东西固然是一种对现实的征服，但是无限化主要在于逃避现实，而不在于逗留在现实之中。诗意地生活即无限地生活。但无限性既可能是外在的无限性，也可能是内在的无限性。想以诗意而无限地享受的人也有自己的无限性，但这是外在的无限性。亦即在我享受之时，我总是在我之外、在它者之中。可这样的一种无限性必将扬弃自己。只有当我在享受中不是居于我自己之外，而是居于我自己之中，只有当这个时候，我的享受才是无限的；因为它是内在无限的。诗意地享受的人，即使他享受整个世界，也还是缺乏一个享受，因为他不享受他自己。而只有享受自我（当然不是在斯多葛派的或利己主义的意义上，因为在那里也根本没有真正的无限性，而是在宗教的意义上）才是真正的无限性。

在作了这些考虑之后，如果我们回顾那种把诗意地生活与享受等同起来的要求（正因为我们的时代是彻头彻尾反思的，诗意的现实和既定现实之间的对立就以一种比以前任何时候都远为深刻的面貌出现；从前诗意的发挥和既定现实齐头并进，而现在真正重要的是非此即彼，因为人们不满足于间或诗意地生活，而是要求整个生活都应该是诗意的），那么显而易见的是，它错过了最高的享受、错过了真正的幸福，在最高的享受、真正的幸福中，主体不是在做梦，而是无限清晰地占有他自己、对他自己是绝对透明的；这只有对宗教的个体才是可能的，宗教的个体不是在自己之外而是在自己之内具有无限性。报复是一种诗意的享受，异教徒们以为神灵们独占报复，因为这是个好东西；然而即使我的报复心得到了绝对的满足，即使我是异教徒意义上的一个神灵，在我的面前所有人都恐慌战栗，我的愤怒的火焰能够烧毁一切，那么我的报复仍然只是自私自利的享受，我的享受仍然只是外在的无限性；而一个不大发雷霆进行报复、能够控制自己的怒火的极为单纯的人更接近于征服世界，只有他才真正地享受，只有他才具有内在的无限性，只有他才诗意地生活着。倘若我们从这个角度来观察那种在《卢琴德》中被描述为诗意生活的生活，我们未尝不可以承认它包含形形色色的享受，但大抵没人会阻止我们称这种生活是一种无限怯懦的生活。只要人们不愿声称怯懦等同于诗意地生活，那么极为可能这种诗意的生活其实是相当非诗意的，或者更确切地说，是完全非诗意的；诗意地生活不意味着自己对自己是昏暗的，不意味着在令人窒息的闷热中大汗淋漓；与此相反，诗意地生活意味着自己对自己是清澈透明的，而这不是通过无限的、利己主义的满足，而是通过其绝对的、永恒的有效性。如果这不是对于每个人都是可能的，那么生活就是疯狂。对于单个的人来说，即使他是世界上最聪明的人，自以为有资格得到别人都得不到的东西也是举世无双的狂妄。人的存在是绝对的东西，否则整个生活就是荒谬绝伦的无稽之谈，等待着每一个人的就是绝望,除非这个人精神失常、冷漠傲慢、绝望地相信他自己是天之骄子。自从《卢琴德》出版以来,有人不无才能地、极具蛊惑性地力求迷惑大众,而非引导大众,我们不能局限于念诵几条道德规章和准则以反对这类行径;我们必须禁止这种人使自己、使他人相信这本书是诗意的,或者相信一个人应该由这条路达到人人能达到的目标,即诗意地生活。每个人都能要求诗意地生活,这是一种不容拒绝的要求。

不过,让我们再次回到于柳斯和莉色特。莉色特结束了自己的生命,就像她当初踏上了生命的路途一样,她完成了于柳斯没有时间决定的事,通过自杀,她希求达到她一生梦寐以求的目标——抛脱自己。不过,她自始至终保持着极度的美学的分寸,据她的男仆讲,她临终时,高声宣述:“莉色特应该毁灭,现在马上毁灭:命运想要这样,铁的命运。”这句最后的台词只能被看做一种戏剧性的瞎闹,这对于一个先前是剧院里的演员、后来是生活里的演员的人来说,可谓是极为自然的。莉色特的死对于柳斯当然是很大的冲击。我还是让施雷格尔自己来讲话,以免有人认为我有意歪曲。“莉色特的毁灭最初的后果是,他毕恭毕敬、忘乎所以地把她当神一样来崇仰、怀念。”(第77页)不过,这件事仍然不能够使于柳斯有所长进:“于柳斯认为,女性具有不少凡俗之处,而莉色特是个例外(这个凡俗之处便是,女性不拥有像莉色特那样的‘更高的能量’)[94],可这个例外过于单独,她所处的周围环境过于不纯,所以他由此并不能达到真正的见解。”(第78页)

莉色特死后,于柳斯很长一段时间深居简出,之后,施雷格尔让他重新步入社会生活,主要是在精神上接触到几个这种生活的女性成员,重新经历了不少风流韵事,直至最后在卢琴德身上发现了所有分散环节的统一,既发现了感性又发现了风趣[95]。不过,由于这个恋爱关系基于一种精神的感性,没有其他更深的基础,由于它毫不包含死心这一环节,换言之,由于它根本不是婚姻,由于它紧抓着“消极性和植物生存是最完美的”这个观点，所以伦理在这里也是被否定了的。因此，这个恋爱关系不可能取得任何内容，在更深的意义上根本不可能有一个历史，他们两个人一起（en deux）为消磨时间所干的事与于柳斯以为是最好的利用寂寞时光的方式大同小异，即考虑随便一个什么风趣的女士在随便一个什么有刺激性的场合会说什么话、会作出什么答对。因此，这是一种毫无实在内容的爱情，他们屡次三番谈永恒，但这种永恒不是别的，乃是人们所说的享受的永恒瞬间，是一种根本不是无限性的无限性，因而是非诗意的。这么一个瘦小屠弱的恋爱关系竟自以为能够抵挡生活的风暴、竟自以为有足够的力量把"偶然事件最为酸涩的情绪看做美好的风趣和放纵的任性"（第9页），这的确令人忍俊不禁，因为这个爱情根本不存在于现实的世界，而是存在于一个臆想的世界，在这个臆想的世界里，恋人们自己掌管着飓风、暴雨。这种恋爱关系创造新的生命，但由于它以享受为目标，它当然是同样自私地看待它自己与下一代之间的关系："爱情的宗教把我们的爱情更紧、更强地缠绕在一起，正如孩子仿佛回音似的倍增温柔的父母的乐趣"（第11页）。我们经常碰到一些父母以愚蠢的严肃态度希望看到他们的孩子尽快成家立业、说不定甚至希望看到他们安息于黄土之下；与此相反，于柳斯和卢琴德恨不得让他们的孩子永远像小威尔海米娜那么长不大，以便能逗他们玩，聊以自娱。

《卢琴德》以及与此相关联的整个追求的古怪之处是：人从自我的自由及其建构一切的权威出发并没有达到更高一层的精神性，而是只达到了感性，即其对立面。在伦理之中显现出来的是精神与精神的关系，然而，自我要是想有一种更高的自由，它就会否定伦理的精神，从而堕入肉体和本能的规律之中。但是，由于这种感性不是幼稚的感性，维护感性的所谓权力的是种随意性，这同一种随意性在下一个时刻会发生突变，转而坚持一种抽象的、过分的精神性。这些颤动一方面可被理解为世界反讽对个体的玩弄，另一方面可被理解为个体模仿世界反讽的尝试。

蒂　克

在蒂克的作品中，特别需要讨论的是他的一些讽刺性剧作以及他的抒情诗。他的早期小说是在他通过施雷格尔兄弟达到对真理的认识之前创作的；他的后期小说与小说愈来愈接近现实，不时力求通过某种广度完全达到与现实的一致。在蒂克那里，我的呼吸已经轻松得多了，再次回顾《卢琴德》，我感到好像是从一个焦灼不安的梦中醒了过来一般，梦里有那么一时刻，我听到了感性的诱惑性的声调以及其间回荡着的野性的、动物般的嚎叫；我感到好像是有人给了我一碗在巫婆的锅里煎制的令人呕吐的魔药，剥夺了一个人对生活的所有味觉、所有胃口。施雷格尔好为人师，他把矛头直接指向现实。在蒂克那里，情形大为不同，他沉迷于一种诗意的放纵，但他把这理解为对现实的漠然。只有当他不这样做的时候，他才倾向于攻击现实，但即使在这里也是间接地攻击。这种诗意的放纵一旦爆发出来，形成不同寻常的反讽的旋律，它就会肆无忌惮、忘乎所以。想必没有人会否认，这种诗意的放纵是有其重要性的。因此，黑格尔对蒂克不大公平[96]，我完全赞成一个在其他方面热心的黑格尔主义者在一个地方所作的评论①：“他（黑格尔）也很喜欢玩笑和欢闹，可是他无力全面欣赏幽默的深刻之处，而最新形式的反讽与他自己的方向背道而驰，他几乎缺乏承认它的真切之处的器官，更不用说欣赏它了。”这种文学创作越是接近现实、越是只通过对现实的折射才可以理解其中隐藏着越多的论战、越是把论战性观点当作赢得读者好感的条件，那么它就越会脱离诗意的漠然、丧失它的无辜、获得一个目的。这已不是诗人的自由，像吹牛大王蒙西豪森一样，自己拉着自己的脖颈儿，并以这种方式毫无立足之地、悬浮

---

① *Vorstudien für Leben und Kunst*（《生活与艺术初探》），霍托（Dr. H. G. Hotho）编，Stuttgart/Tübingen 1835，第 394 页。

在空中打斤斗，打得一个比一个更好看[97]，这已不是诗的泛神论的无限性；这是有限的主体，造了个反讽的杠杆，以求把整个生存撬出其固定的结构。在文学创作的随意性面前，整个生存只不过是个游戏，它不小看任何东西，不管是多么微不足道的东西，但是对于它来说，也没有什么永存不变的东西，不管是多么意义重大的东西。在这一方面，我们只需要通读蒂克的一个剧本的人物表或者随便其他一个浪漫主义诗人的剧作的人物表，就能想象出在他们的诗意世界里出现的是多么稀奇古怪、闻所未闻的的东西。动物说着人话，人说起话来像个畜生，凳子、桌子意识到它们在生存中的意义，人感到生存是个毫无意义的东西，无物变成一切，一切变成无物，一切是可能的而又是不可能的，一切是合乎情理的可又是不合乎情理的。

我们不得忘记，蒂克以及整个浪漫主义学派[98]面临着或者相信自己面临着一个特定的时代，在这个时代，人在有限的社会环境中仿佛完全石化了似的。一切事物都达到了尽善尽美的发展，终结于神圣的中国式的乐观主义[99]，没有一个合情合理的向往得不到满足，没有一个合情合理的愿望得不到实现。传统习俗的伟大原理和准则是虔诚崇拜的对象；一切都绝对地是绝对的东西；人们放弃了多妻制；人们戴着尖顶的帽子。一切事物都有其意义。至于职业、地位，每个人都知道自己的轻重高低，都能感觉到他完成了多大的任务，感觉到他孜孜不倦的劳作对自己、对整体有多大的意义。人们不像贵格派教徒[100]似的轻率地活着、不顾时间早晚，这种亵渎神明的东西企图潜入，必定是徒劳的。所有人走起路来都是心平气和、不快不慢，甚至求婚者也是如此，因为他知道他跑的是合法的差事、他走的是极为严肃的一步。一切都按钟点进行。人们在仲夏夜欣赏大自然的美好，在忏悔祈祷日痛心疾首，到了二十岁就开始恋爱，到了十点钟就上床睡觉。人们成家立业，为私人家业、为他在国家中的职务而活着；生了孩子，为家庭操心；壮年之时，成绩卓著，受上级赞扬，为神父的好友，在他的眼前完成了许许多多足以流芳百世的英雄事业，知道他有朝一日将陈述这些事业、可激动得不知该从哪里说起；重视友谊，是个货真价实的朋友，是个实实在在的朋友，就像是个实实在在的科长一样。人们懂得人情世故，把孩子们教育得也懂得人情世故，每周一个晚上阅读诗人赞颂生存之美好的篇章而精神振奋，鞠躬尽瘁、按部就班，一年到头毫厘不爽、分秒不差地完成该作的事。世界倒退到了婴儿时代，世界需要更新。因此，浪漫主义是件好事。一股清凉的微风，一股来自中世纪大森林、来自希腊纯净太空的清爽晨风吹过浪漫主义；庸俗的小市民冷得发抖，但是，驱散人们迄今所呼吸的动物般的恶浊空气是极为必要的。几百年过去了，中了魔法的城堡耸立了起来，住在城堡里的人再次醒了过来，大森林轻轻的呼吸着，处处莺歌燕舞，美丽的公主又吸引了众多的求婚者；大森林回响着猎人的号角和猎犬的吠声，林间草地上花木芬芳，诗句和歌声从大自然中挣脱了出来，四处飘荡，没有人知道它们从哪里来、没有人知道它们到哪里去。世界变得年轻了，然而，正如海涅风趣地指出，世界在浪漫主义那里变得过于年轻，又成了一个小孩子[101]。浪漫主义的不幸是它所抓住的不是现实。诗觉醒了，热烈的向往、神秘的预感、令人振奋的感情觉醒了，大自然觉醒了，中了魔法的公主觉醒了 —— 浪漫主义者却昏昏入睡。他是在梦中经历了这一切的，以前他周围的一切都昏睡着，现在一切都醒过来了，可他却昏睡着。可是，梦是填不饱肚子的。他刚刚醒了过来，感到疲乏无力，身体虚弱，马上就又重新躺下睡觉，很快地他就需要用艺术来呼唤梦游似的状态。浪漫主义者运用越多的艺术，他所唤出的理想也就越是不切实际。

浪漫主义的文学创作就在这两极之间摇摆。一方面是充满小市民习气的既存现实，而另一方面是影影绰绰的理想现实。这两个环节相互之间有着一种必然的关系。越是对现实予以漫画性的讽刺，理想也就喷发得越高，只不过这里涌出的泉水不会直涌到永生[102]。这种诗在对立面之间摇摆，而恰恰这个事实证明它在更深的意义上不是真正的诗。真正的理想不是以某种方式存在于彼岸。它若是催促性的力量，那么它在后边；它若是令人振奋的目标，那么它在前边，可自始至终它在我们身中，这就是它的真理。

由于这个缘故，这类诗文也不能与读者取得一种真正诗意的关系，正因为诗人自己不能与他的诗文取得一种真正诗意的关系。诗人所采取的诗意立场是诗意的随意性，诗文所留下的总体印象是一种无踪无影的空虚。这种随意性呈现于整个布局之中。剧作时而快马加鞭，时而原地踏步、停滞不前，时而往后倒退；我们一会儿在花街柳巷，一会儿在天上；突然发生了一件极不可能的事，诗人自己也很清楚这是件极不可能的事；突然什么声响从远处传来，这是神圣三王的虔诚游行；接着是圆号独奏①；一会儿严肃地提出了某种见解，可转瞬间其反面被翻了出来，笑的统一将和解各个对立面，但这种笑却以凄婉悠远的笛音为伴奏，等等，不一而足。

然而，正因为整个布局没有秩序，不形成一个诗意的整体，因为对于诗人来说，诗意是他为所欲为的自由，对于读者来说，诗意是他效仿诗人狂想的自由，一言以蔽之，因为整个布局没有秩序，不形成一个诗意的整体，所以各种分散的元素相互孤立地堆在一起，或者更确切地说，因为各种分散的元素孤立地各行其是，所以没有任何诗意的统一可能产生。论战的冲动永远不得安息，因为诗意的东西恰恰在于不停地通过论战把自己解放出来。对于诗人来说，发现理想是很困难的，但同样困难的是发现漫画。任何论战性的笔触都包含着一种多余，一种超越自己、达到

---

① 参看霍托的卓越阐述（Hotho, *Vorstudien für Leben und Kunst*，第 412 页）："想象力无拘无束，天马行空，为描绘形形色色的图画保留着无边无际的自由空间；活泼的场景随意攀绕在一起，奇形怪状的线条相互缠绕，构成调皮的笑声，缤纷错杂地穿过松散的织物，讽喻把一般说来极为局限的形状朦朦胧胧地扩展开来，其间讽刺模仿式的玩笑肆无忌惮地把一切颠来倒去。与这种天才的随意紧密相连的是那种懒洋洋的逸豫，从不回绝任何荒诞无稽的点子，因为这些点子是在逸豫的土壤里生长出来的。（原文为德文。——译注）

更为风趣的描绘的可能性。理想的追求并没有任何理想；因为每个理想同时只不过是一个讽喻，自身内隐藏着一个更高的理想，这样一个理想隐藏着另一个理想，直至无穷。因此，诗人既不赐予自己、也不赐予读者一点安宁，因为安宁是这种文学创作的正反面。他所具有的唯一的安宁是诗意的永恒，他在这种永恒里看到了理想，但这种永恒是个怪物，由于它处于时间之外，所以理想转眼间变成了讽喻。

在把握小市民习气这一点上，蒂克具有一种举世无双的创造才能、具有运用颠倒透视法的精湛技艺，这样，他的理想追求像自流井一样深，本应在天上显现的图像无影无踪地消逝到了无限性之中。他具有给予人莫名其妙的感觉的古怪才能，不时出现的理想人物极为古怪，而正由于古怪确实让人害怕，因为他们有时与罕见的自然产物相似，他们聪明、忠诚的眼睛与其说令人充满信任，毋宁说让人感到不可名状的恐惧（unheimliche Angst）。①

这种诗作的总目标本质上是通过无休止的逼近向一种气氛靠近，然而这种气氛永远得不到尽善尽美的表达，因而这种诗作是关于诗作的诗作，直至无穷，而另一方面，这种诗作力求把读者置于一种独特气氛之中，可这种气氛与这种诗作自身的成就毫不相干，由于这个缘故，这种诗作的特长当然是在于抒情。然而，这种抒情诗不能有太深刻的内涵，以免变得过于沉重，它必须变得越来越轻，低音吟唱，悄声长叹，恰似一个慢慢消逝的回音悠远的反响。在抒情诗里，音乐性是主观性的环节。这一环节得到了极为片面的发挥。于是产生了诗句里的音色，诗句之间遥相呼应的共鸣，最关键的是，诗句随着优雅婉转的旋律翩翩起舞，甚至可以说跟着唱了起来。韵律成了走南闯北的浪游骑士；蒂克以及整个浪漫主义乐此不疲、一再发挥的一个主题是，一个人突然

① 若有人希望有张素描画，借以想象出这样一个人物的面貌，我推荐 Des Knaben Wunderhorn, alte deutsche Lieder（《男孩的魔角，古老德意志民歌》）第三卷里的插图（见第 365 页）。

看到了一张陌生的脸，但总觉得非常熟悉，他觉得似乎很久很久
以前、在一个超越历史意识的过去就曾见过这张脸：韵律这里有
个同样的经历，它突然碰到了一个在美好的过去曾认识的一个老
熟人，顿然心潮澎湃。韵律对平常的朋友感到厌倦，希求结识更
有意思的新朋友。最后，音乐性的因素把自己完全孤立了起来。
我们每个人从小就熟知 Ulen，Dulen，Dorf[103] 这类好听的诗句，
有时浪漫主义确实成功地重新呈献了这类诗。这类诗也必须被看
做最完美的诗；这里至关重要的气氛居于一切之上，无拘无束，
因为一切内容都被否定了。

蒂克的理想宛若天上的云彩，或者说恰似云彩匆匆在地面划
过的影子，尽管他不像施雷格尔那样义无反顾地否定现实，但这
种不切实际的、软弱无力的理想证明他是误入了歧途的。施雷格
尔皈依了天主教，以镇静下来，而蒂克不时在一种对整个生存的
崇拜中获得安宁，这样一来，一切事物都变得同样地诗意……

佐 尔 格

佐尔格希望在哲学上弄明白，反讽到底是怎么回事。在他
身后出版的美学讲演录①以及搜集在遗著②中的几篇文章里，他
阐发了他的观点。黑格尔特别重视佐尔格的论述，对他也特别偏
爱。在上面多次谈到的书评里，第 486 页[104]，黑格尔说："就
一般的反讽而言，我们不应该把它仅仅看做闻名的、高不可攀的
幽灵；在佐尔格那里，我们可以把它当作一个原则来看待。"在
他的美学讲演录的导言里，黑格尔也谈到佐尔格（第 89 页[105]：
"佐尔格不和别人一样，满足于肤浅的修养，他真正思辨的内在
需求促使他下到哲学理念的深处"），并为佐尔格早逝、未能对

---

①　K. W. F. Solger, *Vorlesungen über Aesthetik*（《美学讲演录》），herausgegeben von
K. W. L. Heyse. Leipzig 1829.

②　Solger, *Nachgelassene Schriften und Briefwechsel*（《遗著及书信》），herausgege-
ben von Ludwig Tieck und Friedrich v. Raumer. Leipzig 1826.

他的思想予以具体的发挥而表示惋惜。

对佐尔格的观点予以阐述是件极困难的事；霍托曾正确地指出（第 399 页[106]），他"以难以把握的哲学洞察力"阐发了他思考问题的方式。事情的真相是这样的：佐尔格在消极的东西中跑迷了路，不知前后左右；因此，现在要起航，进入这个波涛滚滚的大海，我不免有些踌躇不决，这不太是因为我害怕把命搭上去，而是因为我将很难大致确切地告知读者，我到了哪里去，或者我在某一特定时刻身在何处。由于消极的东西总是只有通过积极的东西才能显现出来，而这里消极的东西却独占天下，而且毫无产生积极效果的能力，所以这里一切令人眼花缭乱，眼看一种人们能借以为自己定向的规定近在咫尺，突然一切又消失了。远处隐约可见的积极的东西，仔细一瞧，表明是一个新的否定。因此，佐尔格固然可能在哲学思想发展中有其重大意义，但我们最好还是把他看做黑格尔的体系所要求的一个牺牲品。由于这个缘故，黑格尔对他的偏爱也就很好解释；他是消极东西的形而上学骑士。他也不像其他反讽者那样与现实迎头相撞，因为他的反讽根本不是在与现实的对立中来塑造自己①的。他的反讽是静观的反讽，他看透了万物的虚空。反讽是觉察消极东西的器官和感觉。

佐尔格的事业完全位于学术领域之内。然而，他没有在任何地方作过融会贯通、井井有条的严格学术性的阐述，而只是以格言的形式爆发出来，时而把我们引入纯粹形而上学的思考，时而把我们引入历史、哲学的探讨，时而又把我们引入美学、伦理学的探讨，等等。这类爆发触及整个学术的王国，故这里已经存在着不少棘手的问题。除此之外，他的语言也常常是诗意的、而非哲学的（例如，他讲上帝通过显示自己而牺牲了自己，这里他

---

① 因此，佐尔格在他的《遗著》第二卷第 514 页说得很对："那么，这个反讽真的是肆无忌惮地毫不顾及所有对人至关重要的东西，毫不顾及人的天性之中的整个矛盾吗？不，否则的话，这就只不过是卑鄙的讥嘲，不居于庄严与诙谐之上，而是扎根于同一土壤、用它们自己的力量与它们斗争。"（原文为德文。——译注）

的语言就是诗意的；在最近的学术研究中，人们在形而上学的意义上运用"上帝与世界和解"这种说法，我当然知道，佐尔格完全可以在与这种形而上学的意义类似的层次上来运用这种说法，但由于甚至这种用法与基督教的术语相比也是一种对概念的稀释，所以在这种概念的误用中大抵不会有什么东西能够对佐尔格的行为提供令人满意的辩护，况且佐尔格这里所使用的是一个更为具体的概念），所以，读者不总能清楚地想象出他在朝哪个方向运动。他经常运用"否定"、"摧毁"、"扬弃"这类概念，但读者要是想真正地认清形势，他必须认识这里的运动规律。亦即消极性具有双重的功能，一方面，它使有限者无限化，而另一方面，它使无限者有限化。如果一个人不知道他是在哪个流向之中，或者更确切地说，如果人一会儿在一个流向之中，一会儿在另一个流向之中，那么他就会不知所措。此外，讲到某物需要被否定，我们必须对这个某物的含义有一致的意见，否则的话，否定（就像那句名诗里的停顿[107]）很可能落到一个错误的地方。例如，讲到现实需要被摧毁、被否定，我们就必须知道"现实"是什么意思，因为在某种意义上，现实本身是通过否定才呈现出来的。然而，事实并非如此，结果是人们可能陷入如下的混乱状态：人是虚妄的东西（这里我们已经需要小心，我们需要同意在哪种意义上人是虚妄的东西，需要同意在多大程度上这种虚妄的东西也具有积极、有效的因素），虚妄的东西必须被摧毁（这里我们又首先需要开个小研讨会，讨论一下在多大程度上人自己能够摧毁他身中虚妄的东西，而不由此在另一种意义上变成虚妄的东西），然而我们身中的虚妄的东西本身却是神圣的（参看《遗著和书信》第一卷，第511页）。

佐尔格希求带来有限与无限的绝对同一、希求摧毁以种种方式把它们隔离开来的高墙。因此，他努力达到绝对的、无前提的起始，故他的追求是思辨的。在《遗著和书信》第一卷第507页，他写道："不可置疑的是，他的（哲学家的）学问与所有其他学问的本质区别在于，它是囊括一切的。每一个其他学问都有作为前提的东西、既定的东西，要么是一种特定的认知形式，如数学，要么是一种特定的材料，如历史、博物学之类的学问。只有哲学必须自己创造自己。"[108] 他的静观反讽把有限者看做虚妄的、需要被扬弃的东西。① 但另一方面，无限者也必须被否定，它不得归结于彼岸的自在（An Sich）。于是，真正的现实就被创造出来了。参看《遗著和书信》第一卷第 600 页："正如有限者、平凡的事实不是真正的现实，无限者、概念运用以及设定形形色色的对立也不是永恒的东西。真正的现实是直观的一个环节，在这个环节中，有限者和无限者 —— 我们一般的理智只把它们联系在一起来认识——完全被扬弃了，从中上帝、或者说永恒的东西显示了出来。"[109] 这里，理念处于绝对起始的尖顶，因此它以无限绝对的否定性的面貌展现在我们的面前。可是，如果消极的东西想要有所作为的话，它必须通过使理念有限化、即使之具体化而再次大显身手。消极的东西是思维的烦躁不安，但这种烦躁不安必须呈现出来，必须让人能看得见，它的热情必须证明是促进工作的热情，它的痛苦必须证明是分娩的痛苦。倘若事非如此，那么我们就只有静观的、冥想的、泛神论的非现实的现实。亦即不管把冥想当作一个环节来把握，还是让整个生活都变成冥想，真正的现实都不会出现。如果它只是一个环节，那么人们就会被迫马上把它再次唤出，如果它充溢着整个生活，那么现实其实根本不会产生。佐尔格解释说，我们不能依随柏拉图，认为理念在天上、在天外[110]，可这种解释无济于事；他保证说，他并不依随斯宾诺莎，对有限性不屑一顾，认为它只不过是呈现方式（modus）[111]，可这种保证无济于事；他不依随费希特，让理念在一种永恒的生成之中产生[112]，这也无济于事；谢林试图

---

① 这里我们马上就能看到佐尔格的反讽和前边所描述的反讽之间的本质性区别。佐尔格的反讽是一种静观的冥想，对他来说重要的不是维护自我存在着的主体的莽撞唐突。所有的有限性都必须被否定，观察的主体也必须被否定，其实他在这种静观中已经被否定了。

证明，尽善尽美的存在在于生存，佐尔格反对谢林的这个观点[113]，可这也解决不了多少问题。所有这些东西只不过是准备性的练习。佐尔格在起点上；可这个起点是完全抽象的，关键的是，生存中的二元论展现出其真实面目。可事实并非如此。与此相反，显而易见的是，佐尔格的确无力承认有限者有其有效性。他也无力使无限者具体化。他把有限者看做虚妄的东西、看做消逝的东西、看做虚妄的一切（das nichtige All）。因此，道德的规定没有丝毫的有效性，整个有限性及其道德的和不道德的追求都消逝于形而上学的静观之中，静观把所有道德的和不道德的追求看做虚空。参看他的遗著第一卷第 512 页："我们可能作恶这个事实起源于我们具有一个既非善亦非恶、既非某物亦非无物的外表和凡俗生存，这个外表和凡俗生存只不过是本质在其分离的存在中投在自己身上的影子，而我们能够把善和邪恶的图像投射到这个影子上，就像投射到烟云之上一样。我们所有道德上的美德无一不是善的那种反射的图像，谁要是信赖它们，那他就倒霉了！我们所有道德上的恶习无一不是邪恶的那种反照，在上帝面前，这些恶习是虚幻的，只有他才能把它们从我们身上驱除，谁要是因为这些恶习而感到绝望、把它们当作现实的和真正的东西、不相信能够驱逐它们的上帝，那他就倒霉了！"[114] 这里，佐尔格的弱点可谓彰明较著。的确，美德很可能并没有自在自为的价值，它们的价值很可能只在于谦卑地让上帝使它们在我们心中生长出来；的确，人的恶习很可能只有上帝才能驱除，而不能只靠自己的力量；然而这却绝不意味着人应该沉迷于形而上学，在前一情形中，他忽视了人能够协助上帝，而在后一情形中，他忽视了不容上帝离去[115]的悔恨。有限者固然是虚妄的东西，然而其中却不乏可以依靠之处。

因此，贯穿这一切的学术追求并没有付诸实施，我们所看到的与其说是对无限者和有限者绝对同一性的抽象自在（an sich）的思辨性解释，毋宁说是泛神论的迷失。泛神论可能以两种方式出现：我要么强调人，要么强调神，要么通过以人为中心的视角，要么通过以神为中心的视角。如果我让人类创造神，那么就根本不会有人与神之间的争斗，如果我让人消失于神之中，那么也不会要什么争斗。显然，佐尔格走的是后一条路。的确，他不愿意斯宾诺沙式地把上帝当作实质，但他这样做的原因是他不愿扬弃冥想中神圣的东西与尘世的东西的同一。

　　这些形而上学的探究在此中止。我们现在来谈论另一系列观点，这是些主要属于思辨、教义领域的观点。佐尔格不假思索地运用一些具体的观念，如"上帝"、"牺牲自己"、"献身于爱"，等等。我们发现他不停地影射一些观念，如上帝从无中创世、他的和解，等等。黑格尔对这一部分作了精心细致的分析，因此我可以他为基础。我首先引用几段佐尔格自己的话。特别是在搜集于他遗著第一卷的两封信中 —— 一封与蒂克的通信，一封与阿贝肯的通信——我们可以发现许多这些思辨的火花。遗著第一卷第 603 页："通过存在于、展现于我们的有限性之中，上帝在我们身中牺牲了自己、毁灭了自己：因为我们是虚无。"[116] 同卷第 511 页，他写道："我们的不完美并非由于我们的相对虚弱，我们的真理并非由于我们自己本质性的存在。我们之所以是虚妄的现象，是因为上帝自己开始在我们身中生存，从而离开了自己。他自己进入了虚无，以便我们能够存在，这难道不是最高的爱吗？他甚至牺牲了自己、毁灭了他的虚无、杀死了他的死，以便我们不永远只不过是虚无，而是希望回到他那里、存在于他身中，这难道不是最高的爱吗？我们身中虚妄的东西本身就是神圣的东西，我们只需要认识到它是虚妄的东西、认识到我们自己就是这个东西。在这种意义上，善也是如此，只有通过自我牺牲我们才能在上帝面前真正是善的。"黑格尔对此的阐述见于第 469 页上半页以下。①[117] 这里一目了然的是，尽管佐尔格有不少思辨的能量，他却并不告诉我们何去何从，其实毋宁说，他使我们不

----

　　① 此外，黑格尔对佐尔格观点的讨论为回答以下问题提供了一个有趣的角度：黑格尔与基督教的观点之间有什么关系？

知所措。而且，由于缺乏任何中介规定，所以很难确定所有这些否定是否完全合适。他若讲"上帝存在于、展现于我们的有限性之中"，这里我们首先必须得知，在什么意义上上帝存在于有限性，这里我们缺乏"创世"的概念。当他接着说，上帝通过存在于有限性之中而牺牲了自己，这似乎表达了"创世"的思想。如果这是他的意图的话，那么他表达得很不明确；正确的说法应是：上帝通过牺牲自己而创造了世界。与此相应的宾语是，"上帝毁灭了自己"，这似乎支持这种说法。亦即我们若讲"上帝毁灭自己"，这是一个否定，但不得忘记，这是一种使无限者有限化、具体化的否定。然而另一方面，"上帝牺牲自己"这种说法以及"上帝毁灭自己"这种说法更可能把思想引到和解上。下面紧接着的一句话"我们是虚无"加强了这一点；因为通过这句话，有限者就被设定了，但着眼点在于它的有限性、它的虚妄性，需要否定的正是这种虚妄性，而否定使有限者无限化了。不过，这里我们缺乏中介规定，说明在什么意义上人是虚妄的，我们缺乏具有足够广度的中介规定，包括对罪的意义的理解。可见，我们所看到的是一种模糊不清的思辨，既不公正地对待创世也不公正的对待和解；既不公正地对待有限性也不公正的对待罪孽。如果我们拿来他给蒂克的信中的言论，与此作一比较，一种相似的朦胧思辨显而易见。这里，我们得知："我们之所以是虚妄的现象，是因为上帝自己开始在我们身中生存，从而离开了自己"。显然，创世的概念在这里隐约可见。至于这里缺乏中介规定，以便真正能够把握创世行为，就不用再说了，甚至泛神论的思想也没有得到清晰明了的阐述。实际上，我们根本不能说，我们是虚妄的现象，因为上帝开始在我们身中生存；依照佐尔格的观点和术语，更确切的说法应该是：由于上帝毁灭了自己，有限性的整个虚妄性就产生了，而由于上帝开始在此生存，上帝并没有离开自己（因为他在创世的瞬间是这样的），而是在自己之中，虚妄性也被驱除了。当他接着说，"他自己进入了虚无，以便我们能够存在，这难道不是最高的爱吗？"这里创世与和解又相互纠缠、混淆在一起了。并非上帝进入了虚无，以便我们能够存在；事实是，我们本是虚无，上帝进入了虚无，以便我们能够不再是虚无。倘若佐尔格在此窥见上帝的爱，那么这里再次缺乏中介规定；创世概念必须首先给定，以便上帝的爱不变成自爱。接着，佐尔格运用更为具体的表达方式，他说，上帝牺牲了自己、摧毁了他的虚无、杀死了他的死。这里我们一定会想到和解、想到有限性的否定。想到皈依上帝、回到上帝之中。可是由于上面讲到，上帝通过生存于我们的有限性之中而摧毁了自己，可见这里创世与和解具有同一种表达方式。其次，显然很不容易理解的是，"上帝牺牲自己"到底是什么意思，如果用以解释它的是下面这句话：他毁灭了他的虚无。当我们得知我们身中虚妄的东西是神圣的东西时，情形就愈为混乱了；问题是，我们若是虚妄的东西，我们身中的虚妄的东西（这似乎暗示，我们身中还有别的东西、不是虚妄的东西的东西）怎么可能是神圣的东西呢？最后，他教导说，我们自己能够认识到我们身中的虚妄的东西。如果他这里的意思是，我们自己能够通过这种认识否定它，那么显然我们看到的是一个裴拉吉主义的和解概念。[118]

在这整个探讨过程中浮现在佐尔格眼前的似乎是否定之否定，而否定之否定在自身之内包含着真正的肯定。然而，由于整个思考运动未能充分展开，一个否定歪撞了另一个否定，后果并非真正的肯定。黑格尔对此作了极为精辟的论述，在第 470 页[119]特别强调指出："首先，我们被假定为虚无（这是邪恶的东西），然后作者以生硬、抽象的词语来描述上帝，说他毁灭了自己，即他把自己设定为虚无，目的是为了我们能够存在，作者接着说到，我们身中虚妄的东西本身是神圣的东西，只要我们认识到它是虚妄的东西。"

我的意图是向读者介绍佐尔格的观点。这个介绍若以佐尔格最喜爱的概念"反讽"为起点，大概也就能最接近他的观点。因此，我欲断言，佐尔格使上帝存在变成了反讽：上帝无休无止地把自己置于虚无、把自己从中拉出、再次把自己置于其中，以至无穷，恰似所有的反讽，这种神圣的消遣设置最可怕的对立。有限性参与这种双重运动的惊人的振动（不仅离心的振动，而且向心的振动），在分离的那一时刻，这其中的人是神圣的东西的投影，他把他道德上的美德和恶习刻入这种影子生存之中，只有长着看得见反讽的眼睛的人才把这种影子生存看做虚无。由于所有有限性是虚无，所以谁要是以反讽看透了有限性，知道它是虚无，他就协助了神灵。我不能对此进一步加以阐述，因为就我所知，佐尔格没有说明有限性通过反讽获得了什么实在性。固然，佐尔格间或谈到一种神秘主义，当它观照现实之时，这种神秘主义是反讽的母亲，但当它观照永恒世界之时，它是激情与灵感的孩子；固然，佐尔格也曾谈到神圣的东西的一种直接现存在（Nærværelse），这种现存在恰恰表现于我们的现实的消逝；但是这里也缺乏中介规定，要想能够建构一种更深刻的、积极的总观，中介规定是绝对必要的。

我们现在来看一下，在美学领域佐尔格是如何发挥他的立场的。这里，他对浪漫主义者起到了极大的帮助作用，成了浪漫主义的以及浪漫主义反讽的哲学代言人。这里我们碰到了同一个基本观点，即有限性是虚无，作为不真正的现实，它必须毁灭，以便真正的现实能够出现。这个观点中真理性的部分，在前边已经强调过了，但我同时也力求表明其中不成熟的部分。例如，我们不明白需要摧毁的是哪一种现实，不明白这是不是指不真正的现实（佐尔格当然会回答说，是；但是我们大概想进一步了解他说不真正的现实是什么意思，因为否则的话，他肯定的回答就只不过是同义反复而已），也就是说，我们不明白是不是只有散落环节的自私需要被否定，以便真正的现实能够出现，即精神的现实，不是远在彼岸，而是近在眼前的精神的现实；还是那种神圣的消遣不容如何现实存在。佐尔格似乎想在艺术和诗之中找到那种通过否定有限的现实而出现的更高的现实。但这里我们遇到了一个新的棘手的问题；在他与蒂克的通信中，佐尔格不厌其烦地把浪漫主义的诗推崇为诗的最高境界，可浪漫主义的诗恰恰无力镇静那种更高现实之中的否定，就其本质性追求而言，浪漫主义的诗恰恰是力求使人意识到一方面既定现实是不完美的，但另一方面更高的现实却总是若隐若现、可望而不可即，因而极为必要的便是反讽地对待每一个诗文作品，因为每一个产物只不过是靠近而已。可见，那种应该在诗中呈现的更高的现实其实根本不在诗之中，而是永远在生成。请不要误解我的意思，我并不是说，生成不是精神现实之中的一个必要的环节；然而，真正的现实生成它所是的东西，而浪漫主义的现实仅仅是在生成。例如，信仰是与世界作斗争而取得的胜利，它是一种争斗，它苦苦争斗，战胜了世界；然而，在它争斗之前，它是已经战胜了世界的。这样，信仰变成它所是的东西，信仰不是无休无止的争斗，而是争斗着的胜利。所以，在信仰里那种更高的精神的现实不仅仅是在生成着，而且是存在于眼前，尽管它的确也在生成着。

佐尔格的美学讲演录，特别是关于艺术精神的有机体（Organismus des künstlerischen Geistes）那一章，经常谈到反讽。这里，他把反讽和激情推崇为艺术创作的两个必要因素、艺术家的两个必要条件。至于如何来理解这个观点，后面将详细予以说明，这里我只想指出，这整个观察问题的方式其实属于完全另外一种立场，除非我们认为摧毁自己的艺术作品表达了反讽，而激情标志一种预感到更高境界的情绪。

佐尔格曾写过一篇关于奥·威·施雷格尔的讲演录的评论文章，见于他的遗著第二卷。此处，我拟首先对这个书评里的一些言论略加探讨。这个书评的头绪很乱。佐尔格不止一处讲到反讽表现为限制性的力量，恰恰是教人留在现实之中、教人在局限之内寻找真理。在第 514 页，他以抗议的口吻说，认为反讽应该教人超脱一切是不对的，然后补充道："真正的反讽从以下观点出发：人只要还生活在现世，他就只能在这个世界里完成他的使命——最高意义上的使命。任何对无限的东西的追求并不能真正使人超凡脱俗，如作者所说的那样，而只能把他引入不确定的处境以及空虚之中；作者自己也承认，对无限的东西的追求只不过是由尘世生活障碍重重这个感觉所引起的,可除了尘世生活之外,我们别无依托。所有自以为能够完全超脱庸碌此生的想法都不过是空洞的、不切实际的幻觉而已。"[120]这段话里蕴藏着深刻的真理,后面我还会谈到这一点,但我觉得,说这话的更像歌德,不像佐尔格。大家大概都有这个感觉。紧接着的几句话听起来就有不少可疑之处,这里作者教导我们说,尘世生活中最高的东西与最微不足道的东西同样终将消亡,可前边他刚说,人正是通过甘于局限来完成他的使命的,把这两种观点协调起来是件很不容易的事,除非我们假定人的使命就是消亡,但这样的话,浑浑噩噩、沉醉于无限空虚的人也同样能够完成这个使命,说不定这个人帮了神灵更大的忙,而其他奋发图强的人反而为神灵设置了障碍。

佐尔格认为,现世应被摧毁,他的这个观点在这篇文章里也多次提出,例如第 502 页:"如果我们想要认识到永恒的、本质性的东西是如何寓于尘世生活的,尘世生活本身就必须被耗尽。"我们现在来看一看,佐尔格在多大程度上成功地让更高的现实真正地展示于艺术和诗、在多大程度上依佐尔格的看法真正的安宁产生于诗的世界。我们将引证他讨论我们与诗的关系的一段话,第 512 页:"如果我们精确地考查一下悲剧与喜剧杰作给予我们的感受,我们就会明白二者除了戏剧形式之外还有内在的共同之处。我们开始觉得,人身中不完美之处与他的更高使命之间的冲突是一种虚妄的东西,这里似乎不仅仅是二者的纠纷,而是一种完全不同的东西在起作用。我们看到,主人公们对他们思想意识和感情之中最为高贵、最为美好的东西怀疑起来,不仅仅怀疑它们能最后得胜,而且就它们的源泉以及价值而言也怀疑起来。最美好的事物的毁灭甚至使我们振奋,这也不仅仅是通过我们从这里逃到无穷的希望之中。而在喜剧里,同一种尘世的虚妄使我们快乐,因为我们感到它们是我们永远逃脱不了的东西……有种情绪,在其中各种矛盾自相摧毁,可恰恰由此对我们来说包含着本质性的东西,我们称这种情绪为反讽,在喜剧中亦可称脾气和幽默。"摧毁现实的否定在多大程度上能够在一种更高的现实中镇静下来，由此可见。最美好的事物的毁灭令我们振奋，但这种振奋属于极为消极的类型；这是反讽的振奋，这里它恰似一种神圣的嫉妒，不仅仅是对伟大的、出类拔萃的事物的嫉妒，而且是对最渺小、最微不足道的事物的嫉妒，总的来说，是对有限性的嫉妒。世界上伟大的事物若是毁灭了，这就是有悲剧性的，诗向我们展示取胜的是真理，从而使我们与这种悲剧性和解。令人振奋、令人深受教益之处就在于此。并非伟大事物的毁灭令我们振奋，而是真理之取胜使我们与伟大事物的毁灭和解、真理的胜利使我们振奋。倘若我在悲剧中仅仅看到英雄的毁灭，并由此倍感振奋，倘若我在悲剧中仅仅意识到尘世的虚妄，倘若悲剧以与喜剧同样的方式给予我快乐，即悲剧向我展示了伟大事物的虚

妄，恰如喜剧展示了渺小事物的虚妄，那么更高的现实就还没有出现。这里，作者似乎甚至不愿让预示着更高现实的情绪保留下来，因为他讲最美好的事物的毁灭令我们振奋，可这不仅仅是通过从这里逃到一种无穷的希望之中。除了流亡到无穷的希望，其他还会剩下的只可能是一种极乐，不会多也不会少，这种极乐在于一切都毁灭了，惨淡的、空虚的一切全毁灭了，在这种极乐之中，只可能是一片死寂。

我们现在对这里关于佐尔格所作的探讨加以总结。显而易见，他的立场，恰如他自己所说，是反讽，只不过他的反讽具有思辨的性质。在他那里，无限绝对的否定性是一个思辨的环节，他拥有否定之否定，但他的眼前有一层迷雾，以致他看不见肯定。众所周知，他不幸早逝。他以极大的能量抓住了一个思辨的思想，至于他是会成功地对这个思想予以完整发挥呢，还是会为坚持否定而耗尽他的能量，我不拟断定。我最喜欢的想法是，把佐尔格看做为黑格尔的积极体系所奉献的一个牺牲品。

反讽作为被掌握的环节，反讽的真理

　　前边已经指出，佐尔格在他的美学讲演录里把反讽看做所有艺术创作的前提条件。如果我们在此处讲诗人应反讽地对待他的诗作，那么这里我们的意思与前边所谈的颇有不同。人们曾不厌其烦地赞颂莎士比亚是反讽的大师，不容置疑，他们这样做有道理的。不过，莎士比亚绝不使实质性的内容蒸发为愈来愈具挥发性的升华物，他的抒情诗虽然不时在疯狂之中达到其高潮，但即使在这种疯狂之中也有一种极度的客观性。这样，如果莎士比亚反讽地看待他的诗作，那恰恰是为了让客观的东西起主导作用。此外，反讽无所不在，它对所有特征予以鉴定，以确保不太多也不太少，以确保一切因素均各得其所，以确保在诗作的微观世界里能够达到真正的平衡，以确保诗作不偏不倚、自成一体。有越大的对立在运行着，也就越需要反讽，以便操纵、控制那些自行其是、竭力冲脱的魂灵。有越多的反讽，诗人也就越自由地、越具有创造性地飘浮在他的作品之上。因此，在诗作中反讽不是这儿一处、那儿一处，散落各处，而是无处不在、无所不至，以至在诗作中所呈现的反讽又被反讽地控制住了。因此，反讽使诗作和诗人同时取得自由。但是，为了使这成为可能，诗人自己必须是反讽的主人。可这却不总意味着，由于诗人在创作的那一瞬间成功地控制了反讽，他因此在他自己所属于的现实之中也是反讽的主人。人们一般惯于说诗人的个人生活不关我们的事。这也是完全正确的；但在本研究中大概有必要指出在这一方面常常发生的冲突。

　　此外，诗人越是不甘留在天才的直接立场上，这种冲突也就会取得愈来愈大的意义。诗人越是离开这个直接立场，他也就越有必要具有一种对世界的总观，以便在他的个人生存中成为反讽的主人，他也就越有必要在某种程度上成为哲学家。如果情形如此，那么单独的文学创作与诗人也就不仅仅具有外在的关系，他将在个别的诗作中看到他自我发展的一个环节。在此，歌德的诗人生存是如此博大，以至他得以使他的诗人生存与他的现实协调起来。这再次需要反讽，但应该强调的是，这是被掌握了的反讽。对于浪漫主义者来说，个别的作品要么是一个他爱不释手的玩偶，他自己也解释不了他是怎么可能赋予了它生命的，要么是一个令他厌倦的对象。当然，两者都是不真的。其实，单个的作品是一个环节。在歌德那里，反讽在严格的意义上是一个被掌握的环节，他是一个为诗人服务的精魂。一方面，单个的诗作通过反讽而构成一个圆浑的整体；另一方面，单个的作品证明是环节，而整个诗人生存通过反讽而构成一个完满的整体。作为诗人，海波格教授也站在他同一立场上，几乎他所写的每一个对话都是剧作中反讽的内在动态结构的例证，而同时也有一种有意识的追求贯穿他的所有剧作，这种追求表明每一个单独作品在整体中具有其特定的位置。这里，反讽被掌握了，它被降低为环节；本质与现象无异，现象与本质无异；可能性并非唐突莽撞，以至不愿跨入任何现实，其实现实就是可能性。歌德一向是信奉这个观点的，不管是作为争斗者，还是作为胜利者，他自始至终以一种惊人的热情阐明了这个观点。

适用于诗人生存的也在某种程度上适用于每一个个人的生活。亦即诗人不是因为创作了某个文学作品而诗意地生活着，如果作品与他个人之间没有有意识的、内在的关系，那么在他的生活中就没有内在的无限性，而内在无限性是诗意地生活的绝对条件（因此，我们也发现诗常常通过不幸的个体性发泄出来，诗人痛苦的毁灭甚至是文学创作的前提条件）；只有当他自己知道自己的位置、适应于他生活于其中的时代，只有当他在他所属于的现实中是积极自由的，他才诗意地生活着。这样，诗意地生活是每一个个体都能够达到的。然而，能够对诗意地经历的东西加以诗意的塑造、使之成为文学作品，这却是一种少见的才能、一种神赐的好运，这种才能和好运当然是少数人令人羡慕的运气。

反讽曾在狂妄的无限性中四下奔突，耗尽了精力。掌握反讽、阻止它在无限性中肆无忌惮地奔腾绝不意味着它将丧失其重大意义、或者将被全盘抛弃。与此相反，只有当个体采取正确的态度之时——这不是别的，乃是对反讽予以限制——反讽才获得其确当的意义、其真正的效用。在我们这个时代，人们曾对怀疑科学的重大意义侃侃而谈；反讽与个人生活之间的关系可与怀疑与科学之间的关系相比拟。恰如科学家们声称，没有怀疑就不可能有真正的科学，我们可以同样声称，没有反讽就不可能有真正的人生。只有当反讽被掌握了，它才会扭转未被掌握的反讽所倡导的生活。反讽分辨是非、确定目标、限制行动范围，从而给予真理、现实、内容；它责打、惩罚，从而给予沉着的举止和牢固的性格。反讽是个严师，只有不认识他的人才害怕他，而认识他的人热爱他。谁要是压根儿不懂得反讽、听不见它的轻声低语，他当然也就缺乏可称作是个人生活的绝对起点的东西，他缺乏时而对个人生活不可或缺的东西，他缺乏令人精神振奋、令人变得年轻的沐浴，他缺乏反讽的净化人心的洗礼，这个洗礼把灵魂从尘世生活中拯救出来，尽管它在其中生机勃勃地活着。当空气过于沉闷之时，人若走出家门、跳入反讽的大海，当然不是为了留在那里，而是为了健康地、快乐地、轻易地再次穿上衣服，人的精神就会焕然一新，人的体魄就会顿感强壮，可不懂得反讽的人根本体验不到这种精神之焕然一新、这种体魄之顿感强壮。

我们不时听到有的人自以为了不起地讲反讽在其无限的追求中脱缰奔逃、肆无忌惮，我们固然可以赞成这种说法，但只要他看不到在反讽之中搏动着的无限性，那么他就不是居于反讽之上，而是居于反讽之下。不管在什么地方，人只要忽视生活的辩证法，就会产生同样的情形。绝望向人表示同情，建议他诀别生者的行列，不屈服于绝望的这个精明的建议是需要勇气的；但这绝不意味着随便一个天天大鱼大肉、吃得肥胖滚圆的肉贩子比屈服于绝望的人更有勇气。当忧伤使一个人神志恍惚，当忧伤教人把所有欢乐转变为忧郁、把所有向往转变为悼念、把任何希望都转变为回忆之时，要想快乐是需要勇气的；但这绝不意味着随便一个身材高大的老年幼儿，脸上带着令人恶心的微笑、瞪着洋溢着快乐的双眼，比一个忧伤得直不起腰来、忘记了微笑的人更有勇气。反讽的情形也是如此。我们必须警告人们提防反讽，就像我们警告人们提防引诱者一样，但我们也必须把它当作引路人予以赞颂。恰恰在我们的时代，我们需要赞颂它。例如，在我们的时代，科学渐渐取得了如此惊人的成果，以至它几乎与科学挂不上钩了；不仅仅是对人类秘密的见解，而且对神灵秘密的见解也在市场上廉价贩卖，令人不得不起疑心。在我们的时代，人们对结果兴高采烈，忘记了倘若不是苦苦争取来的，结果没有丝毫的价值。谁要是受不了反讽来算清这笔账，啊，那他就太不幸了！作为消极的东西，反讽是道路；它不是真理，而是道路[121]。每一个只有结果的人，并不占有它，因为他没有道路。反讽一旦出现，它就会带来道路，但是自以为有结果在手中的人并不能通过这条道路来占有它；不，在这条道路上，结果将离开他。除此之外，我们时代最迫切的任务大概是，把科学的成果置于个人生活之中，即个人地来吸收这些成果。如果说科学教导我们，现实具有绝对的有效性，那么真正至关重要的是科学获得有效性。不可否认，下述情形会是极为可笑的：一个人年轻时听说、而且说不定也曾教导别人说现实具有绝对的有效性，他慢慢老了、死了，可一生一世现实没有任何别的有效性，它唯一的有效性乃是此人不管在顺境还是在逆境都一直宣告"现实具有有效性"这一智慧。倘若科学中介所有对立，那么重要的是这个丰足的现实真正地出现在眼前。另一方面，在我们的时代有一种惊人的热情，但很奇怪的是，激发热情的东西似乎极少极少。这里，反讽将会是大有神益的。在耕种之前就想收获，这种急躁只需要让反讽来教训。在每一个个人生活中都有那么多亟待摒弃的东西、那么多亟待铲除的野草：这里也是反讽大显身手的地方；如上所述，反讽一旦被掌握，它的运作就具有极大的重要性，以便个人生活能够获得健康和真理。

反讽作为被掌握的环节正是通过学习使现实现实化、通过轻重适宜地强调现实而展示其真谛的。但这绝不是说，它将像圣西门主义者[122]那样神化现实，或者否认每个人心中都有、或至少每一个心中应有一种对更高的和更完满的事物的向往。然而，这种向往不能侵蚀现实，与此相反，生活的内容应该成为更高现实中的一个真正的、具有重大意义的环节，而灵魂所渴求的是这种更高现实的丰足。现实由此获得其有效性。现实不是一个炼狱，因为精炼灵魂的方式不是让它赤裸裸地跑出生活之外。现实是历史，在这个历史里，意识一步一步地得以充分的发展，而极乐不在于遗忘这一切，极乐恰恰显现于意识的逐步发展之中。因此，现实不得遭鄙夷，而向往应是一种健康的爱，不应是骄气、疲软的遁世。因此，浪漫主义向往更高的境界未尝没有真理的成分；然而，恰如神配合的，人不可分开[123]，神分开的，人也不可配合，浪漫主义的那种病态的向往恰恰是一种想提前得到完美境界的企图。因此，现实是通过行动而获得其有效性的。不过，行动不得蜕化为某种愚蠢的不知倦怠的勤奋，它必须蕴涵这一种先验性，以便不至于在毫无内容的无限性中迷失。

这是在实践方面说。在理论方面，本质必须展现为现象。反讽一旦被掌握，它就不再像日常生活中的一些聪明人那样相信背后一定总是暗藏着什么东西；但它也防止把现象当作偶像来崇拜，由于它教人重视静观，它也就把人们从以下这种无稽之谈之中解救出来：为了叙述世界历史，我们需要与世界在它的整个历史中所度过的时间同样长的时间。

最后，谈到反讽的"永恒有效性"这个问题，我们必须步入幽默的领域，才能找到这个问题的答案。幽默蕴涵这一种比反讽远为深沉的疑虑，因为这里最关键的不是有限性，而是罪孽；蕴涵于幽默的疑虑与蕴涵于反讽的疑虑之间的关系恰似无知与以下这句老话之间的关系：credo quia absurdum（我相信，因为这

是荒诞的）；可幽默也蕴涵着一种远为深刻的肯定性，因为它不
是在人的规定而是在神人的[124]规定之中运行，它不止步于使人
成为人，而是止步于使人成为神—人。不过，这一切已经超越了
本论文的界限，倘若有人需要引人深思的读物，我推荐马滕森教
授对海波格的《新诗》的评论。[125]

注　释

[1] 参看《新约·约翰福音》1，14。

[2] "旧事已过，都变成新的了"，见于《新约·哥林多后书》5，17。

[3] "因次"（Potents）为数学术语，一般叫乘方，此处指主观性的更
高层次、环节。

[4] August Wilhelm Schlegel, *Vorlesungen über dramatische Kunst und
Litteratur*, Band 1—3, Heidelberg 1809—1811.

[5] 参看 Hegel, "*Solgers nachgelassene Schriften und Briefwechsel*
(1828)"，见于新版《黑格尔全集》Werke 11, Berliner Schriften 1818—
1831, Frankfurt am Main: Suhrkamp, 1986，第 205—274 页。

[6] 据埃拉斯谟讲，有一年轻人让他的奴隶告诉苏格拉底说，他富有
的父亲送他来见苏格拉底，苏格拉底回答说，"说话，以便我能看到你"。
参见 Erasmus Rotterodamus, *Apophthegmata* 3, 70, *Opera* 1—8, Basel 1540,
第四卷，第 148 页。

[7] 北欧神话中的女战神布吕恩西尔（Brynhild）在她住所四周点燃了
一面火墙，她只愿嫁给能穿过这面火墙的男子。只有勇敢的西古尔德
（Sigurd）才有这个本事。

[8] 指 Jean Paul, *Vorschule der Aesthetik*（《美学入门》），Hamburg
1804。此著作第一卷第八章第 33—35 节谈到反讽。

[9] 指 Franz Baader, *Revision der Philosopheme der Hegelschen Schule
bezueglich auf das Christentum. Nebst zehn Thesen aus einer religioesen Philosophie*
（《从基督教立场对黑格尔学派的哲学命题的修正。附宗教哲学的十个论
题》），Stuttgart 1839。

[10] 此处引用《新约·约翰福音》16，33："但你们可以放心，我已
经胜了世界。"

[11] 此处引用《新约·以弗所书》2，19："这样，你们不再作外人和客旅。"

[12] 参看柏拉图，《智者》篇263e。

[13] 出自贺拉斯，见于 Horats, *Epistolarum* 1, 18, 71.

[14] 暗指《新约·哥林多前书》1，27："神却拣选了世上愚拙的，叫有智慧的羞愧。"

[15] 依据1685年的 *Kirke-Ritual for Danmark og Norge*（《丹麦、挪威教堂仪式》），牧师有责任连续三个星期天告知公众谁将与谁成婚。

[16] 即 Peder Erik Madsen，为丹麦作家 Holberg 的喜剧 *Den Stundesløse*（《大忙人》）中的人物，克尔凯郭尔此处暗指此剧中求婚的场景。

[17] 1808年8月12日颁布的丹麦等级规章把官员明确分成九个等级。

[18] "夜间的贼"：典出《新约·帖撒罗尼迦前书》5，2及彼德后书3，10。

[19] 卢基安（Lucian，或 Lukian，公元前120—前80）为希腊讽刺作家，他以喜剧性的形式描写了希腊神话故事。

[20] 法国主教及政治家 Charles-Maurice de Talleyrand（1754—1838）的原话是："La parole a été donnée a l'homme pour deguiser sa pensée"。

[21] Gotthilf Heinrich von Schubert 在他的 *Die Symbolik des Traumes*（《梦的象征》）中提到锡兰（即今日的斯里兰卡）岛上有种令人毛骨悚然的声音，听起来很远，其实近在身边，听起来像哭诉，其实是一个欢乐的小步舞曲。

[22] 参见《旧约·传道书》1，2。

[23] 参看《新约·马太福音》11，15。

[24] 此处原文为 "…Ironien gaar igen og spøger (dette sidste ord taget aldeles tvetydigt)"。丹麦语里 "spøger" 这个字有双重含义，即 "鬼魂作祟" 和 "开玩笑"，作者在括号内明确地讲 "这个词应从它的双重含义上来理解"。译者把这个词的双重含义一并译出，删去了括号内的这句话。

[25] 作者此处引用古罗马哲学家塞涅卡（Seneca，约公元前4—公元后65）的一句话：Ducunt volentem fata, nolentem trahunt.

[26]《新约·使徒行传》5，9。

[27] 此处影射《新约·约翰福音》2，17："我为你的殿心里着急，

如同火烧。"

〔28〕柏拉图在《斐德若》篇中曾深入探讨了"神圣的疯狂"这个概念。

〔29〕铁木尔，约 1336—1405，蒙古将军，以残酷著称。

〔30〕引用《新约·马太福音》24，2。

〔31〕汉译第 55 页。王太庆、贺麟把 Ironie 译作"讽刺"，此处改为"反讽"。

〔32〕关于犹太教的戒忌，参看《旧约·出埃及记》20，3—17；申命记 5，7—21。

〔33〕参看《新约·路加福音》7，19："他便叫了两个门徒来，打发他们到主那里去，说：'那将要来的是你吗？还是我们等候别人呢？'"

〔34〕见于《新约·马太福音》16，25。

〔35〕指弗里德里希·施雷格尔在 1800 年左右发表小说《卢琴德》以及重要理论著作的一段时期。

〔36〕汉译本，第 52—60 页。

〔37〕汉译本，第 55 页，原文为德文。

〔38〕汉译本，第 54 页，译文略有改动。原文为德文。

〔39〕汉译本，第 53 页，原文为德文。

〔40〕汉译本，第 55 页，译文略有改动。原文为德文。

〔41〕参见汉译本第 57 页："苏格拉底的反讽是与我们现代的这种反讽大相径庭的；反讽在他以及柏拉图那里，有着有限制的意义。"

〔42〕汉译本，第 57 页，原文为德文。

〔43〕参看汉译本第 59—60 页。

〔44〕Hegel，"*Solgers nachgelassene Schriften und Briefwechsel* (1828)"，见于新版《黑格尔全集》Werke 11，Berliner Schriften 1818—1831，Frankfurt am Main：Suhrkamp，1986，第 255 页。

〔45〕原文为德文。

〔46〕关于浪子的比喻，参看《新约·路加福音》15，12—32。

〔47〕古罗马神话中的曙光女神（Aurora）求主神使她的丈夫长生不死，但忘记乞求青春永驻，结果他就越来越老，最后变成了一只蝉。

〔48〕参看伊索寓言《乌鸦与狐狸》。

〔49〕指中世纪天主教本笃会神学家 Paschasius Radbertus 在他的著作

"*Liber de corpore et sanguine Domini*"（《主的肉与血》）中所阐述的学说。

[50]"无肉体论"（Doketisme），基督教神学中的一种学说，认为肉体是邪恶的，基督其实并无人体，其形体只不过是假象而已。

[51]见于《新约·马太福音》16，25。

[52]德文，大意为："可这种丧失，这种消逝，才是真正的发现。"出自德国中世纪神秘主义者 Johann Tauler 的圣歌"Von der Seligkeit des Seyns in Gott"（寓于上帝的存在的幸福），见于 *Johann Taulers Nachfolgung des armen Lebens Christi*，Frankfurt am Main，1821，第254页。

[53]参看《新约·马太福音》16，19："我要把天国的钥匙给你，凡你在地上所捆绑的，在天上也要捆绑；凡你在地上所释放的，在天上也要释放。"

[54]Allah，伊斯兰教所崇奉的神。

[55]参看《旧约·创世记》2，2："到第七日，神造物的工已经完毕，就在第七日歇了他一切的工，安息了。"

[56]在古希腊神话中，巨人安泰巫斯受他母亲大地的保护，只要站在地上，就有无穷无尽的力量，不可征服。在一次摔跤比赛时，赫库勒斯把他从地面举起，从而战胜了他。

[57]影射歌德1833年出版的自传"*Aus meinem Leben. Dichtung und Wahrheit*"。

[58]"*Nathan der Weise*"，德国作家莱辛的剧作，出版于1780年，其中的一个主题是犹太教、基督教及伊斯兰教之间的关系。

[59]指 Hegel，"*Solgers nachgelassene Schriften und Briefwechsel（1828）*"，参看新版《黑格尔全集》Werke 11，Berliner Schriften 1818—1831，Frankfurt am Main：Suhrkamp，1986，第233—234页。

[60]参看《旧约·诗篇》104，26。

[61]见于《新约·希伯来书》7，7。

[62]参看《新约·希伯来书》12，4—13。

[63]关于人作为上帝的帮工，参看《圣经新约》，《哥林多前书》3，9；《哥林多后书》6，1；《帖撒罗尼迦前书》3，2。

[64]德国浪漫主义作家 Joseph von Eichendorff（1788—1857）著有小说 *Aus dem Leben eines Taugenichts*（《一个无用之人的生活》），出版于1826年。

［65］参看《新约·哥林多前书》3，18："你们中间若有人在这世界自以为有智慧，倒不如变作愚拙，好成为有智慧的。"

［66］参看《新约·马太福音》19，26："在人这是不能的，在神凡事都能。"

［67］见于《旧约·诗篇》115，3。

［68］伸出指头数自己将来可能会有的职业是一种德国儿童游戏。

［69］在丹麦语里，"内在相互关联的总体"（Sammenhæng）与"附属物"（Paahæng）二词押韵。

［70］参看《旧约·创世记》2，18—20。

［71］影射德国浪漫主义对古印度文化的兴趣。

［72］"爱神之山"，Venus-Bjerget，德文 Venusberg，中世纪传说中爱的女神维纳斯住所、男人满足肉欲之处。浪漫主义文学，特别是蒂克的小说曾多次提到运用这个传说。解剖学里 Venusberg 一词指阴阜。

［73］Hegel，"*Solgers nachgelassene Schriften und Briefwechsel*（1828）"，参看新版《黑格尔全集》Werke 11，Berliner Schriften 1818—1831，Frankfurt am Main：Suhrkamp，1986，第 225—232 页。

［74］指英国浪漫主义诗人拜伦（George Gordon Byron，1788—1824）。拜伦浪迹欧洲各地，其忧郁的诗篇在 19 世纪 20 年代有不少崇拜者。

［75］在德国文学史里，"青年德国"指一批活跃于 19 世纪 30 年代的具有批判精神和革命思想的作家，包括海涅（Heinrich Heine，1797—1857）以及 Heinrich Laube（1806—1884），Ludwig Börne（1786—1837），Ludolf Wienbarg（1802—1872），Theodor Mundt（1808—1861），Karl Gutzkow（1811—1878）。

［76］在法国文学史里没有"青年法国"这个概念，这里作者显然是把法国文学与德国文学相类比，运用这个概念来指一批活跃于 19 世纪 30 年代的具有社会主义思想的法国作家，包括 George Sand（1804—1876），Alfred de Musset（1810—1857），Hugues-Felicité-Robert Lammais（1782—1854）。

［77］劳克神（Asa-Loke），北欧神话里的一个神，但大半是魔鬼，是邪恶与善良的混合物。作者这里大概指丹麦作家 Adam Oehlenschlaeger 对 Asa-Loke 的描述，见于"Baldur hin Gode"，*Nordiske Digte*，København，1807.

[78]《卢琴德》于 1799 年初次出版，小说出版后，反响很大，大部分批评家谴责它轻佻、不道德。1800 年施莱尔马赫匿名发表了对此书的著名辩护："Vertraute Briefe Über Friedrich Schlegels *Lucinde*"。1835 年，《卢琴德》再版时，以此文为附录。作者引用的就是这个版本。

[79] 黑格尔曾多次提到《卢琴德》，参见 Hegel, *Philosophie des Rechts*（《法哲学》），新版《黑格尔全集》Werke 7, Frankfurt am Main：Suhrkamp, 1986，第 317 页；*Vorlesungen Über die Äthetik*（《美学讲演录》），新版《黑格尔全集》Werke 14, Frankfurt am Main：Suhrkamp, 1986，第 116 页；"*Solgers nachgelassene Schriften und Briefwechsel*（1828）"，新版《黑格尔全集》Werke 11, Berliner Schriften 1818—1831, Frankfurt am Main：Suhrkamp, 1986，第 214 页起。

[80] 引自 "*Lucinde*" 1835 年版本。原文为德文。下同。

[81] 自从 1688 年，在丹麦、挪威主持教堂婚礼的神父按规定需要念三段圣经引文。第一段是上帝对被驱逐出了伊甸园的女人和男人的诅咒，《旧约·创世记》3，16—19；第二段是上帝创造男女并赐福给他们的过程，《旧约·创世记》1，27—30；最后，神父念诵基督教礼拜仪式结尾时同样的祝福，《旧约·民数记》6，24—26。

[82] 参看《新约·罗马书》3，9—20，5，12—21。

[83] 原文为德文。

[84]《卢琴德》有一章题为 "Charakteristik der kleinen Wilhelmine"（"小威尔海米娜的特征"）。

[85] 此段引文依作者自己的丹麦文翻译译出。

[86] 原文为德文。下同。

[87] 据说，希腊数学家及物理学家阿基米德在洗澡时发现了浮力定理，于是跳出浴盆，跑到希拉库斯的大街上，高喊 "我发现了"！"我发现了!"

[88] 关于莫扎特的歌剧《唐璜》，参看克尔凯郭尔的《非此即彼》，上卷。

[89] 在欧洲古代神话里，密涅瓦（希腊语：雅典娜）是战争、艺术及学术女神。主神朱庇特（希腊语：宙斯）头疼得厉害，就请铁匠之神锤开头颅，于是密涅瓦满身盔甲，从中跳出。

[90] "Lehrjahre de Männlichbkeit"，《卢琴德》里的一章。

［91］原文为德文。

［92］指莫扎特歌剧《唐璜》的终场。

［93］"化体"：Transsubstantiation，基督教神学术语，指圣餐仪式中面包和酒变成耶稣的肉和血。

［94］此处是克尔凯郭尔所加的括号，括号内的一句话原为丹麦文，而引文原为德文。

［95］"风趣"原文为 Aandrighed，有别于 Aandelighed（精神性）。作者此处强调卢琴德所具有的是前者，而非后者。

［96］黑格尔对蒂克的评论见于" *Solgers nachgelassene Schriften und Briefwechsel*（1828）"，新版《黑格尔全集》Werke 11，Berliner Schriften 1818—1831，Frankfurt am Main：Suhrkamp，1986，第 216—232 页；*Vorlesungen über die Äthetik*（《美学讲演录》），新版《黑格尔全集》Werke 13，Frankfurt am Main：Suhrkamp，1986，第 99 页；Werke 15，第 497 页。（引文原为德文。——译注）

［97］此处是引用 *Baron von Münchhausens vidunderlige Reiser*，*Felttog og Hændelser*，*fortalt af ham selv*（《蒙西豪森男爵稀奇古怪的旅行、战役和经历，由他自己叙述》），A. C. Hanson 编，Roskilde 1834，第 27 页。

［98］"浪漫主义学派"，den romantiske skole，此处系引用海涅的书名" *Die romantische Schule*"。

［99］"中国式的乐观主义"，指基于因循守旧的乐观主义。

［100］17 世纪下半期产生于英国的基督教教派，重视"内在的光"，不顾世俗常规。

［101］参看海涅的" *Die romantische Schule*"（《浪漫主义学派》），见于 Heine，*Sämtliche Schriften*，Bd. 3，München 1978，第 376 页。

［102］典出《新约·约翰福音》4，14。

［103］丹麦儿歌，只有韵律，毫无内容。此儿歌的全文为：Ulen，dulen，doff，/Fingen，Fangen Foff/Foff for alle Maerkepande，/E. B. ba，buff. / Kaalvippen，kaalvappen，/Der slap En. 见于 J. M. Thiele，*Danske Folkesagn*（《丹麦民间传说》），2. del，Koebenhavn 1820，第 140 页。

［104］新版《黑格尔全集》（*Werke*）11，Berliner Schriften 1818—1831，第 254 页。原文为德文。

［105］" *Vorlesungen über die Ästhetik*"（《美学讲演录》），新版黑格尔全

集 Werke 13, Frankfurt am Main: Suhrkamp, 1986, 第 98 页, 原文为德文。

［106］指 Hotho, *Vorstudien für Leben und Kunst*。

［107］指丹麦作家 Johann Hermann Wessel 的诗 "Abelone"。这首诗诙谐地以诗句内的停顿为主题。见于 Wessel, *Samlede Digte*, Koebenhavn 1832, 第 323 页。

［108］原文为德文。

［109］原文为德文。

［110］参看 Solger, *Nachgelassene Schriften und Briefwechsel*, 第一卷, 第 604 页。

［111］同上, 第 605 页。

［112］同上, 第 511 页。

［113］同上。

［114］原文为德文。

［115］影射《旧约·创世记》32, 27。

［116］原文为德文。下同。

［117］参看新版《黑格尔全集》(*Werke*) 11, Berliner Schriften 1818—1831, Frankfurt am Main: Suhrkamp, 1986, 第 237 页以下。

［118］裴拉吉, (Pelagius, 约 360—431), 英国修道士。他否认原罪, 认为人不仅能通过上帝慈悲得救, 而且也能通过自己的个人努力得救。

［119］参看新版黑格尔全集 Werke 11, 第 238 页。原文为德文。

［120］原文为德文。下同。

［121］参看《新约·约翰福音》14, 6: "我就是道路、真理、生命。"

［122］指追随圣西门 (Saint-Simon, Claude Henri de Rouvroy) 的法国早期社会主义者。

［123］见于《新约·马太福音》19, 6。

［124］"神人的" (theanthropiske), 系作者依希腊语规则生造的词。

［125］"海波格的《新诗》", 参看 Heiberg, *Nye Digte*, Øbenhavn 1841; 马滕森的书评见于报纸 *Fædrelandet* (《祖国》) 1841 年 1 月 10—12 日。

概念索引

专名索引

A

阿贝肯 Bernhard Rudolf Abeken 1790—1866，德国教育学家 254

阿波罗 Apollo，希腊神话中的太阳神 74,157

阿基米德 Archimedes，公元前287—212，古希腊数学家、物理学家 124,236,272

阿伽通 Agathon，古希腊悲剧家，柏拉图《会饮》篇中的主要人物之一 23,24,26,32,38

阿克曼 D. C. Ackermann，19世纪德国学者 74

阿克琉斯 Achilleus，荷马史诗《伊里亚德》的主人公 120

阿里思提德斯 Aristides，古希腊政治家 11

阿里斯托芬 Aristophanes 公元前445—385，古希腊喜剧家 7,31,32,38,95—110,112—114,132,145,146,181

阿里斯提普 Aristipp，苏格拉底哲学家 14

阿罗裴克 Alopeke，希腊地名 133

阿密尼阿斯 Amynias，阿里斯托芬

《云》里的人物 105

阿纳克萨哥拉斯 Anaxagoras，约公元前500—428，古希腊自然哲学家 15,96,108,133,164

阿坡罗多 Apollodor，柏拉图《会饮》篇里的人物 21

阿皮斯·克劳第斯·普尔克 Appius Claudius Pulcher，古罗马执政官 177

阿斯葩霞 Aspasia，苏格拉底时代的才女，其住所为雅典名流会集之处 228

阿斯特 Friedrich Ast1778—1841，德国古典语文学家、哲学史家 47,48,53,61,62,65,66,69,71,74,75,80,89,119,126,127,171,205,214

埃阿恪士 Aeacus，希腊神话里冥府的判官之一 64,76,81

埃荷克拉特 Echekrates，柏拉图《斐多》篇里的人物 21

埃拉斯谟，鹿特丹的 Erasmus af Rotterdam 1467（亦说1469）—1536，荷兰思想家 210,267

埃勒亚派 den Eleiske Skole，苏格拉底学派之一 171

289

后 记

 我是于 2000 年夏天开始此书的翻译工作的。从准备阶段到 2003 年结稿，自始至终受到了哥本哈根克尔凯郭尔研究中心主任 Niels-Jørgen Cappelørn 的热情鼓励和支持。初稿完成后，丹麦奥尔胡斯大学汉学教授 Anne Wedell-Wedellsborg 通读了全文。中国社会科学院哲学所的王齐多次审阅译稿，并提出了宝贵的意见。但我最需要感谢的是 Klaus Simoni Pedersen，没有他在丹麦语言和生活上的帮助，我不可能完成这本书的翻译。此译文是献给他的。

汤晨溪

2005 年 3 月 7 日于芝加哥